Great Lives ⑱
위대한 생애

史記 인물평

진기환／편저

일신서적출판사

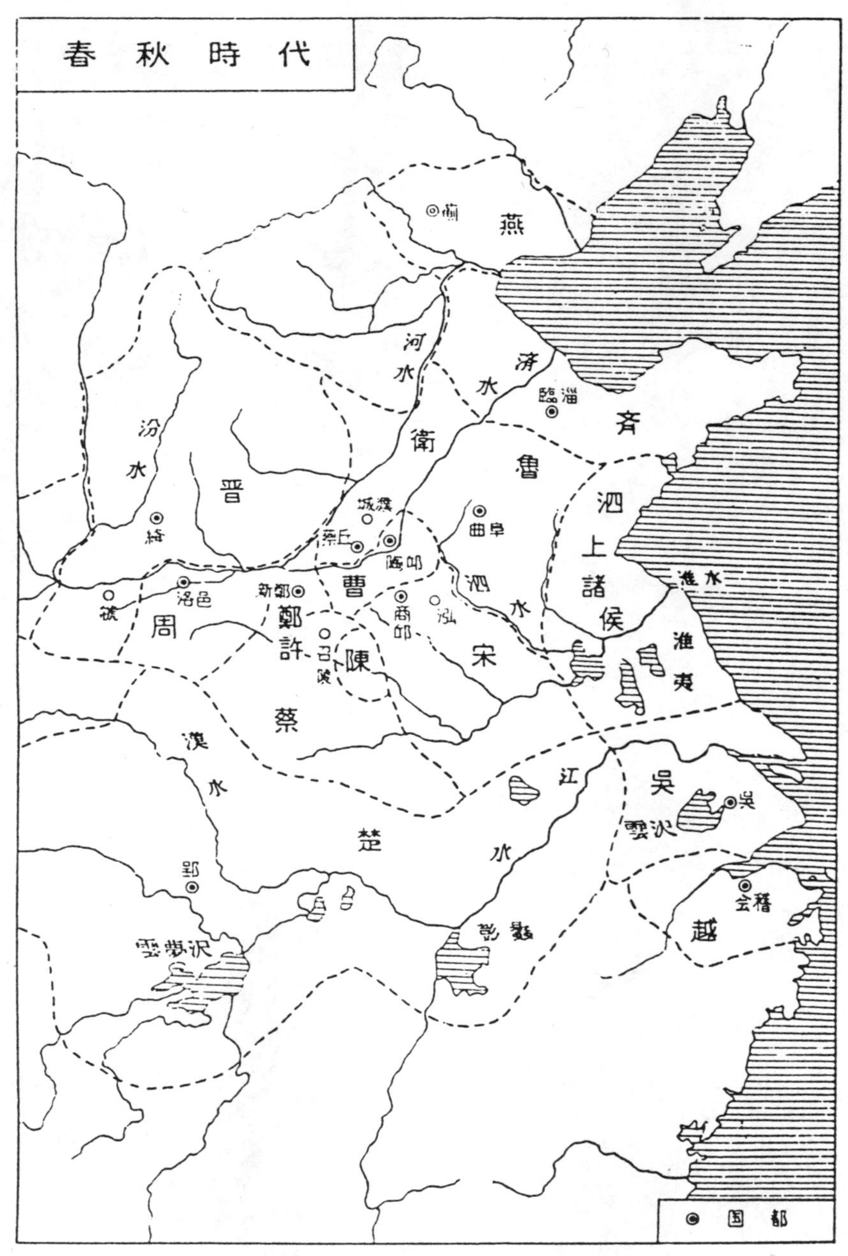

春秋時代
燕
薊
河水
濟水
汾水
衛
晉
淄
臨淄
齊
魯
泗上諸侯
曲阜
綘
濮
城濮
莘丘
戚
淮水
洛邑
破
新鄭
商邑
泗水
淮夷
周
鄭
許
召陵
陳
宋
泓
蔡
漢水
江水
吳
雲沢
鄢
楚
吳
會稽
郢
越
雲夢沢
彭蠡
◎ 国都

책 머리에

사마천(司馬遷)은 위대한 역사가요, 문학가이다. 그는 역사를 관류하는 예리한 안목, 너그럽고도 따스한 한 인간으로서의 가슴, 넓고도 깊은 학식, 그리고 강건한 필치로 중국 역사의 시작인 상고시대의 황제(黃帝)로부터 한(漢) 무제(武帝)에 이르는 삼천 년 역사를 일목요연하게 정리했다.

역대 제왕, 명상, 장군, 학자들의 일생과 업적 그리고 정치의 옳고 그름을 논했으며 인물들의 행적과 품격을 논하여 52만여 자(字)의 사기(史記)로 엮어냈다. 그들의 이야기는 중국인들에게 사상의 원류가 되었고 문학 작품의 소재로도 중요한 몫을 차지하고 있다.

필자는 고등학교에서 역사를 가르치는 입장으로서 늘 사마천에 대한 흠모의 정을 품고 있었다. 연전에 중국사를 공부하는 동학(同學)들의 사기 원문 독해를 위한 《사기강독(史記講讀)》이라는 졸저를 내면서, 사기 속의 인물들에 대한 새로운 인식과 접근을 시도해보았다. 나는 이 저서에서 역사적 자취나 행적에 있어서 개성이 강하며 극적인 삶을 영위한 몇 사람에 대하여 그 행위에 대한 시비와 표출되는 인품의 고하 등을 나름대로 생각해보았다. 때로는 그들에 관한 사기 원문을 인용하면서 문자와 문자 사이의 숨은 의미를 찾기 위해 나름대로 상황분석을 시도해보기도 했다. 그들의 일생에서의 특별한 사건전개와 그에 따른 심리상태를 살펴 인물들의 개성과 역사적 자취를 그려보기도 했다. 그러다 보니 자연스레 인물평이 되었다. 나는 또 그들의 행적을 오늘에 비추어보며 선악과 시비와 도리를 생각하며 그들의 인물됨의 대소를 비교하며 특성을 부각시키려 노력했다.

사기에는 사마천의 격정이 담겨 있다. 필자도 이 책을 저술하면서 가슴에 차오르는 여러 감정을 숨길 수 없었다. 위대한 인물에 대한 끝없는 선망과 찬탄, 의협심에 보내는 갈채, 인생의 굴절과 불운에는 개인적으로 커다란 아쉬움이 남았다.

그들에 대한 필자의 부적절한 견해가 있다면 이는 필자의 식견과 연구가 부족한 탓이다. 그러나 인물평인 만큼 어차피 주관을 배제할 수는 없을 것이다. 다만 사기의 기록을 오늘의 감정으로 보았다는 것을 부족한 부분에 대한 변명으로 삼고 싶다.

많은 분들의 엄한 꾸중과 바로잡음 있기를 기다린다.

진 기 환

차 례

철저한 법치주의자 : 상앙(商鞅) ······ 6

빈객을 후대했던 인물 : 맹상군(孟嘗君) ······ 21

평범했던 귀공자 : 평원군(平原君) ······ 35

신분을 초월한 교제 : 신릉군(信陵君) ······ 48

참된 용기의 소유자 : 인상여와 염파 ······ 60

병법의 대가들 : 손자(孫子)·오기(吳起) ······ 74

시인의 우수와 죽음 : 굴원(屈原)과 가의(賈誼) ······ 89

진정한 의인(義人) : 형가(荊軻) ······ 101

분서갱유(焚書坑儒)의 주역 : 이사(李斯) ······ 115

저항의 깃발 : 진승(陳勝) ······ 133

비극의 영웅 : 항우(項羽) ······ 143

천명을 받은 인물 : 유방(劉邦) ······ 160

질투와 여인천하 : 여태후(呂太后) ······ 173

하늘이 낸 전략가 : 장량(張良) ······ 186

책략이 풍부했던 모사 : 진평(陳平) ······ 206

비운의 재상 : 주발(周勃) ······ 223

대장군의 어이없는 종말 : 한신(韓信) ······ 238

흉노 정벌의 영웅 : 이광(李廣) ······ 254

철저한 법치주의자 : 상앙(商鞅)

위(衛)나라에서 자기를 중용하지 않자 서쪽 진(秦)나라로 찾아가 효공 (孝公)을 패자(覇子)로 만든 인물이다. 강력한 법치주의 정책을 펴 진으로 하여금 부국강병을 달성케 했다. 자신이 만든 형벌과 법의 폐해로 적을 많이 만들었고 결국 그로 인해 비참한 종말을 맞았다.

1. 진(秦)나라

진(秦)이라 하면 우리는 보통 진시황과 만리장성, 아방궁, 분서갱유를 떠올리게 된다. 춘추전국시대(기원전 770~221)의 혼란을 수습하고 중국을 최초로 통일한, 영어명(名) 차이나(China)의 어원이 된 나라이다. 동지나해, 남지나해라고 말할 때 지나(支那)가 차이나의 한역(漢譯)이고 보면 진이 중국 역사에서 갖는 비중을 짐작할 수 있다.

원래 진이 국가 형태를 갖춘 것은 춘추시대가 전개될 무렵이었다. 즉 양공(襄公)이 주(周) 효왕(孝王)으로부터 제후로 책봉된 것이 기원전 778년이었다. 그때의 위치는 지금의 감숙성(甘肅省) 일대였으며 당시로서는 중국의 서쪽 끝 변방이었다. 전국시대에 들어서서도 진은 문화가 가장 낙후하여 중원(中原)의 여러 나라로부터 이적(夷狄) 취급을 당했다. 그러던 진이 본격적으로 발전하게 된 것은 효공(기원전 361~330)이 상앙(商鞅)을 등용하면서부터였다. 흔히 상앙의 신법이라고 불리는 이 개혁은 가족제도의 개혁으로 종래의 씨족제도를 붕괴시켰고 백성들을 조직화하고 토지 조세제도의 개혁으로 농업생산을 증대시켰다. 또 군공(軍功)을 장려하고 군현(郡縣)제도의 실시로 국가의 집권력을 강화시켰다. 이같은 상앙의 혁신적이고 급진적인 개혁은 문화가 발달했던 중원의 여러 나라에서는 생각하지 못한 혁신적인 조치였다. 진은 상앙의 신법으로 부국강병을 이룩하여 군사강국으로 변모해 전국시대의 다른 6국을 위협할 수 있었다.

군사강국 진의 동방진출은 다른 6국을 자극하여 합종(合從)을 맺게 했고 진은 합종책에 대항하여 장의(張儀)의 연형책(連衡策)이란 교묘한 외교전술을 구사하여 6국을 차례로 정복하고 천하통일을 이루었다. 이때가 진시황 정(政)이 즉위한 지 27년째 되는 경진(庚辰)년, 즉 기원전 221년이었다. 그런데 진이 군사강국으로 발전하게 된 기틀은 효공 때 상앙의 등용과 변법에 있었다고 해도 과언이 아닌 것이다.

2. 등용과 죽음의 갈림길

상앙(商鞅)의 본성(本姓)은 공손(公孫), 이름은 앙(鞅)이며 위(衛)나라 출신이기 때문에 위앙이라고도 불린다. 상앙이란 이름은 진(秦)에 들어간 이후 붙여진 이름이다.

공손앙은 젊어서 형명지학(刑名之學)을 좋아했다. 위 재상 공숙좌를 섬겨 가사(家事)를 맡은 중서자(中庶子 : 大夫 가문의 官名)가 되었다. 공숙좌는 공손앙의 현명함을 알고 있었으나 왕에게 추천할 기회를 얻지 못하고 있었다.

마침 공숙좌가 병석에 눕자 위 혜왕(惠王)이 친히 문병하며 말했다.

"그대의 병이 어쩔 수 없이 되었을 때 사직을 누구에게 맡기면 좋겠소?"

"저의 중서자인 공손앙이 비록 나이는 어리지만 기재(奇才)가 있습니다. 바라옵건대 등용하시어 국정을 맡겨보십시오."

그러나 혜왕은 묵묵히 듣기만 했다. 왕이 떠나려 할 때 공숙좌는 다른 사람을 물리치고 말했다.

"만약 등용하기를 꺼리신다면 죽여버리십시오."

왕이 수긍하고 돌아가자 공숙좌는 공손앙을 불러 말했다.

"방금 왕이 재상이 될 만한 사람을 묻길래 너를 추천했으나 듣지 않았다. 나는 임금을 먼저 생각하고 신하를 다음에 생각하기에 왕에게 만약 등용치 않겠다면 너를 죽여버리라고 했다. 그러니 너는 빨리 떠나거라."

"왕께서 상공의 말을 듣지 않고 나를 등용치 않는다면 어찌 또 나를 죽이겠습니까?"

공손앙은 도망가지 않았다.

공숙좌가 공손앙을 추천하고서도 죽이라고 한 이유는 공손앙의 재능을 나라에서 중용하지 못할 것이고 만약 공손앙이 타국에서 등용되면 틀림없이 위나라에 불리할 것으로 생각한 것이다.

공숙좌는 나라의 안위를 먼저 생각했다지만 죽이라고 한 것은 진실로 인재를 대하는 정도(正道)는 아닌 것 같다. 그러나 곧이어 상앙을 불러 서둘러 도망치라고도 권한다. 상당히 복잡한 이율배반적 내면구조를 지니고 있다.

공숙좌는 국가에 대한 의리 즉 공의(公義)에서 건의했지만 자신이 돌봐주어야 할 개인적 정분[私誼]을 저버릴 수도 없는 것이다. 공손앙이 진정 쓸만한 인재라면 임금에게 몇 번이고 간청해야 했고 등용치 않아 국가에 재앙이 될 사람이면 도망가라는 말을 하지 말았어야 했다. 그러나 더욱 흥미있는 것은 공손앙의 태도이다. 공손앙은 공숙좌에게 왜 날 죽이라고 했느냐고 원망하지도 않았고 또 죽음이 닥칠지 모르는데도 두려워하지도 않았다.

이 점이 바로 공손앙의 강건하고 준엄한 성격을 보여주는 것이라 할 수 있다. 공손앙의 생각으로는 혜왕이 공숙좌의 건의를 묵살하고 자기를 등용치 않는다면 자기를 죽이지도 않을 것이라는 것이다.

역시 보통사람과는 다른 탁견이요, 처신이었다. 자기를 등용 못 할 왕이라면 죽일 생각도 못 할 것이고 따라서 자신의 신변에 위험이 닥치지도 않을 것이다.

자신의 생각을 믿고 서둘러 도망가지 않은 점으로 볼 때 공손앙의 침착성과 자신감, 그리고 감정을 억제할 수 있는 자제력을 엿볼 수 있다.

혜왕은 공손앙의 예상대로 죽이려는 마음이 없었다. 사건은 여기서 일단락된다. 모든 일이 묘하게 얽혀 시작되었다가 쉽게 끝났다. 공손앙은 등용되지 않았지만 곧 다른 나라에 가서 큰 일을 벌일 것 같다는 예상이 든다. 결국 공손앙은 위나라를 떠나 서쪽 진나라를 찾아갔다.

공손앙으로서는 위를 떠날 때가 되었고, 마침 진에서 인재를 널리 구하고 있었다.

3. 진에서의 등용 과정

공손앙은 진 효공(孝公)의 총신(寵臣) 경감(景監)을 통해 효공과 만났다. 그러나 이번에도 쉽지는 않았다. 네 번이나 효공을 만나서야 등용되었다. 여기서부터는 위앙(衛鞅)이라고 기록한다.

위앙은 효공을 처음 만나 오랜 시간 이야기를 나누었다. 효공은 때때로 졸기도 하다가 위앙이 돌아간 뒤 경감에게 말했다.

"그대의 손님은 망령들지 않았는가? 어찌 등용하겠소?"

이에 경감이 위앙을 나무라자 위앙은,

"5제(五帝)의 도(道)로 설득했는데 그 뜻을 깨닫지 못한 것 같소."
하며 다시 한 번 만나게 해달라고 부탁했다.

위앙은 본래 형명지학(刑名之學)을 공부한 사람이었다. 형명지학이란 법가(法家) 사상이라고도 하여 엄격한 법률집행과 신상필벌로 예악과 제도를 보완하고자 하는 학문으로 여기에 나오는 상앙, 한비자(韓非子), 신불해(申不害), 이사(李斯) 등이 법가주의자이다. 법가 사상은 본래 유가에서 존중하는 예(禮)를 실천하는 방법으로 주장되긴 했지만 유가에서 존중하는 요(堯)·순(舜)·우(禹)·탕(湯)임금과 주(周) 문왕(文王)·무왕(武王)의 도를 취하지 않는 경향이 있다.

진 효공(孝公)이 구하는 현사(賢士)란 부국강병을 도울 수 있는 인재라는 것을 위앙은 잘 알고 있었다. 위앙은 효공에게 인정받고 싶으면서도 효공이 생각도 없고 좋아하지도 않는 5제의 도를 논했다. 위앙이 무엇 때문에 이런 식으로 면담을 했는지는 모른다. 효공이 갖고 있는 사상의 근본을 탐색하려 했는지, 아니면 효공이 현사를 구한다는 그 진심을 알아보려 했는지.

두 번째 면담에서는 약간 진전이 있었다. 그러나 효공의 가려운 데를 긁어주지는 못했다. 두 번째 면담에서 위앙은 왕도(王道)에 대하여 설명했다. 즉 인의와 도덕에 관한 이야기였으니 물론 이것도 효공의 뜻에 맞지 않는 이야기였다.

효공은 경감을 나무랐고 경감은 또 위앙을 힐난했다.

위앙은 이런 결과를 예측하지 못했을까? 아마 그렇지 않을 것이다. 효공의 관심 정도를 높이기 위해 위앙은 차례로 접근한 듯이 보인다. 꼭 팔아야 할 물건을 팔기 위해 가장 나쁜 물건부터 차례로 보여주는 상술의 기본단계를 밟고 있는 것은 아닐까?

위앙이 효공과 세 번째 대화를 나눈 후, 효공은 위앙을 전보다 높이 평가했지만 등용하지는 않았다.

"그대의 손님은 유능한 사람이며 더불어 이야기할 만한 사람이오."

이 말을 전해들은 위앙이 말했다.

"나는 패도(霸道)에 대해 설명했고 나의 주장을 채용할 듯하니 다시 한 번만 더 만나게 해주시오."

위앙이 말한 것은 춘추시대의 강력한 제후들이 행했던 힘에 의한 통치였다. "공자의 제자들은 제나라 환공, 진나라 문공의 일에 관해 말하지 않았다."라는 말이 있듯이 이는 유가의 사상과는 거리가 먼 이야기였다. 패도정치는 백성과 다른 제후들을 힘으로 다스리는 정치였다.

위앙은 여태껏 단계적으로 탐색해온 결과 효공의 마음을 정확히 알았고 효공 마음속에 확실히 자리잡을 수 있는 방안을 세울 수 있었다.

제도(帝道)보다는 왕도, 그보다는 패도에 더 관심을 보였다면 그 다음 좋아할 것은 당장 눈앞에 볼 수 있는 강국(强國)의 방책일 것이다. 부국강

병에 대한 효공의 믿음이 강하다는 것을 알았으니 위앙도 사상의 강도를
조절할 수 있고 교류의 폭을 넓힐 수 있었다.

군신간의 의견일치, 관심집중, 조화 등…… 위앙은 자신의 포부를 펴기
위한 기반 조성이 성공적으로 마무리단계에 접어들었다고 생각했다. 위앙
의 계획은 이렇듯 주도면밀했다.

효공과 위앙의 네 번째 만남은 화기애애한 분위기 속에서 진행되었다.
효공은 자신의 무릎이 부지중에 의자 밖으로 나오는 것도 알지 못할 정도
로 위앙의 말에 현혹되어 며칠을 계속해도 싫증을 내지 않았다.

"내가 효공에게 제왕의 도로 정치를 하면 3대(하(夏)·은(殷)·주(周))
에 비견할 만한 태평성대를 누릴 것이라 했더니 공께서는 '너무 오랜 세
월이 걸려 기다릴 수가 없다.'고 하셨습니다. 그래서 나는 강국의 방책을
말씀드렸더니 효공께서 아주 기뻐하셨습니다. 그러나 왕으로서의 덕망은
은(殷)·주(周)에 미치지 못합니다."

부국강병책에 대한 세속적인 군주의 욕망과 위앙의 공명심은 잘 조화되
어 몇날을 계속해도 싫증이 나지 않았고 간담상조(肝膽相照)할 정도가 되
었다.

위앙이 과연 제왕지도(帝王之道)나 인의정치(仁義政治)에 대해 그렇게
많이 알고 있었고 효공을 받들어 그런 정치를 펼 수 있었을지 의문이다.
위앙에게는 약간의 견식이 있었을 것이다. 그러나 효공은 그런 정치에 전
혀 관심이 없었으니 아는 것도 더욱 없었을 것이다. 따라서 위앙은 그런
정치를 할 수 있는 사람인 양 했는지도 모른다. 역사적 인물의 진실과 말
이 늘 일치하지는 않는 것이다. 강한 욕구의 정치인이 가질 수 있는 표리
부동과 이중구조를 엿볼 수 있는 대목이다.

4. 부국강병의 변법

위앙은 효공에 의해 좌서장(左庶長)이란 벼슬에 임용된다. 위앙은 모든

12

제도를 근본적으로 바꾸는 변법(變法)을 실시하려 하였으나 백성들, 특히 지식인들의 비난과 항의를 두려워했다. 변법 실시 여부에 대한 논쟁을 할 때, 다음과 같이 위앙의 말은 확신에 차 있지만 우민(愚民)정책 입안자의 실상을 보여준다.

"확신없는 행위는 공명(功名)을 이룰 수 없다. 뛰어난 자의 행동은 본래 세상의 비난을 받게 되어 있다. 세인이 모르는 탁견을 지닌 자는 오만하다는 말을 듣게 된다. 우자(愚者)는 성사된 것도 모르지만 지자(智者)는 일의 맹아(萌牙)가 트기도 전에 안다. 백성이란 시작할 땐 같이 의논할 수 없으나 일의 성과를 같이 즐길 수 있다. 아주 큰 덕을 논하는 자는 속설(俗說)과 타협하지 않고, 큰 공을 이루는 자는 대중과 함께 일을 벌이지 않는다. 따라서 성인(聖人)이 강국을 만들기 위해서라면 옛것을 본받지 않아도 되고, 백성을 위해서라면 구태여 구례(舊禮)를 따르지 않아도 좋다."

위앙의 변법에 대한 믿음은 이처럼 확실했다. 그의 논리는 이러하다. 변법이 성공하려면 결심을 해야 한다. 기회를 놓치지 말고 결행해야 하며 조금도 유예해서는 안 된다. 반대파의 비난, 멸시, 파괴, 무고행위를 막아야 한다. 고앙(高昻)된 자세를 견지하며 독립사고를 진행시켜야 하고 결코 동요하거나 타협해서도 안 된다. 오직 부국강병과 민리민복을 위해 일체의 진부한 견해들의 속박을 끊어야 한다는 논리였다.

이같은 위앙의 결심, 믿음은 변법의 실현과 성공을 가져올 수 있었다. 그러나 그의 자신은 극단으로 치달았고 결국 일의고행(一意孤行)으로 변질되며 백성들을 믿지 않았고 백성의 이익보다는 국가이익만을 우선했다. 이 점이 그의 정책 실패의 중요한 원인이 되었을 것이다.

위앙은 부국강병을 위한 혁신적인 조치를 마련했다. 그러나 공포는 하지 않았다. 백성들이 불신하여 신법을 공포해도 따르지 않을까 염려해서였다. 그래서 그는 우선 백성들의 신임을 받기 위한 조치를 취했다. 그는 높이가 세 발이나 되는 나무를 남쪽 성문에 세우고 글을 써붙이기를,

"이것을 북문으로 옮기는 자에게 십금(十金)을 준다."고 공고했다. 그

러나 백성들이 괴이하게 여겨 옮기는 자가 없자 상금을 50금으로 올렸다. 그러자 어떤 백성 하나가 그 나무장대를 옮겼고 위앙은 약속대로 50금을 주었다. 정령(政令)은 믿어도 된다는 소문은 널리 퍼졌고 위앙은 때맞춰 신법을 공포했다.

위앙의 신법은 철저한 국가주의와 군공(軍功)의 강요, 연대책임의 강조, 준엄한 형벌, 생산노동의 강제 등으로 특징지을 수 있다.

신령이 공포되고 실시되자 백성들의 원성이 많았고 태자도 법을 범했다. 위앙은 태자를 처벌하려 했으나 임금의 뒤를 이을 사람이므로 차마 어찌할 수 없었다. 그래서 위앙은,

"법이 지켜지지 않는 것은 윗사람부터 어기기 때문이다."

라며 태자 대신 공자 건(虔)을 처벌하고 스승 공손가(公孫賈)의 이마에 수형인의 표시로 먹물을 넣는 경형(鯨刑)에 처했다. 이후 법령을 어기는 자가 없고 가시적 효과가 크게 나타났다. 백성들은 살림이 늘어 기뻐했고 길에 떨어진 물건을 주워 갖는 사람이 없었고 향읍엔 질서가 있었다. 신법이 시행된 지 10년, 백성들 중엔 신법이 매우 좋다고 하는 자가 있었다. 그러나 위앙은,

"이런 자들도 교화를 어지럽히는 자이다."

라면서 모두 변방으로 강제 이주시키니 이후 백성들 중엔 이런저런 말이 아주 없어졌다.

지금 생각해보면 그때는 철저한 통제사회였고 백성들의 의론, 즉 사상과 언론을 완전히 봉쇄한 무시무시한 공포 정치였다. 백성들의 입을 봉해 놓고 맹종(盲從)만을 요구하였으니 누가 감히 입을 열겠는가? 그렇다고 위앙이 민심을 얻은 것은 결코 아니었다. 통치자들은 백성들이 불평을 못하게 만들어놓고 그것으로 민심을 얻었다는 착각에 자주 빠진다.

효공도 이에 크게 만족해했다. 도적과 범죄가 없는 사회, 절대적인 통치 사회가 만들어졌으니 통치자에게 이보다 더 좋은 법, 더 좋은 제도, 더 유능한 사람이 또 어디 있겠는가?

5. 오직 승리만을 위하여

그러나 물은 흐를 수 있어야 하고 말은 할 수 있어야 한다. 막혔던 물이 터지면, 그리고 짓눌렸던 언론이 한꺼번에 열리면 이것을 어떻게 막을 수 있겠는가? 위앙의 통치는 잠시뿐이었지만 군사적으로도 성공을 거두었다.

위앙의 신법은 군공에 따라 벼슬을 주었고 종실이라도 군공이 없으면 작위를 누릴 수 없었다. 때문에 백성들은 공전(公戰)엔 용감했고 사투(私鬪)엔 겁을 먹었다. 위앙은 백성들을 거느리고 위(魏)의 수도 안읍(安邑)을 포위, 항복을 받기도 했다. 이런 대외적 번영을 기반으로 위앙은 진의 수도를 옹(雍)에서 함양(咸陽)으로 옮겼다. 위앙은 2차 변법을 감행해 중앙집권을 강화하고 여러 경제개혁 정책을 실시했다.

이렇게 되자 진의 국제적 위상이 높아져 주(周)의 천자는 효공에게 조육(胙肉 : 종묘에 제사지낼 때 쓰는 고기)을 하사했고 제후들은 모두 이를 축하했다.

진과 국경을 접한 위(魏)나라는 동쪽 제나라의 공격을 받아 쇠약해졌다. 위앙은 이 기회를 놓치지 않고 대군을 동원하여 공격했다. 위는 공자 앙(卬)을 시켜 진과 맞서게 했다. 진과 위가 대치하게 되자 위앙은 공자 앙에게 화친을 제의하는 글을 보냈다. 공자 앙은 위앙을 믿고 만나 화약(和約)을 맺고 같이 술을 마셨다. 그러나 위앙은 군사를 매복시켜 공자 앙을 사로잡고 위군을 공격하여 대파한 후 귀환했다. 위 혜왕(惠王)은 동서에서 공격을 받아 나라가 쇠약하게 되자, 진에 하서(河西)의 땅을 주고 강화(講和)를 맺었다.

또 위는 수도를 안읍(安邑)에서 대량(大梁)으로 옮겼고 이때부터 위를 양(梁)이라고도 불렀다. 《맹자(孟子)》의 첫 구절 "孟子見梁惠王한대……"의 양 혜왕이 바로 이 임금이다. 양 혜왕은 그 전날 재상 공숙좌의 말을 듣지 않고 위앙을 살려준 것을 크게 후회했다. 한편 거짓 강화를 맺어 군의 대장을 포로로 잡고 대승을 올린 위앙이 돌아오자 15읍(邑)에 봉하고 호를 내려 상군(商君)이라 하였다.

그렇지만 옛날의 개인적 친분을 내세워 거짓 화해로써 적의 우두머리를 잡아 승리한 것은 아무리 전쟁 중이라 해도 심한 느낌이 없지 않다. 전쟁이 그 시대의 풍조를 반영한다면 지나친 억설일지도 모른다. 그러나 춘추시대의 전쟁은 그 나름대로 명분과 의리가 있었다. 전국시대에는 수단과 방법을 가리지 않았다. 그러나 개인의 싸움이나 나라간의 전쟁에도 어느 정도는 지켜야 할 예의는 있어야 한다. 위앙의 행적을 볼 때는 군자(君子)의 도(道)를 논할 가치가 없어보인다. 다만 위앙은 국토확장과 국력배양이란 목적에만 힘을 기울였고 그 과정은 묵살하고 있다. 그리고 그것이 위앙을 평가절하시키는 데 일조를 하고 있다.

6. 사상 논쟁

사기의 상군열전에는 상앙이 조량(趙良)이라는 사람과 나눈 대화 내용을 상세히 수록하고 있다. 마치 사상 논쟁 같은 대화를 수록하여 상앙의 행적에 대한 비판을 가한 것이다.

두 사람의 대화는 서로 겸양하면서도 고도의 논리적 설득을 전개한다. 상앙은 잘 알고 있으면서도 모른 척하며 겸허한 태도로, 장자(長者)를 대우하며, 지혜로운 겸양군자의 풍도를 보여준다. 그러나 상앙은 끝내 조량의 비판이나 충고를 받아들이지 않는다.

먼저 상앙은 조량에게 친교(親交)를 제의한다. 조량은 상앙의 친교 제의에 거절의 뜻을 분명히 밝힌다.

"저는 굳이 원치는 않습니다. 공자께서는 '현인을 추대하는 자는 입신하고 불초한 사람을 모아 왕노릇하는 자는 쇠퇴한다.'고 하였습니다. 또 제가 들은 바로는 있어야 할 자리가 아닌데도 차지하는 것은 탐위(貪位)

이고, 받을 만한 명예가 아닌데도 누리는 것은 탐명(貪名)이라고 합니다. 제가 당신과 친교를 맺는 것은 탐위·탐명이 됩니다. 그래서 저는 명을 따를 수 없습니다."

조량이 단호하게 그러면서도 완곡히 사양한 것은 아마도 상앙의 태도를 탐색하기 위한 것인지도 모른다. 상앙은 자신의 호의에 반대하며 이리저리 말을 돌리는 조량의 태도에 상당히 불쾌했을 것이다. 그래서 단도직입적으로 묻는다.

"선생께선 제가 진나라를 다스리는 것을 좋아하지 않습니까?"

"반성의 뜻을 가지고 남의 말을 경청하는 것을 총(聰)이라 하며, 마음속으로 꿰뚫어보는 것을 명(明)이라 하고 스스로 자신을 이기는 것을 강(強)이라 합니다. 순임금의 말씀에 스스로 자신을 낮출수록 존경을 받는다고 했습니다. 당신은 순임금의 도를 행하면 됐지 저한테 물어보실 필요가 없습니다."

조량은 아직도 자신의 의견 개진을 꺼리고 있다. 자신의 마음을 조용히 가라앉히고 반성하며 스스로 해답을 찾게 할 뿐 가르칠 게 없다는 태도이다. 이에 상앙은 자신의 치적을 구체적으로 예를 들며 조량의 대답을 다시 한 번 유도해본다.

"진은 본래 야만인의 풍습대로 부자(父子)의 구별도 없이 한 방에서 살았습니다. 지금 내가 그 풍습을 고쳐 남녀유별을 가르쳤고 궁궐을 크게 지었으며 위(衛)나 노(魯)나라만큼 문화수준을 향상시켰습니다. 그대가 볼 때 내가 진을 다스린 업적과 오고대부((五羖大夫 : 百里奚), 진 목공을 도와 발전의 토대를 이룩한 신하)의 치적 중 누가 더 훌륭합니까?"

부자분거(父子分居)와 남녀유별(男女有別)은 유가에서 존중하는 윤리도덕과 합치한다. 그래서 상앙은 조량의 칭찬과 인정을 받고 싶었다. 그러나 조량의 대답은 아직도 우회적으로 충고하며 상앙의 심중을 떠보려 한다.

"천 마리 양의 가죽도 한 마리 여우 겨드랑이 가죽만 못하고 천 명의 복종의 말은 지사(志士) 한 사람의 바른말만 못합니다. 주나라 무왕은 바른

말을 받아들였기에 번창했고 은의 주왕(紂王)은 백성들의 입을 막았기에 멸망했습니다. 당신이 만약 무왕을 그르다고 생각지 않는다면 저는 종일이라도 바른 말씀을 드리고 싶은데 처벌을 받지 않고도 말씀을 드릴 수 있겠습니까?"

같은 질(質)이라면 양(量)이 많아야 좋겠지만 어떤 때는 양으로 판단하지 않고 질을 따져 판정해야 한다. 천 명의 백성들이 무조건 순종하면 통치자의 기분이야 좋겠지만 한 사람의 현사가 직언(直言)을 숨김없이 말할 수 있는 것이 더 진귀한 가치가 있다는 것이다. 그 역사적 경험, 교훈으로 주나라 무왕의 번창과 은 주왕의 몰락을 비교하고 있다.

백성들의 입을 틀어막는 것이 얼마나 위험한가? 내가 바른말을 하면 종일이라도 할 수 있다. 그래도 처벌하지 않겠느냐고 떠보며 물어오는데 상앙은 어떻게 대답해야 하는가?

"번드레한 말은 꽃이고 바른말은 열매다, 고언(苦言)은 약이요 감언(甘言)은 독이라는 말도 있습니다. 선생께서 바른 말씀을 해주신다면 그것이 바로 나한테 약이 될 것입니다. 저는 선생 말씀을 따르겠습니다. 더 사양치 말고 말씀해주십시오."

상앙은 그래도 한 나라의 재상이다. 속으로야 불쾌했겠지만 그러나 조량이 말하는 역사적 경험이나 지식을 듣지 않을 수 없었다. 그러나 번드레하게 꾸민 말은 꽃이라는 한마디를 꺼내면서 알맹이 있는 바른말을 해주면 나에게 양약이 되겠다고 가르침을 청하는 겸손함을 내보인다. 그리고 선생의 제자가 되어 섬기겠다는 성의까지 표시한다. 서슴지 말고 어서 한번 해보라는 말 뒤에 과연 조량의 충고를 받겠다는 뜻이 있었을까? 높은 사람들의 오만함은 그 겸손 속에 숨겨져 있다. 그 겸손은 겉치레이고 그 오만함은 지위를 떠날 때까지 버리지 못하는 것이 높은 사람들의 속성이라는 것은 그때나 지금이나 마찬가지가 아니겠는지?

이윽고 조량은 길고 긴 이야기를 시작한다. 먼저 오고대부(백리해)의 공적과 인품을 칭찬하고 상앙의 결점과 착각, 실태를 지적한다. 그리고 덕을 믿는 자는 번창하지만 힘을 믿는 자는 망한다는 결론을 내리며 상앙

18

에게 충고한다.

　백리해는 우(虞)나라의 대부였다. 포로로 잡혀 고생하는 것을 진의 목공이 그의 현명함을 알고 다섯 마리 양을 주고 속량하여 국정을 맡겼다. 국정을 맡을 때 그의 나이는 칠십이었다. 백리해는 큰 전공을 세우기도 했지만 백성교화에 업적을 남겼고 진의 정치를 바로잡았고 주변 이민족을 굴복시키고 여러 제후들이 진을 두려워하게 했다. 또한 백리해는 재상의 지위를 자랑하지 않았고 항상 백성들과 고락을 같이 했다. 공명을 빛내려 하지도 않았고 덕행을 쌓았기에 그가 죽었을 때 온 나라 백성이 모두 슬퍼했다.

　그러나 상앙은 백리해와 크게 달랐다. 상앙이 우선 진 효공을 만날 때 효공의 총신 경감이란 사람을 통해 알현했기에 출발부터 깨끗한 출사(出仕)라고 할 수 없었다. 또 궁실을 크게 짓는다고 백성을 피로케 하고 재물을 축냈으며 준엄한 형벌과 법집행은 원망과 재앙만을 불러일으켰다. 교화에 힘쓰지도 않았고, 스스로 존대(尊大)하기를 그치지 않았으며, 예를 따르지도 않았다. 어려운 백성들을 구휼하지도 않았으며 복수(復讐)의 뜻을 담은 형벌을 내렸다. 이렇게 본다면 상앙은 공적도 명예도 교화도 없었으며 한마디로 민심을 하나도 얻지 못했다는 결론을 내릴 수 있다. 거기다가 상앙은 수많은 경호 역사(力士)들을 거느리고 행차하며 과시를 일삼았다. 이 모든 것이 백리해와 너무도 극명하게 대조된다. 그러니 비교할 필요가 없다는 것이 조량의 논리였다. 상앙은 이미 자멸의 길을 위험스레 달려가고 있었다. 조량의 비판은 계속된다.

　"서경(書經)에 '덕을 쌓는 자는 번영하고 힘을 믿는 자는 망한다.'고 했습니다. 지금 귀하는 아침이슬 같은 위기에 처해 있습니다. 그런데도 더 오래오래 살고 싶습니까? 그렇다면 왜 15읍(邑)을 반환하고 시골에 은퇴하여 화초에 물이나 주면서 살려 하지 않습니까? 그리고 토굴 속에 숨어 있는 현자를 임금께 추천하고 노인과 고아를 보살피고, 공 있는 자를 표창하고 유덕자를 존경한다면 조금은 마음이 편해질 것입니다. 그러나 귀하는 지금도 부(富)를 탐하고 진나라 국정을 전횡하여 백성들의 원성을 사고 있습니다. 어느날 갑자기 임금이 죽어 귀하를 홀로 버린다면 귀하를 잡아 원한을 풀려는 자가 어찌 한둘이겠습니까? 귀하의 멸망은 마치 한 발을 들고 서서 넘어지기를 기다리는 것과 같습니다."

7. 상앙의 몰락

조량은 상앙에게 두 가지를 제안하고 있다. 첫째, 벼슬을 사직하고 은퇴하여 시골에서 명리를 버리고 자연과 함께 살면서 그 유가(儒家)의 치국(治國)의 도를 행하라는 것이고, 두 번째는 지금과 같이 목전의 이익을 탐하고 권세와 영광에 도취하여 백성들의 원한이 쌓이면 후원자인 왕이 죽을 때 상앙도 같이 멸망하게 된다는 것이다.

상앙이 추구했던 것은 다만 위세와 영광 그리고 사욕의 충족이었다. 그러나 그것의 끝은 어디인가? 확실한 끝이 없는 세속적인 욕망이기에 결코 충족될 수 없고, 충족되지 않는 것을 채우려 하니 거기서 파멸의 씨앗은 싹을 틔우고 그 싹은 이미 너무 자랐는지도 모른다. 그러나 상앙 자신은 결코 그렇게 생각지 않았을 것이다. 자신이 곤경에 처했을 때 꿈꾸었던 이상이 실현되었다고 생각했고 조량의 충고를 평범한 식견을 가진 사람의 불평 정도로만 생각했을 것이다. 따라서 상앙은 조량의 말을 청취했을 뿐 자신의 생각을 바꾸지 않았다. 정치 사상의 차이나 모순은 절충의 가능성이나 타협의 여지가 없다는 인식을 갖고 있었다. 가르침을 따르겠다고 했지만 조량의 이야기가 끝났을 때 고맙다는 의사 표시도 없었다.

"상군은 따르지 않았다."

이것이 상앙의 됨됨이에 대한 사마천의 결론이었다. 사상 논쟁의 끝이었으며 몰락의 확인이기도 했다.

5개월 뒤 효공이 죽고 태자가 즉위했다. 상앙에게 형벌을 받고 8년간 두문불출하던 공자 건(虔)의 무리들은 상앙이 모반을 꾀했다고 무고했다. 체포령이 떨어지고 상앙은 관소(關所) 근방에까지 도망갔다. 그러나 증명서가 없어 객사에 묵을 수도 없었다.

"상군의 법에 따라 증명서 없는 사람을 재우면 같이 벌을 받게 됩니다."

상앙은 탄식할 수밖에 없었다.

"아! 법을 만든 폐해가 이제 나에게까지 미치는구나!"

위나라로 도망갔지만 그 옛날 공자 앙을 속여 격파했다고 받아주지 않았다. 상앙은 사로잡혀 진나라로 압송되어 결국 수레에 두 다리를 매어 찢어 죽이는 거열(車裂)형을 받았다. 상앙은 조량의 말과 같이 비참한 최후를 맞았다. 그러나 진나라는 강국으로 등장했다. 진나라에는 부국강병을 위한 엄격한 법치주의와 철저한 국가주의의 전통이 남았다. 부국강병을 위해서라면 외국인이라도 누구든지 등용되었기에 서쪽으로 진을 찾아 수레를 모는 사람들이 그치지 않았다. 그러나 연형책을 주장한 장의(張儀)라든지 시황제를 도와 천하통일을 이룩한 이사(李斯)도 상앙과 똑같은 종말을 맞이했다. 인(仁)을 동반하지 않는 힘의 정치는 오래 갈 수 없었다. 진은 상앙 때부터 강대국으로 등장했고 결국 천하통일을 이룩했지만 바로 멸망했으니 패도정치(覇道政治)의 한계를 볼 수 있다.

빈객을 후대했던 인물 : 맹상군(孟嘗君)

식객 수천을 거느린 맹상군은 그들을 차별없이 대우했다. 그러나 그 조직은 사리(私利)를 위한 모임이었고 겨우 계명구도(鷄鳴狗盜) 정도의 집단이었으며, 무위도식하는 사람이 많았다.

1. 전국시대의 4공자

전국시대가 약육강식의 시대였던 만큼 제후국들은 생존을 위한 치열한 경쟁을 벌여야만 했고 그런 경쟁에서 이기려면 유능한 인재를 얻어야만 했다.

그런 시대상황 속에서 수많은 인재들이 공명을 얻기 위해 떼를 지어 몰려다녔고 그런 인재들의 이야기는 사기라든지 전국책(戰國策)에 많이 기록되어 있다.

춘추전국시대의 제자백가 사상이 중국 사상의 모태가 되었기 때문에 춘추전국시대에 있어서 인재 호걸들의 활약상은 고전이라는 가치와 그 가치 상승 작용에 힘입어 후세 사람들에게 수많은 이야깃거리를 제공해주고 있다.

전국시대의 제후들은 인재를 얻기 위해 전심전력을 쏟았는데 그 대표적인 인재로는 4공자(四公子)가 있었다. 즉 제(齊)의 맹상군(孟嘗君), 위(魏)의 신릉군(信陵君), 초(楚)의 춘신군(春申君), 조(趙)의 평원군(平原君)이 그 사람들이다.

그들은 모두 양사(養士)를 잘했기에 수천 명의 식객을 거느리고 거대한 역량을 발휘하면서 당시의 정치무대에서 활약했다.

어떻게 본다면 그들은 하나의 큰 집단을 조직 운영하며 영수(領袖)로 자처했으니 좋게 보아주면 국가를 위해 인재양성에 힘쓴 우국지사였지만 반대로 자신의 입지강화나 세력유지를 위한 방책이었다고 볼 수도 있다.

이들 4공자 중 선두주자가 제나라의 맹상군이다. 제나라는 본래 강대국이었고 제후국의 패권을 장악했던 때도 있었다.

맹상군은 아주 젊었을 때부터 초야의 인재들을 대우해야 한다는 뜻을 밝혔는데, 자신이 그럴 만한 입지가 되자 양사에 힘썼다. 개인의 능력을 중시하여 인재를 끌어모으는 당시의 시대풍조를 선도하여 명성과 기세가 자못 막강했으며 후세에 끼친 영향도 컸다.

가령 맹상군의 식객이 된 풍환의 이야기라든지 계명구도의 이야기는 전국책이나 사기에 실려 있는 것으로 봐서 맹상군의 명성을 짐작할 만하다.

2. 5월자(五月子)의 출생과 성장

맹상군의 이름은 문(文), 성은 전(田)이다.

아버지 전영(田嬰)은 제 위왕(威王)의 아들이며 선왕(宣王 : 재위 BC 319 −301)의 서제(庶弟)로서 위왕 때부터 요직에 임명되어 국정을 담당했다.

전영에게는 40여 명의 아들이 있었는데 전문은 천첩의 소생으로 5월 5일에 출생했다. 전영이 전문의 어머니에게 아이를 낳지 말라고 했으나 그녀는 몰래 전문을 낳아 길렀다. 전문이 어느 정도 자라자 다른 형제의 주선을 받아 아버지 전영과 대면했다.

전영은 전문의 어미에게 화를 내며 왜 아이를 낳고 길렀느냐고 말했다. 그러자 어린 전문이 나서며 말했다.

"아버님께서 5월에 태어날 자식을 낳지도 키우지도 말라고 하신 까닭은 무엇입니까?"

"5월에 낳은 자식이 자라 창문에 닿을 정도가 되면 부모에게 화를 끼칠

짓을 하기 때문이다.”

“사람이 그 명을 하늘에서 받습니까? 아니면 창문에서 받습니까?”

전영은 이 말에 대답하지 못했다.

“사람의 운명이 하늘에서 타고난다면 아버님께선 무슨 걱정을 하십니까? 만약 키 때문에 화를 초래할 짓을 한다면 창문을 더 높이면 됩니다. 어느 누가 높인 창문만큼 클 수 있겠습니까?”

“이제 그만두어라.”

상서롭지 못하게 태어났다고 감추어 기른 자식이었기에 어린 전문은 많은 고난을 겪었다. 그러나 전문은 그 역경 속에서도 자신의 원대한 꿈을 펼쳐나갔다.

또 부친의 잘못된 인식을 설득하여 바로잡아줄 능력도 있었다. 그리하여 자신의 생존권을 확보함은 물론 아버지를 미신의 미망(迷妄)에서 구했다.

전문이 ‘5월 자(子)의 생존권’ 싸움을 개인이나 가족의 문제가 아닌 사회적 문제로 인식하고 논쟁했다고 하면 지나친 비약이고 미화가 될 것이다. 그러나 전문은 기지(機智)로써 출생권과 생존권을 추인받았고 후에 부친의 지위를 계승할 수 있는 토대를 마련했다.

또한 전문은 부친에게 현인을 초치하고 유능한 인재를 천거하라고 권했다.

“아버님께서는 재상으로 세 임금을 섬기는 동안 제 나라의 국토는 넓어지지 않았으나 아버님은 천만금의 부를 축적했습니다. 그런데도 집안엔 한 사람의 어진 사람도 볼 수 없습니다. 저는 장군 가문에서 장군나고 재상 가문에서 재상이 나온다고 들었습니다. 아버님의 후궁 미인들은 비단 자락을 끌고 있지만 사인(士人)들은 짧은 갈옷 한 벌을 얻어 입지 못하고 있습니다. 집안 하인들은 기름진 밥을 배불리 먹고 창고엔 고기가 남아 돌지만 사인들은 쌀겨나 지게미조차 배불리 먹지 못하고 있습니다. 지금 아버님은 수만금을 쌓아두고 얼굴도 볼 수 없는 후손들에게 물려주려고 하십니다. 그러면서 국력이 날로 쇠퇴하는 것을 잊고 계시니 저는 까닭을 모르겠습니다."

전영은 아들 문을 인정하고 5월자로서가 아닌, 다른 아들과 똑같이 대해줬다. 이후 전문은 가사(家事)를 주관하고 손님접대 일을 맡았다. 전문이 빈객을 후대하자 빈객은 날로 증가하고 전문의 명성은 제후 사이에 널리 퍼졌다. 전영은 문을 그의 영지 설(薛)의 후계자로 삼았고, 전영이 죽자 전문이 설의 영주가 되었다. 이때부터 전문은 맹상군이라고 불리었다.

그 당시 재상이 수만금을 비축한다는 것은 조금도 이상한 일이 아니었다. 그러나 맹상군이 볼 때 국력은 위축되는데 개인의 부만 늘어난다는 것은 일국의 재상으로서의 덕이 아니었다.

공사(公私)의 구분이 있어야 한다면 공(公)을 먼저 여겨야 할 것이다. 엄밀히 말한다면 전영은 공을 헐어 사를 비축했다고 볼 수 있다.

집 안에 수만금을 쌓아놓고 현인을 초치하지도 않으면서 재상 가문에서 재상이 나오길 바랄 수는 없다. 그래서 부친에게 공사의 구분과 인재 등용을 강력히 건의했던 것이다.

재상인 전영도 맹상군의 출생과 성장이 의외였었고 어린 나이인데도 원대한 안목과 비범한 재능이 있다고 인정했기에 맹상군의 건의를 받아들였을 것이다.

3. 맹상군의 양사(養士)

맹상군은 부친의 영지를 계승함으로써 상당한 경제력이 주어졌다. 또 신분상 재상의 아들로서 제후들 사이에 신임을 받고 있었다. 이런 상황에서 맹상군은 어떤 인재들을 모으고 어떻게 그들을 대우하였는지 살펴보기로 하자.

〈맹상군열전〉에 의하면 맹상군은 찾아오는 제후는 물론 도망자나 죄인까지 불러들였고 그의 재산을 생각지 않고 식객들을 후대했다고 전한다.

또한 모든 식객들은 신분의 귀천을 따지지 않고 모두 평등하게 대했으며 비단 식객뿐만 아니라 그들의 친척까지 돌봐주었기 때문에 모든 식객들이 진정 기뻐하며 순종했다고 한다.

그러나 여기서 몇 가지 짚고 넘어갈 문제가 있다.

우선 맹상군을 찾아 모여든 사람들의 질적 수준이 문제된다. 당시 상류층이라 할 수 있는 제후들이나 그 자제들보다는 빚지고 도망나온 자나 범죄자가 더 많았다는 사실이다.

사마천은 〈맹상군열전〉 말미에 직접 경험한 것을 기록했는데 나쁜 영향이 어느 정도였는지 짐작할 만하다.

"내가 설이라는 땅에 간 적이 있었다. 그곳 풍속은 시골인데도 흉폭한 젊은이들이 많아서 맹자 출생지인 추(鄒)나 공자의 노(魯)와는 크게 달랐다. 그 이유를 묻자 '맹상군이 천하의 협객이나 건달들을 불러들인 수가 육만여 호나 되기 때문'이라고 말했다."

이를 볼 때 맹상군이 이룩한 그 집단의 성분이 복잡다양했고 품성도 고르지 않아 사악한 풍조를 조성하여 주변에 나쁜 영향을 끼쳤으리란 느낌을 갖게 한다.

다음으로 맹상군은 그를 찾아오는 사람들에게 귀천을 불문하고 평등한 대우를 했다고 하지만 식객들을 몇 등급으로 구분해서 대접했던 것 같다.

즉 풍환(馮驩)이 찾아올 때 처음에는 전사(傳舍)에 머물게 했다가 나중에 행사(幸舍), 다음에 대사(代舍)로 옮긴 것을 보면 일률적인 평등은 아니었다. 또 맹상군이 진나라에 들어갔다가 계명구도할 줄 아는 사람의 도움으로 탈출했는데 처음에 이 두 사람을 수행원에 끼었을 때 다른 사람 모두가 꺼려했다는 기록을 보면 맹상군의 식객 중에 분명히 차별과 등급·분파가 있었고 멸시당하는 부류도 있었으리라 짐작된다.

셋째로 맹상군은 가산을 돌보지 않고 빈객들을 후대했다는 기록에 문제가 있다. 넓은 봉토가 있고 진에 갔을 때 천금의 가치가 있고 천하에 둘도 없는 호백구(狐白裘)를 소왕에게 선물로 바친 것을 보면 엄청난 재산을 소유하고 있었음에 틀림없다. 그러나 아무리 재산이 많다고 해도 수천 명의 식객과 가족들까지 돌보기에는 한도가 있었다.

맹상군은 그 해결방법으로 설땅의 백성들을 상대로 고리대금업을 했다. 나중엔 그곳 백성들이 너무 궁핍해져서 이자를 내지 못했기 때문에 맹상군은 풍환을 시켜 고리대 원금과 이자를 회수하려 했었다. 이렇게 본다면 맹상군의 양사는 결국 백성들의 고혈을 짜내어 무위도식하는 일단의 무리배들을 양육한 것에 불과한 이율배반이 아닐 수 없다.

어쨌든 맹상군이 사재를 털어 국가를 위한다는 명분으로 인재를 양성하려고 노력한 사실은 분명하다. 또 보통사람보다는 성격이 활달했고 도량이 넓었으며 결집력도 있었다는 것을 짐작할 수 있다. 그러나 그 인재양성의 효용과 성과에 대해선 의문이 남는다.

그 양성한 인재들의 활동이나 국익을 위한 내용이 얼마나 되었는가에 대해선 사기나 전국책에 특별히 주목할 내용이 없다. 그러면 맹상군 밑에 모여든 인재의 실상과 활용에 대해 한두 가지 사례를 살펴볼 필요가 있다.

4. 계명구도(鷄鳴狗盜)

맹상군의 명성은 진나라에까지 퍼졌다.

제 민왕 25년에 맹상군은 진나라에 갔다. 진의 소왕(昭王)은 맹상군을 재상으로 임명하려다가 반대의견을 듣고 오히려 연금시키고 죽이려 했다. 맹상군은 소왕의 총희에게 사람을 넣어 구명운동을 폈다. 그때 총희가 맹상군의 호백구를 요구했다. 그러나 그 호백구는 이미 소왕에게 바치고 없었다.

맹상군은 그의 식객들과 대책을 논의했으나 별 묘책이 없었다. 그러나 말석에 앉아 있던 좀도둑 출신의 한 식객이 왕실 창고에 들어가 호백구를 훔쳐와서 그것을 총희에게 주고 석방되어 함양을 떠났다.

소왕은 이러한 사실을 알아차리고 추격대를 보냈다.

맹상군 일행은 함곡관에 도착했다. 새벽닭이 울기 전에는 관문을 열지

않기에 기다려야만 했다. 뒤에는 추격대가 곧 당도할 듯했다. 이런 위기
상황에서 식객 중 닭울음 소리를 잘 내는 자가 있어 닭울음 소리를 냈다.
그러자 인근의 모든 닭이 울었다. 관문이 열리고 맹상군은 탈출에 성공
했다. 이것이 바로 계명구도의 이야기이다.

　이 고사는 맹상군이 신분을 가리지 않고 일기일예(一技一藝)에 능한 인
재를 가까이 키웠기 때문에 위기상황에서 탈출했다는 뜻이다. 그러나 반
대로 해석하면 맹상군의 식객 수천 명 중 진정 군자다운 인재가 그만큼
없었다는 뜻이다. 어떻게 보면 생명을 담보로 타국을 여행하는데 그 수행
원에 좀도둑 출신과 광대를 데리고 가야 할 정도였으니 식객 삼천 명의
수준을 알 수 있다.

'양병천일 용재일조(養兵千日 用在一朝)'란 말이 있다. 삼 년 이상 걸려
인재를 양성하는 목적은 어느날 하루 쓰기 위해서라는 뜻이다.

　인재양성의 참뜻은 그 전체를 활용하기 위함이지 결코 한 사람을 써먹
기 위해서는 아닐 것이다. 그러나 맹상군의 삼천 인재 중 걸출한 인물은
없었던 듯하다. 위기에 처해 수행원 모두가 힘을 합쳐 난국을 해결하지
못하고 모두가 속수무책인 채 난감한 표정만 짓고 있을 때 결국 좀도둑과
광대, 동석하기를 꺼려했던 두 사람의 기지로 탈출할 수 있었다.

　당송팔대가(唐宋八大家) 중의 한 사람인 송나라의 왕안석(王安石)은 〈맹
상군전을 읽고〉라는 독후감 형식의 글에서 이렇게 말했다.

　"세상 사람들은 맹상군이 인재를 잘 모은다고 칭송했고, 인재들은 그
때문에 그에게 의지했다. 또한 마침내 그들의 힘으로 사나운 진(秦)에서
탈출했었다. 아! 그러나 맹상군은 좀도둑과 광대의 우두머리일 뿐이지
어찌 인재를 얻었다고 할 수 있는가? 제의 국력을 바탕으로 진정한 인재
를 키워 왕도(王道)로 진을 제압했어야지, 어찌 계명구도의 힘을 빌렸는
가?"

　진에서 탈출한 뒤 맹상군 일행이 조(趙)나라를 지나자 조의 평원군은
맹상군을 크게 환대했다. 조나라 백성들도 맹상군의 명성을 알고 있었기
에 모두 몰려나와 있었는데 맹상군 일행을 보고선 웃음을 터뜨렸다.

"맹상군은 체구가 당당한 대장부인 줄 알았더니 왜소한 사내로구먼!"

이 말을 들은 맹상군은 격분하였으며 수행하던 식객들은 모두 수레에서 내려 칼을 뽑아 수백 명을 죽여 한 고을을 쓸어버렸다.

마치 건달패들처럼 떼를 지어 잔인한 도륙질을 했다. 진에서 겨우 탈출하여 조나라에서 환대를 받았으면 그것으로 만족하고 근신을 해야 했음에도 불구하고 자신을 비웃었다고 수백 명을 죽여버린다는 것은 참으로 어처구니없는 짓이다. 지금 같으면 두 나라 사이에 전쟁이라도 일어날, 엄청난 만행을 아무 거리낌 없이 저질렀다. 여기에서 맹상군의 양사는 일종의 자가만족의 일면도 있었고 식객들의 품성 또한 잔재주만 있을 뿐 현명하거나 어질지 못했다는 것을 알 수 있다.

5. 식객들의 실체

맹상군은 한때 제의 재상이 되어 국정을 담당하며 외교의 주역으로 활동하기도 했다. 그러나 정치가란 언제나 부침이 있고 정적(政敵)의 모함과의 싸움에서 이겨야 한다. 싸움에 지면 곧 파멸이고 자리에서 물러나면 신변에 있던 사람들은 모두 떠나고 만다.

권세와 재력이 있기에 모여든, 불나비와 같은 추종배들이 떠나고 나면 정치가는 그때서야 비로소 권력과 인정(人情)의 허망함을 느끼게 된다. 신하로서 공을 세울 때 국왕의 신임을 받고 권세를 행세할 수 있었지만 그것은 일시적이고, 자신의 공적 때문에 왕의 새로운 시기와 의심을 받아야 한다.

제나라 왕은 맹상군에 대한 진과 초의 중상모략에 미혹되어 맹상군의 명성이 자신보다 더 높아 국정을 전횡한다며 맹상군을 파면해버렸다.

맹상군의 식객들은 당연히 모두 떠나버렸다. 이때 풍환이란 식객만이 남아서 진을 오가며 술수를 써서 맹상군의 지위를 다시 보전케 했다.

맹상군이 또 재상 자리에 오르자 또다시 식객들이 모여들기 시작했다.

풍환은 그 식객들을 맞을 준비를 하고 있었다. 맹상군은 탄식하며 말했다.

"나는 늘 빈객들을 좋아했고 접대에 실수가 없도록 조심했습니다. 나의 식객 삼천은 내가 재상 자리에서 쫓겨나자 모두 나를 등지고 떠나갔고 찾는 이 하나 없었습니다. 지금 선생의 힘으로 다시 재상에 올랐지만 빈객들은 무슨 얼굴로 나를 다시 보겠다고 하겠습니까? 나를 다시 만나겠다는 자가 있으면 그 얼굴에 침을 뱉어 모욕을 주겠습니다."

이 말을 들은 풍환은 맹상군에게 절을 올렸다. 맹상군이 말했다.

"선생께서 빈객들을 대신해 사과하는 뜻입니까?"

"아닙니다. 공의 말씀이 잘못되었기에 말씀드리고자 합니다."

풍환은 맹상군에게 부귀영화를 누릴 땐 모여들고 빈천해지면 벗도 없어지는 이치를 설명했다. 즉 아침에 사람들이 서로 어깨를 부딪치며 시장에 모여드는 것은 시장에 이(利)가 있기 때문이며 해질녘 모두 손을 털며 돌아가는 것은 그날의 이를 더 기대할 수 없기 때문이니 떠났다가 다시 모이는 식객들을 다시 받아들이라는 충고였다.

맹상군 밑에 모였던 식객들은 오합지중(烏合之衆)이며 의리로 형성된 집단이 아니라는 것이 이제 명백해졌다.

영수(領袖)가 한번 쓰러지자 식객들은 마치 까마귀떼 날아가듯 흩어졌다. 참으로 비정한 정경이 아닌가? 다시 돌아온 그 식객들에게 침을 뱉고 싶다는 맹상군의 심정이 단적으로 나타나 있다.

그러나 풍환의 말은 더 진실되다. 부귀할 때와 빈천할 때의 처지가 그렇게 달라지니 손님도 벗도 달라지지 않았는가?

'부귀다사 빈천과우(富貴多士 貧賤寡友)'

빈객 삼천의 정체는 이것으로 거의 적나라하게 벗겨진 셈이다.

계명구도의 두 주인공, 그리고 풍환이란 식객이 조금 특이했을 뿐이다. 그렇다면 풍환만이 인재 중의 인재였는가? 여기에도 약간 생각해볼 여지가 있다.

풍환은 맹상군의 기쁨과 슬픔, 안위(安危) 그리고 맹상군이 나아갈 곳에서의 이해타산을 헤아려주었을 뿐, 결코 맹상군의 이상과 포부를 실현시키기 위한 조언을 하거나 도움을 베풀지는 못했다. 풍환은 계명구도의 인재보다 조금 다른 면이 있었을 뿐이었다. 이제 풍환과 맹상군의 이야기를 좀더 분석해보자.

6. 풍환의 고리채 정리

풍환은 큰 칼 한 자루를 찬 초라한 행색으로 맹상군을 찾아왔으나 처음에는 하객(下客)을 접대하는 전사(傳舍)에 묵었다.

풍환은 전사에서 장검을 쓰다듬으며, "장검아 돌아가자. 밥상에 고기가 없구나."라고 노래불렀다. 이 말을 들은 맹상군은 풍환을 밥상에 고기가 나오는 행사(幸舍)로 옮겨주었다. 며칠 뒤 풍환이 또 칼을 어루만지며 수레가 없다고 노래하자 맹상군은 다시 수레가 지급되는 대사(代舍)로 옮겨주었다. 그러자 이번에는 가족이 살 집이 없다고 노래했다. 그러나 이 말을 들은 맹상군은 불쾌하게 여겨 더 이상 대접하지 않았다.

풍환은 초라한 행색으로 찾아와 고의로 맹상군의 호의를 시험해보았다고도 할 수 있다. 한 번 두 번 생활개선을 요구하면서 자기가 결코 평범한 존재가 아니라는 것을 은근히 과시하려 했다.

맹상군과 풍환의 이야기는 전국책(戰國策)에도 실려 있다. 전국책엔 풍훤(馮諼)으로 기록되어 있고 풍훤이 장검을 쓰다듬으며 수레가 없다고 하자 여러 빈객들이 비웃었으나 맹상군은 수레를 내주었고 풍훤이 살 집이 없다고 하자 주위 사람들이 풍훤을 미워했지만 맹상군은 그 노모를 위해 집을 마련해주고 식용에 궁핍함이 없도록 주선해주었다고 전한다.

여하튼 그는 맹상군으로부터 최상급의 대우를 받았던 모양이다.

전국책의 기록을 조금 더 인용해보면 다음과 같다.

맹상군은 문하 빈객 중에서 설땅에 가서 고리채를 받아올 수 있는 사람은 자기의 이름을 써 올리라고 했다. 풍훤이 서명했으나 맹상군은 풍훤이 누구인지 몰랐다. 맹상군은 풍훤을 불러 서로 인사하고 설땅 빚을 받아올 수 있느냐고 물었다. 풍훤은 자신있게 대답하고 떠나면서 맹상군에게 물었다.

"빚을 다 받으면 무엇을 사가지고 돌아오면 좋겠습니까?"

"선생이 보고 우리 집에 없는 것을 사오시오."

풍훤은 설에 가서 그곳 관리들을 시켜 맹상군에게 빚진 사람들을 모두 모이게 하고서 맹상군이 그대들의 빚을 탕감해주었다며 그들이 보는 데서 빚문서를 모두 불태웠다. 이에 백성들은 만세를 부르며 환호했다.

풍훤은 급히 말을 몰아 새벽에 맹상군에게 가서 고리채를 다 받아왔다고 보고했다. 맹상군은 놀라며 어떻게 다 받았으며 또 무엇을 사왔느냐고 물었다.

"제가 보기에 이 집안에는 진기한 보물이 넘치며 가축들은 바깥 축사에 가득하고 미인들은 뜰 아래 널려 있습니다. 이 집에 부족한 것은 다만 인의(仁義)뿐이라고 생각하며 인의를 사왔습니다."

"인의를 어떻게 샀소?"

"지금 공께선 설땅의 백성들을 사랑하지 않고 그들에게서 이(利)만 챙기고 있습니다. 저는 공께서 백성들의 모든 부채를 다 탕감해준다고 공포하고 문서들을 모두 불살라버렸습니다. 그러자 백성들이 모두 만세를 불렀습니다. 이것이 제가 공을 위해 인의를 사온 방법입니다."

맹상군은 몹시 불쾌해서 말했다.

"알았습니다. 풍 선생께선 돌아가 쉬시오."

세상사를 달관한 기인(奇人)의 기행(奇行)을 보는 듯하다. 인의를 사왔다는 것은 백성들에게 은혜를 베풀었다는 뜻인데 한 고을의 고리채를 모두 탕감해주는 배짱 큰 풍훤은 기인 중의 기인으로 묘사되고, 반면에 풍훤을 보고 돌아가 쉬라며 불쾌한 빛을 감추지 못한 맹상군은 사리에 밝고 덕이 부족한 인물로 묘사되어 있다.

사기 〈맹상군열전〉 속의 풍환은 다른 특기가 없이 외모만 잘생겼고 고리채 이자를 받아오는 일을 맡게 된다.

풍환은 설에 빚을 진 백성에게서 우선 이자 십만 전을 거두어들였다. 풍환은 그 돈으로 술을 빚고 살진 소를 잡아놓고 돈을 꾼 모든 백성들을 다시 불러모았다. 그리고선 증서를 확인하고 술을 먹였다. 술이 모두 거나해지자 돈을 갚을 만한 사람한테는 기일을 정해주었고 가난해서 도저히 못 갚을 사람의 증서는 모두 불태우며 말했다.

"맹상군께서 여러분들에게 돈을 빌려준 것은 생업의 밑천을 마련해준 것입니다. 그리고 이자를 받는 것은 빈객들을 접대하기 위해섭니다. 이제 좀 넉넉해 이자를 갚을 만한 사람은 기일 내에 갚아야 하고 도저히 못 갚을 사람의 것은 모두 태워버렸습니다. 여러분들은 음식을 마음껏 드시오. 이렇게 훌륭한 주군이신데 여러분들은 그분을 배신하겠습니까?"

이렇게 보면 맹상군은 재상이면서 고리대금업자였다.

고리대로 백성과는 전혀 무관한, 무위도식만 하는 인재를 부양했다. 풍환은 술과 음식을 준비하고 빈부를 모두 모이게 한 뒤 그들에게 이자의 납기일을 정해주거나 부채를 없애주기도 했다. 심부름시킨 맹상군의 뜻도 받들고 동시에 맹상군의 은혜를 백성들에게 베푼 셈이다. 그리고서 맹상군에 대한 백성의 충성을 요구했다.

그런데 전국책에 기록된 것보다 사기열전에 기록된 것이 더욱 사실에 가까운 듯싶다.

맹상군은 풍환이 빚문서를 불살랐다는 말을 듣고 화를 내며 풍환을 불러 힐책하면서 이유를 따졌다. 그러자 풍환이 말했다.

"음식을 준비하지 않으면 백성들을 모을 수 없고 술을 먹이지 않으면 누가 부자고 가난한지 진심을 알 수 없기 때문이었습니다. 여유있는 자는 기일을 정하여 내도록 했습니다. 다만 가난해서 못 갚을 자는 비록 십 년을 묵여가며 받아내려 해도 이자만 많아질 것이고 심하게 독촉하면 도망가버립니다. 그렇게 되면 주군께서는 눈앞에 이익만 쫓아 백성을 사랑하지 않는 어른이 될 것이고 아래 백성들에겐 주군을 배반하고 돈을 떼어먹었다는 부담만 남게 됩니다. 이것은 백성들을 북돋우고 윗사람의 명성을 높이는 일이 아닙니다. 받지도 못할 쓸데없는 빚증서를 태운 것은 실효성도 없는 방책을 버린 것입니다. 또 설땅의 백성들로 하여금 친군(親君)케 하고 주군의 명성을 높인 것인데 더 이상 무슨 걱정을 하십니까?”

풍환의 말은 매우 인지상정(人之常情)에 가깝다. 전국책의 ‘의를 사 왔다(市義)’라는 말은 너무 황당하다고 할 수 있는 데 비해 사기에 실린 이 말은 조리가 분명하고 합리적이다.

백성들의 신의를 얻고자 모든 부채증서를 무조건 소각한 것은 뒷날을 위해 의도적 은혜를 베푼 것이니 어찌보면 완전한 이익을 얻기 위한 술책이었다고 볼 수 있다.

전국책엔 맹상군이 재상 자리에서 밀려나 설땅에 갔을 때 백성들이 연도에 나와 열렬히 환영하는 것을 보고 풍환이 시의(市義)한 것을 확인하고 흡족해한다. 그 자리에서 풍환은 맹상군에게,

“날쌘 토끼는 세 개의 굴을 파고 산다.”며 이제 겨우 굴 하나를 판 셈이라고 하고 나머지 두 개의 굴을 파기 위한 술책을 전개하는 것이 중요하다고 건의한 것이 기록되어 있다. 그리하여 맹상군은 다시 재상이 되고 수십 년 동안 화를 당하지 않은 것은 풍환의 계책 덕이었다고 언급하고 있다.

그러나 사기에는 세 개의 토끼굴 이야기는 실려 있지 않다. 대신 풍환이 맹상군을 재상으로 복위시키기 위해 진과 제 사이에 술수를 펴는 긴 이야기가 실려 있다.

풍환은 당시로서는 유명한 책사(策士)의 면모를 보여주었지만 풍환의 계책은 어디까지나 맹상군의 조정 내에서의 지위를 공고히 하고 봉읍을 더욱 넓히는 데 초점이 맞춰졌다는 점에서 한계가 있다. 즉 맹상군의 이익을 위한 계산이었고 활동이었다. 또한 그것은 풍환 자신의 이익이 되기도 했다.

맹상군의 신분과 지위라면 수천의 식객을 둘 수 있었다. 그러나 궁극적으로 그 식객들은 국가를 위한 인재는 아니었다. 맹상군 개인을 위한 조직이었고 급양(給養)이었다. 결국 맹상군은 이들의 도움으로 사리(私利)를 얻고 명성을 얻었으나 그 이(利)와 명성은 백성들의 생활향상이나 치

국의 정도를 확립해서 얻은 것이 아니었다. 백성의 희생 위에 무위도식하는 무리 삼천을 거느리고 있었을 뿐이었다.

한 집단의 영수(領袖)가 누리는 여러 이익을 가장 잘 보여준 사람이 있다면 그것은 맹상군이었다.

현대에도 정치인들은 여러 사조직을 만들어 운영하고 있다. 정치는 현실이기에 정치현장엔 현실에 관계되는 여러 가지 이해 관계가 얽혀 있게 마련이다.

여러 가지 지적에도 불구하고 맹상군을 높이 평가할 대목도 많다. 춘추전국시대란 약육강식의 원리가 철저히 통용되었던 시대인 만큼 어느 나라의 왕이, 제후가 더 유능한 인재를 등용했는가가 국가의 존망을 결정할 만큼 인재들이 중요시되던 시대였다. 그런 상황에서 사공자들은 나름대로 인재를 모으고 각 요직에 추천하여 국가의 보위에 힘쓴 일면도 많다는 것을 인정하지 않을 수 없다. 맹상군의 경우만 하더라도 비록 계명구도의 고사에서나 풍환의 경우에서처럼 자신의 사욕만 채우려 한갖 쓸데없는 무리들을 거느렸다는 편파적인 평가는 지양해야 할 것이다. 어쨌든 나름대로 나라를 생각하여 가산을 털어 식객을 우대했다고 생각할 수도 있는 것이다. 사실 이 자체가 쉬운 일은 아니다.

맹상군은 재상을 오래 하고 영화를 누렸지만 후손이 없었다고 한다.

평범했던 귀공자 : 평원군(平原君)

혼탁한 세상에 보기드문 귀공자로 양사에 힘썼으나 대국을 통찰하지는 못했다. 모수(毛遂) 같은 인물을 몰라보았고 한때 이욕에 눈이 어두워 국가를 위기로 몰아넣기도 했다. 그러나 빈객을 우대하여 세 번이나 재상에 올랐고 동무성(東武城)에 봉해졌다.

1. 애첩의 목을 베다

전국 사공자(戰國四公子 : 齊 孟嘗君, 魏 信陵君, 楚 春申君, 趙 平原君)의 사상이나 성품, 기질 등은 서로 다르다. 물론 정치활동도 달랐다. 사기에 이들 사공자의 열전이 연이어 있어 그들의 개성있는 일생을 비교할 수 있다.

전술한 맹상군과 평원군은 다같이 식객 수천을 거느리고 큰 세력집단을 형성했다. 그리하여 그들은 현사를 잘 대우한다는 세인의 찬탄과 명예를 얻었으며 자신의 정치 기반으로 삼기도 했다.

이들은 양사(養士)를 한다 했지만 뚜렷한 정치이념이나 주의 주장을 갖지는 못했다. 다만 전국시대 혼란기에 국가를 지키기 위한 인재의 비축에 뜻이 있었다. 그들 문하에서 난세를 이끌어갈 훌륭한 지도자나 영웅이 배출되지는 않았다.

평원군(平原君)의 성은 조(趙), 이름은 승(勝)이다. 조나라 무령왕의 아들이고 혜문왕의 아우로 조나라 여러 공자 중 가장 현명했고 빈객을 우대했다. 자신은 혜문왕(惠文王)과 다음 효성왕(孝成王) 때 세 번이나 재상을 역임했고 동무성(東武城)에 봉해졌다.

평원군의 저택의 누각에서는 이웃 민가가 내려다보였다. 민가에는 절름발이가 살았는데 절뚝거리면서도 자신이 물을 길어 먹었다. 평원군의 애첩이 절름발이가 물긷는 것을 보고 큰소리로 웃었다. 다음날 절름발이가 평원군을 찾아왔다.

"저는 군께서 선비들을 아끼며 좋아하기에 선비들이 불원천리 많이 모인다고 들었습니다. 이는 군께서 선비를 중히 여기며 첩실을 천히 여기기 때문일 것입니다. 제가 불행히 등이 굽고 다리를 절고 있지만 군의 첩실의 비웃음에는 참을 수 없습니다. 저를 보고 웃은 첩실의 목을 베십시오."

평원군은 웃으며 그렇게 하겠다고 대답했다. 절름발이가 물러가자 평원군은 그를 비웃으며 말했다.

"자기를 보고 한 번 웃었다고 애첩을 죽이라니 너무하지 않은가?"

평원군은 끝내 애첩을 죽이지 않았다. 그 뒤 일 년쯤 지나자 빈객과 문하의 식객들이 하나둘씩 떠나 절반 이하로 줄었다. 평원군이 이상히 여겨 이유를 물었다.

"절름발이를 보고 비웃은 애첩을 죽이지 않았으니 군께서는 여색만 좋아하시고 선비들을 천히 여긴다고 생각한 까닭입니다. 그래서 모두 떠나간 것입니다."

이에 평원군은 즉시 애첩을 죽여 절름발이에게 그 머리를 보이고 사과했다. 그 후로 빈객들이 다시 모여들었다.

그러나 왕의 동생이며 재상이고 당시 세도가인 저택이 그렇게 민가와 가깝게 있었고 일개 절름발이가 당대의 거물에게 애첩을 죽이라고 말할 수 있는 것은 쉽게 이해가 되지 않는다. 그러나 이런 의문점에 고심할 필요는 없다. 당시의 전국시대는 선비가 숭상되고 의(義)를 목숨처럼 생각했던 시대였다. 때문에 부와 권력있는 세도가들은 유능한 선비를 찾기에 혈안이 되어 있었고 선비들 또한 단순한 식객 차원이 아니라 당당한 조언자로서 모자람이 없었다. 따라서 전국시대에는 지금보다 권력자와 비권력자간의 정신적 거리가 가까웠고 이것이 절름발이가 당당하게 자기를 비웃은 평원군의 애첩을 죽이라고 요구할 수 있었던 배경이다.

당시 세도가들이 양사(養士)했다는 시대풍조를 감안할 때 이 이야기는 식객들이 세도가들이 진실로 현사를 우대하는지 시험해보는 의미로 해석하고 싶다.

2. 양사(養士)의 효용

맹상군과 평원군의 이야기는 당시 세도가들이 양사에 힘썼다는 것을 말해주는 것이다. 이들 두 사람은 양사에 힘썼다. 맹상군은 현명하여 자신의 공명심에 식객들을 이용한 점이 없지 않다. 그러나 자신의 가산을 탕진하면서까지 식객들을 대우했다. 일기일예(一技一藝)가 있는 식객들을 대우함으로써 전국시대의 인물사(人物史)를 풍요하게 했고 자신의 공명심도 충족시킬 수 있었다. 평원군은 맹상군에 비해 평범한 인물이었으며 특별한 재능이나 식견은 없었다. 또 전체를 보는 대국적 견지도 부족했고 재물에 정신이 혼미해져 큰 과오를 저지르기도 했다. 그러나 그는 다른 사람의 의견을 대체적으로 잘 수용하여 자신의 결점을 보완했다. 국가의 안위와 사리(私利)를 비교해 나라일을 더 중히 여겨 자신의 이익을 포기하는 일을 종종 하곤 했다. 물론 그에 대한 보상은 언제나 받았다. 이런 점에서 맹상군과는 다소 차이가 있다.

평원군은 진(秦)나라가 조(趙)의 서울 한단(邯鄲)을 포위했을 때 초(楚)와 합종을 맺어 초의 구원을 약속받고 돌아왔다. 초는 춘신군(春申君)을 시켜 군사를 거느리고 조를 구원케 했다. 한편 위나라의 신릉군(信陵君)은 거짓 왕명으로 장군 진비의 군대를 탈취해 조를 구원하기 위해 출발했다. 그러나 이들이 아직 도착하지 않았는데 진은 조의 수도 한단을 포위하여 곧 함락될 위기에 처했다. 평원군은 안절부절못하며 걱정하고 있었다. 이때 하급관의 아들인 이동(李同)이 평원군에게 말했다.

"군께서는 나라가 망하는 것을 걱정하지 않으십니까?"

"나라가 망하면 나도 포로가 될 것인데 어찌 걱정하지 않겠는가?"

"백성들은 땔감이 없어 사람의 뼈를 쪼개 불을 지피고 식량이 없어 자식을 서로 바꿔 잡아먹는 지경입니다. 그런데 군에겐 백여 명의 후궁이 있고 계집종들조차 비단옷을 입고 밥과 고기가 남아돕니다. 지금 백성들은 지치고 병사들도 힘이 다했고 나무를 깎아 창이나 화살을 만들고 있는 형편입니다. 그러나 군의 집 안엔 기물과 악기들이 그대로 있습니다. 만약 진이 조를 격파한다면 군께선 그것들을 어찌 가질 수 있겠습니까? 만약 나라만 안전하다면 그것들이 없다한들 무엇이 걱정이겠습니까? 군의 후궁과 비첩들을 사졸의 대오에 편성시켜 일을 나누어 맡게 하고 집 안의 모든 물자를 내어 백성들을 먹인다면 위기에 처한 백성과 사졸들은 당신의 은덕에 크게 감동할 것입니다."

평원군은 그 일을 따름으로써 사졸 삼천여 명을 얻었다. 이동은 삼천 결사대와 함께 적을 공격하니 진은 삼십리 밖으로 퇴각했다. 마침 초와 위나라의 구원병도 도착하니 진은 포위를 풀고 철수했다. 한단은 다시 평온을 되찾았다.

이처럼 평원군은 국가의 존망이 위태로운데도 아무 대책도 세우지 못하고 있었다. 하급관리의 아들——물론 이 사람은 평원군의 식객이 아닌 것 같다——의 충고를 받아들여 비첩을 풀어 군대 일을 돕고 식량과 도구를 내놓아 사졸을 만들었다.

단지, 이 기록에 의존한 것이지만, 평원군은 위기의 본질이 무엇이고 어떻게 대처해야 하는지 대세를 읽지는 못했던 것 같다. 또한 그의 식객 중 누구도 이런 위기에서 충언해줄 인재도 없었다. 어려서부터 왕자의 신분이었고 재상 직위에 있었기에 세상물정에 그만큼 어두웠다고 두둔할 수도 있다. 그러나 그런 위기상황에 이르렀다면, 국정을 담당하는 요직의 위치에 있었던 평원군이기에 스스로 사리(私利)를 버리고 대의를 찾았어야 했다. 그의 사리는 결국 백성들의 피와 땀이므로 하급관리의 충고를 따른 것은 결국 바람직한 것이다.

평원군은 막대한 재산이 있었으나 자기 농장에 대한 세금, 전조(田租)의 납부를 거절한 적이 있었다. 당시 전조의 징수를 맡았던 관리 조사(趙

奢)라는 사람은 법에 의해 평원군의 집사 아홉 명을 처형했다. 평원군이
크게 노하며 조사를 죽이려 했다. 그러자 조사가 평원군에게 말했다.

"군께선 우리나라의 왕족입니다. 만약 군의 탈세를 묵인한다면 결국 국
법이 침해당하는 것입니다. 국법의 침해는 곧 국가의 약화를 의미하는 것
입니다. 국가가 약해지면 이웃나라가 침략합니다. 외적의 침략에 나라가
망한다면 군께선 그 재물들을 계속 가질 수 있겠습니까?"

평원군은 할 말이 없었다. 평원군은 조사를 왕에게 추천했다.

3. 풍환(馮驩)과 모수(毛遂)

맹상군 문하의 식객들 대부분이 계명구도(鷄鳴狗盜) 정도의 인재였고
평원군의 식객 또한 뛰어난 인물보다는 대부분 녹록(碌碌)한 인재들이
었다. 기록에 남을 만한 인물로서는 맹상군에게 풍환(馮驩)이 있었고 평
원군에게는 모수(毛遂)가 있다.

풍환과 모수 두 사람은 처음에 그 능력을 전혀 인정받지 못했다는 공통
점이 있지만 두 사람은 사상이나 기질에서 뚜렷한 차이가 있다. 풍환은
일종의 투기와 모략에 능한 사람이었다. 맹상군의 일체의 작위(作爲)를
도왔는데 그 모두가 맹상군의 권세와 지위를 강화시켜주는 데 주안점이
있었다. 그러나 모수는 풍환과 약간 다르다. 풍환처럼 일개 주군을 위해
서가 아니라 대국적인 견지에서 처신했다. 그는 삼 년을 보내면서 묵묵히
능력을 발휘할 기회가 오기만 기다렸다.

풍환은 원대한 정치이상 실현을 위한 충고나 노력도 없었고, 국가에 특
별한 공적도 없었다. 그러나 모수는 평원군에게 스스로를 천거한 뒤(毛遂
自薦) 개인의 이익을 고려하지 않고 국가를 위해 그의 과단성, 용기, 기지
를 십분 발휘하여 일을 주도면밀하게 성사시켰다. 모수의 담력이나 식견
과 지략은 비범했다. 풍환이 잔재주가 많은 소인이었다면 모수는 성실하
면서도 걸출한 지사(志士)의 모습으로 그려져 있다.

〈평원군열전〉은 절반이 모수의 활약상이 그려져 있다고 해도 과언이 아니다. 모수가 평원군을 따라 초에 가서 공을 세울 때 모수의 의기는 표표히 휘날리는 깃발처럼 빛나고 있다. 오직 모수의 자태만이 혁혁한 빛을 발하고 있는 것이다.

평원군은 자신의 빈객들이 모두 소인의 무리라는 것을 모수를 보고 비로소 깨닫고 부끄러워했으리라. 모수에게서 우리는 지용을 겸비하고 진충보국하는 진정한 협사의 모습을 볼 수 있다.

4. 모수자천(毛遂自薦)

진(秦)이 조(趙)의 수도 한단(邯鄲)을 공격하였다. 조는 평원군을 보내 초(楚)나라와 합종(合從 : 일종의 동맹)을 맺어 구원을 요청하려 했다. 평원군은 그의 식객 중 용력있고 문무를 겸비한 이십 명을 데려가겠다고 왕에게 말했다. 평원군은 식객 중 열아홉 명은 골랐지만 적절한 인물이 없어 스무 명을 채우지 못했다. 그때 모수가 평원군을 찾아와 스스로 자신을 추천했다.

"공자께서 초 나라와 합종을 맺기 위해 이십 명을 데리고 간다고 왕과 약속했는데 수행원이 한 사람 모자라지 않습니까? 그렇다면 저를 일행에 포함시켜주십시오."

"선생은 우리 집에 몇 년간 계셨습니까?"

"삼 년간 있었습니다."

"현사가 세상에 살다보면 마치 송곳이 주머니 속에 들어 있는 것과 같이 그 끝이 저절로 나타나게 마련입니다. 지금까지 선생이 삼 년이나 내 집에 있었지만 주변에서 선생을 칭송하는 말을 아직 들어보지 못했습니다. 이것은 선생한테 취할 만한 재능이 없다는 뜻이니 선생은 같이 갈 수 없습니다. 그냥 머물러 계십시오."

"저는 오늘에야 저를 주머니 속에 넣어달라고 말씀드리는 것입니다. 저를 주머니 속에 넣어주기만 하면 어찌 겨우 끝만 보이겠습니까? 아마 송곳자루까지 드러날 것입니다."

평원군은 결국 모수를 데리고 가기로 했다. 다른 열아홉 사람은 서로 눈웃음치며 모수를 비웃었다.

초나라에 동맹을 맺으러 가는 평원군의 결심과 각오는 비장하고 기개가 충만했다. 합종이 안 되면 초나라 궁전에 자신의 목숨이라도 버릴 각오였다. 그리고 스무 명의 수행원을 자기 식객 중에서 고름으로써 자신의 양사(養士)에 대한 신뢰감을 표시했다. 모수는 그 문하에서 삼 년을 기다렸지만 주목을 받아보지도 못했고 유능하다는 소문도 없었다. 그는 기회를 기다리고 있다가 주머니 속에 넣어줄 것을 처음으로 요청했다. 모수로서도 이번처럼 중요한 일에 꼭 참여하고 싶었다. 때문에 스스로 천거하면서 끼워달라고 했으니 그것은 숫자를 채운다는 의미 외에 자신감을 표시한 것이었다. 그러나 평원군은 모수의 능력을 낮게 평가하고 머물러 있으라고 단호히 거절했다. 모수자천이 실패하는 순간이었다. 그러나 옆에 있던 사람들이 조소할 때 기민한 지혜의 소유자 모수는 평원군에게 멋진 반격을 가한다. 자신이 자루 속에 있었다면 송곳 끝뿐만 아니라 송곳자루까지 튀어나왔을 것이라고 말한다. 재능이 없었던 것이 아니라 주머니 밖에 있었던 게 문제이지 자신의 탓은 아니라는 논리이다. 유능하다는 소문이 없었다는 것은 그간 전혀 기회가 없었다는 것을 의미하며 모수의 처세에 문제가 있진 않았다. 좀 확대해서 생각해본다면 평원군이 사람을 알아보고〔知人〕 능력을 발휘할 수 있도록 쓰는 데〔善任〕에 문제가 있다는 것을 은연중에 질타한다. 양사(養士)는 결코 비축만을 뜻하지는 않는다. 예비 자원을 확보하는 것도 좋지만 확보한 인재의 활용도 중요하다. 결국 산줄기가 굽으면 길도 구부러지듯 평원군은 모수의 동행을 허락한다. 그러나 열아홉 사람 모두가 서로 눈웃음치며 비웃었다니 평원군이나 수행원들 모두 모수를 대수롭지 않게 여겼던 것은 사실이다. 그러나 초나라에 도착할 때까지 토론을 벌인 결과 열아홉 명은 모두 모수에게 굴복하고 말았다. 모수는 드높은 기개와 심오한 학식으로 모두를 압도한 것이다. 그야말로

영탈이출(穎脫而出)이었다.

5. 영탈이출

평원군과 초왕과의 회담은 아침부터 시작되었으나 한낮이 되도록 결말이 나지 않았다. 초가 조와 합종을 맺고 구원한다면 국경을 접하고 있던 진의 침입을 각오해야 했기에 초로서는 쉽게 응낙할 수 없었다. 회담이 길어지면서 일이 실패로 돌아갈 것 같은 예감이 감돌았다. 한무리의 우둔한 용재(庸才)들인 일행이 모수에게 말했다.

"선생께서 올라가서 결정을 짓도록 하시오."

그러자 모수는 칼을 잡고 성큼성큼 계단을 올라 전각 위로 뛰어들며 평원군에게 물었다.

"합종의 이해(利害)는 하느냐 않느냐, 단 두 마디로 결정이 날 일입니다. 해가 뜰 무렵부터 말씀을 시작하셔서 한낮이 되도록 결말이 나지 않는 것은 무슨 까닭입니까?

초왕은 모수의 뜻밖의 출현에 놀라며 누구냐고 물었고 평원군은 문하의 사인(舍人)이라고 대답했다. 그러자 초왕은 모수를 꾸짖었다.

"당장 내려가지 못하겠는가! 너의 주인과 이야기하는데 네가 무슨 참견을 한단 말이냐."

초왕과 모수는 십보 거리에 있었고 두 사람 사이에 격렬한 설전이 벌어진다. 모수는 우선 초왕의 기세를 꺾어야 한다고 생각하고 칼을 잡고 두어 걸음 다가서며 말한다.

"왕께서 저를 질책한 것은 여기 초나라 사람이 많기 때문입니다. 그러나 지금 저와 십보 이내에 있는 왕께서는 그들의 힘을 믿을 수 없습니다. 왕의 목숨은 제 손에 달렸습니다. 저의 주군이 바로 앞에 계신데 나를 질책하신 것은 무슨 뜻입니까?"

모수는 우선 위협하고 초왕의 무례를 따졌다. 이 말은 초왕의 기를 꺾

는 데 효과가 있었다. 그러나 그것만으로는 조가 원하는 합종을 맺게 할
수는 없었다. 합종을 맺어야 할 근거를 논리적으로 전개해서 초왕을 설득
시켜야 했다.

"탕왕은 겨우 칠십리 땅을 가지고 천하의 왕이 되었고 주 문왕(文王)은
백리의 땅을 가지고 제후들을 거느렸습니다. 그것은 군졸이 많아서가 아
니라 당시 정세를 잘 이용하여 위력을 발휘했기 때문입니다. 지금 초나라
는 사방 오천리 땅에 백만의 군사를 갖고 있어 충분히 패왕(覇王)이 될 수
있습니다. 천하에 그 누구도 초를 당할 수 없습니다. 그러나 진의 장수 백
기(白起) 같은 보잘것없는 자가 이끄는 불과 수만의 군대가 초나라를 한
번 공격해서 언(鄢)과 영(郢)의 땅을 차지했고, 두 번 공격해서 이릉(夷
陵) 땅을 불태웠고 세 번 공격해 선대의 종묘를 욕보였습니다. 이는 백대
가 지나도 씻을 수 없는 원한이며 우리 조도 초를 위해 부끄럽게 생각하
고 있는데 오히려 왕께서는 진을 미워하지 않는 것 같습니다. 우리가 맺
고자 하는 합종은 초나라도 위한 것이지 조나라만 위한 것은 아닙니다."

평원군과 초왕의 합종이 성사되지 않은 것은 평원군이 수도가 포위되고
위기에 처했다고 자신의 약점을 강조했기 때문이다. 이미 나라가 공격받
아 멸망하기 직전이라면 무엇하러 대군을 일으켜 도와주겠는가? 초왕이
꺼리는 것은 당연했다. 그러나 모수는 나라의 존망과 성쇠는 병졸의 다소
가 문제되지 않는다는 것을 실례로 설명했다. 그리고 초나라가 진나라에
게 당한 치욕을 열거하며 초왕이 갖고 있는 허세의 베일을 벗기었으며 초
의 치욕을 제삼자인 자기들도 수치로 여기는데 당사자가 치욕을 느끼지
않는 것은 이해할 수 없다며 초왕의 정의감과 자괴심(自愧心)을 충동질
했다. 그리고는 합종은 초에게도 유리하다는 언설로 결론을 내렸다.

모수가 초왕에게 열변을 토하는 동안 가장 놀란 사람은 평원군이었다.
덤으로 데리고 갔던 사람이 이렇듯 과단성있는 행동과 논리정연한 이론을
전개하여 합종을 맺게 할 줄은 몰랐다. 평원군은 그 순간 회담의 주체가
아니라 방관할 수밖에 없는 객체가 되어버린다.

초왕은 얼떨결에 말했다.

"과연 그렇소, 선생의 말씀이 지당하오. 말씀대로 초의 사직을 걸고 합종을 맺으리다."

"합종을 결정하셨습니까?"

"결정했소?"

모수는 초왕의 조신(朝臣)들에게 말했다.

"가서 닭·개·말의 피를 가지고 오시오."

모수는 피가 담긴 큰 구리대야를 받쳐 들고 무릎을 꿇고 초왕에게 올리며 말했다.

"왕께서 먼저 삽혈(歃血 : 입술 끝에 조금 묻히는 절차)하시어 합종을 맹세하십시오. 다음은 저의 주군 차례입니다. 그리고 그 다음은 제가 하겠습니다."

드디어 합종이 맺어졌다. 모수는 왼손에 그릇을 들고 오른손으로 열아홉 사람을 불러 말했다.

"그대들은 당하에서 이 피를 바르시오. 그대들은 그저 따라왔을 뿐이니 당하(堂下)가 맞소. 그대들은 무슨 일이든 남의 힘을 빌려 할 수밖에 없는 사람들이오."

극중 주연의 마지막 연기처럼 모수는 일을 깨끗하게 마무리지었다. 초왕에게 합종 결정 여부를 다시 물은 것은 일을 완벽하게 마무리짓는 확인 절차였다. 모수는 상황을 다시 변경할 수 없도록 만들었고 맹세의식도 주관했다. 모수의 언어와 동작은 노련한 산파처럼 명쾌했고 간결했다. 그는 논리 전개에서부터 확인 절차까지 신속하고 당당하게 합종의 대업을 성사시켰다. 모수는 초왕과 평원군을 삽혈(歃血)시킨 뒤 당하의 사람들도 불러 의식에 동참케 했다. 그러면서 그들을 한번 통렬히 질타하였으니 모수의 말에 열아홉 사람은 설 땅을 잃었다.

평원군은 합종을 성사시키고 조에 돌아와서,

"앞으로 다시는 감히 선비를 사사로이 평가하지 않겠다. 나는 지금까지 많게는 천여 명 적어도 수백 명의 인물을 평가하여 천하의 인재들을 몰라본 적이 없다고 생각했었다. 그러나 모(毛) 선생에 대해서는 완전히 잘못

보았다. 모 선생은 초에 가서 우리 조나라를 구정(九鼎)이나 대여(大呂)보다 더 무겁게 했다. 모 선생은 세 치의 혀로 백만대군보다 더 큰 일을 해냈다. 이제 다시는 감히 인물을 평가하지 않으리라.”
고 말하며 모수를 상객(上客)으로 삼았다.

평원군이 식객 삼천을 거느릴 때 별별 사람이 다 모였을 것이다. 그 외모나 한두 번의 언행으로 사람을 평가한다는 것이 얼마나 위험한 일인가? 인물 평가를 잘못하면 가깝게는 자신을 망치고 멀리는 나라를 곤경에 처하게 해서 자손대대로 그 허물을 감당해야 할 것이다. 반면 얼마나 많은 인재들이 자신의 능력을 십분 발휘하지 못하고 안타깝게 사라져갔는가. 이 세상에 천리마가 없는 것이 아니라 천리마를 감식할 수 있는 사람이 없어 수많은 천리마가 멍에를 멘 채 마구간에서 하찮은 노새들 틈바구니에서 죽어갔을 것이다.

평원군이 말한 구정(九鼎)이란 본래 우왕(禹王)이 구주(九州)에서 거둬들인 쇠(당시는 청동)를 녹여 만든 아홉 개의 세 발 달린 솥으로 하(夏)·은(殷)·주(周) 삼대부터 전국(傳國)의 보물이었으며 나라가 바뀌고 수도가 바뀌면 옮겼다고 한다. 대여(大呂)는 주(周)나라 종묘의 큰 종 (大鍾)으로 천자의 지위를 상징하였다. 따라서 모수의 활약으로 조나라의 비중이 그만큼 커지고 중요해졌다는 것을 뜻한다.

6. 평원군의 탐리

모수의 활약이 있기 전, 조(趙) 효성왕(孝成王) 4년, 진(秦)이 한을 공격했고 한왕은 상당(上黨)의 땅을 빼앗기고 강화하려 했었다. 그때 상당의 수비를 맡고 있던 한의 장군 풍정(馮亭)은 진에 항복하기를 거부하고 상당의 땅을 조나라에 바치고 항복하겠다고 했다. 상당에는 17개의 성읍이 있었으니 그 땅과 백성과 재물의 이익이 결코 적은 것은 아니었다. 그때 조의 평양군은 그 이득을 생각하고 효성왕에게 풍정의 투항을 받아들이라

46

고 건의했다. 결국 그 결과로 진과 조나라 사이에 장평(長平)에서 전투가 벌어졌다. 이에 대해 〈평원군열전〉에는,

"진과 조가 장평에서 싸웠으나 조가 패하여 도위 한 사람을 잃었다."
라고 기록하고 있다.

그 다음 장평의 패배에 이어 수도 한단(邯鄲)이 포위당했다. 이것에 대해서는,

"장평에서 대패했다. 한단이 포위되었고 천하의 웃음거리가 되었다."
라고 씌어져 있다.

장평 전투에서의 패배 원인은 효성왕의 군사, 외교상의 잘못 외에 평원군의 탐욕도 한 원인이었다. 사마천은 이 사건에 대해 준엄한 비판을 가하고 있다.

"평원군은 혼탁한 세상에 보기드문 훌륭한 공자(公子)이다. 그러나 대국(大局) 전체를 통찰하지는 못했다. 속언에 '의욕이 지혜를 혼미케 한다.' 하였으니 평원군은 풍정의 사설(邪設)을 그대로 믿어 장평에서 조의 사십만 군사를 사지에 빠지게 하고 수도 한단이 거의 존망의 위기에까지 이르게 했다."

여기서 평원군이 이욕을 탐했다. 이욕에 눈이 어두웠다는 점을 생각해 보자. 평원군이 풍정의 투항을 받아들이라고 효성왕에게 건의한 것은 사리(私利) 때문은 아니었다. 평원군은 분명히 국가의 이익을 생각했다. 제후국가들끼리 패자(覇子)를 다투었던 전국시대에서는 당연한 것처럼 보인다. 갑자기 많은 병력과 물자와 병기가 생기게 된다면 그 당시 정세로 볼 때 쉽게 포기할 수 없는 것이다. 그러나 중요한 것은 국익의 여부를 논하는 것이 아니라 평원군의 개인으로 볼 때에도 풍정의 투항이 유익했다는 것이다. 어쨌든 평원군은 대국을 통찰하는 안목이 부족했고 다음 단계의 계책을 준비할 수 있는 지혜도 부족했다.

진나라로서는 입에 다 넣은 음식을 조에서 가로챘으니 당연히 그 보복으로써 조를 침공할 것은 자명한 이치이다. 그러나 평원군은 상당의 땅에서 얻는 이득과 진의 침입에 따른 손익계산을 하지 못했고 진의 분노를

해소시켜줄 만한 계책도 마련해놓지 못하여 스스로 험지를 만드는 과오를 범했다. 물론 모수를 데리고 가서 초와 합종을 맺고 위(魏)나라 신릉군(信陵君)의 도움을 얻어 물리치긴 했지만 역사 인물의 평가는 냉정하게 공사(公私)와 호오(好惡)를 구별해야 한다. 즉 어느 한 인물을 평가하는데 그 행위와 업적이 국가와 국민에게 얼마나 유익했는가, 아니면 백성들을 다치고 국가는 위기로 몰고 갔는가를 고찰해야 할 것이다. 또 역사 발전과 진보에 긍정적 역할을 했는가 아니면 저해하고 장애물이 되었는가도 고려해보아야 한다. 그런 점에서 평원군의 행적에 대해 우수한 점과 국가에 공헌한 점을 평가하되 그의 잘못에 대해 준엄한 비판을 가해 평원군의 면목을 모두 드러내 보이려 했던 사마천의 안광(眼光)은 횃불처럼 빛나고 있다.

신분을 초월한 교제 : 신릉군(信陵君)

전국시대 4공자(四公子) 중 가장 높이 숭상하는 인물이다. 신분을 초월해서 빈천한 선비와도 교제했고 소탈하고 바른 성품을 가지고 있었다. 끝까지 정의감과 애국심을 견지했고 자신의 허물을 고치는 데 주저함이 없었다.

1. 사마천 마음속의 영웅

사기 〈위공자열전(魏公子列傳)〉은 사기(史記) 속의 명문장으로 격찬받는 명편(名篇)이다. 사마천이 평소에 가장 흠모하고 마음속에 그리던 이상형의 인물로 신릉군(信陵君)을 생각했기에 이 열전을 쓰면서 자신의 뜨거운 정열을 쏟아부은 것 같다.

신릉군의 시원시원하고 영명한 모습, 단아한 풍채, 풍부한 정감, 원숙한 인간미, 강렬한 정의감, 관대한 흉금, 변함없는 충성심 그리고 잘못을 고칠 수 있는 활달한 도량 등을 명문장으로 서술해 읽는 사람으로 하여금 신릉군에 대한 인상을 마음속 깊이 새기게 한다. 뿐만 아니라 신릉군과 관련있는 후영, 주해 등, 지기자(知己者)를 위해 자신의 목숨을 버린 지사(志士)와 모공, 설공 등 기이한 인물을 곳곳에 등장시켜 읽는 재미를 더해주고 있다. 이들 조연인물들 또한 결코 그냥 보아넘길 수 없는 인물들로서 신릉군의 광채를 더욱 빛내주는 역할을 하고 있다.

사마천이 신릉군을 얼마나 존경했는지는 4공자 열전 중 다른 사람은 모두 봉읍(封邑)과 관련된 명칭을 썼지만 신릉군만은 '위공자열전(魏公子列傳)'이라는 국가에 공헌한 경우에 사용하는 공자(公子)라는 명칭을 썼다.

그리고 열전 중 공자라는 호칭이 무려 147회가 나온다. 그만큼 사마천은 신릉군에게 매료되고 존경했다는 증거가 아니겠는가?

신릉군의 일생은 크게 볼 때 조(趙)를 구원하고 진(秦)을 물리치는 일로 일관하고 있는데 빈객의 힘을 얻어 성공한 경우가 많다. 즉 신릉군은 빈객들과 깊이 교우하여 중대사가 생겼을 경우에는 빈객들의 도움을 이끌어 낼 수 있었다. 위정자가 성공하려면 아랫사람들을 잘 대우하고, 사람을 알고 일을 맡겨야 하며, 은자(隱者)를 발탁하고 버림받는 인재가 없어야 한다. 또한 인재들은 자기를 알아주는 사람을 위하여 전심전력으로 지모를 생각해내고 실행하되 희생을 감수하면서 상황의 어려움을 해결해야 한다. 이렇게 되어야만 바른 정치가 이루어지고 민심이 이반하지 않아 태평성대를 이룰 수 있다는 것이 사마천의 지론이었다. 그리고 사마천은 신릉군이야말로 품격과 재기(才氣)가 자기의 이상에 가깝다고 생각했기에 위공자열전에서 신릉군의 진정한 인재양성과 등용에 찬사를 보냈다. 그리고 실의에 빠져 스스로를 훼손하고 죽어간 신릉군의 불우한 만년에 무한한 아쉬움을 표하고 있다.

2. 유능한 식객들

신릉군 무기(無忌)는 소왕(昭王)의 막내아들이고 안희왕(安釐王 : BC 276-243)의 이복동생이다. 소왕이 죽고 안희왕이 즉위하면서 공자를 신릉군으로 봉했다.

당시 위나라는 진의 위협을 받아 위급한 지경에 처해 있었다. 진왕 정((政), 진시황)이 즉위한 것이 기원전 247년이고 진이 위를 멸망시킨 것이 기원전 225년이니 위나라 말기에 해당하는 시기이다.

"공자는 사람됨이 인자했고 현사들과 교제가 많았다. 현명하든 불초하든 문제삼지 않고 겸양과 예로 대했고 자신이 부귀하다고 하여 교만하지 않았다. 이때문에 현사들이 사방 수천리에서 앞다투어 모여드니 식객이 삼천에 이르렀다. 제후들은 공자가 현명하기에 빈객이 많다고 생각하며 십여 년 동안 감히 군사를 내어 위를 치지 못하였다."

이 기록은 신릉군에 대한 개략적인 서술이다. 인자하고 현사들과 교제하는 품격(品格)과 이로 인한 효과를 말하고 있다. 신릉군의 신분을 초월한 교제에 찾아 모여드는 인재가 많았다. 비록 식객이라지만 영명하고 뛰어난 사람들이었다. 그렇기에 다른 나라에서 감히 위를 넘보지 못했다.

신릉군이 빈객을 잘 예우하는 목적은 국가적 역량을 증강시키는 것이었다. 다른 공자들 즉 맹상군 등의 인재양성이 자기세력의 확장이라는 사적인 점에 많이 치우친 교제와 비교하면 큰 차이가 있다.

신릉군은 다양한 인재들과 교제하고 있었으며 그 집단은 정치에 큰 도움을 주었다. 즉 신릉군은 깨어 있는 두뇌의 소유자였고 신중하고 상황을 두려워하지 않는 품격의 소유자였다. 그러나 위왕보다 뛰어난 예지와 침착성은 왕으로부터 기피당할 우려를 내포하고 있었다.

3. 성심(誠心)으로 얻은 지사들

위 나라에 후영(侯嬴)이라는 은사(隱士)가 있었다. 나이는 70세에 대량성(大梁城) 동쪽 성문의 문지기였다. 신릉군은 그가 현인이라는 것을 알고 예물을 보냈으나 후영은 받지 않았다. 그래서 신릉군은 큰 잔치를 열고 빈객들을 초대하여 좌석이 다 정해졌을 무렵 직접 수레를 몰고 후영을 맞이하러 갔다. 후영은 거침없이 신릉군의 상좌에 앉고, 성내 도살장에 사는 친구를 만나야 하니 들렀다 가자고 말한다. 신릉군은 낯빛을 바꾸지 않고 더욱 공손한 태도로 응낙했다. 후영은 신릉군의 표정이 진심에서 우러나왔고 일체 행위가 더할 수 없는 진실임을 알았다. 후영은 잔치가 끝날 무렵 말했다.

"저는 오늘 공자님을 위해 할 일을 다했습니다. 공자께서는 친히 수레를 몰고 나오셨고 저를 이런 모임의 상석에 앉게 했습니다. 제가 꼭 가야 할 곳도 아닌데도 공자께서는 제 청을 들어주셨습니다. 저는 공자님의 명성을 더 높여드리고 싶어 일부러 수레에 서서 기다리게 했습니다. 지나가는 사람들이 모두 저를 소인으로 생각하고 공자께서는 장자(長者)로서 아랫사람들을 잘 예우하신 분이라고 여겼을 것입니다.”

춘추전국시대에는 수많은 제후들의 난립으로 현자(賢子)를 구하고자 하는 열망이 대단했다. 자연에 묻혀 은거하는 현인이나 은인을 구하여 조력을 얻는 것이 패자(覇子)의 지름길이라 생각한 까닭이다. 따라서 고상한 인격과 학식을 갖추고서도 벼슬길에 나가지 않고 은거하는 사람을 추앙하는 풍조가 있었다.

신릉군은 현인인 후영과 사귀고 싶었고 그 때문에 직접 수레를 몰고 찾아갔다. 상좌에 앉은 후영은 일부러 저자거리의 주해(朱亥)라는 백정을 찾아가 장시간 이야기했다. 그 동안 신릉군은 싫은 기색없이 자연스러운 공경심으로 고삐를 잡고 서 있었다. 시장 사람들이 보는데도 공자는 능히 자신을 낮추고 빈객을 진심으로 예우하였다.

신릉군은 주해(朱亥)도 심지곧고 용력있는 현인이라는 것을 알았다. 그래서 신릉군은 주해에게 다른 빈객대하듯 후한 예물을 보내며 교제를 청했다. 그러나 주해는 신릉군의 후의에 사례하지 않았다. 후에 주해는 신릉군이 어려운 부탁을 했을 때 이렇게 말한다.

“저는 시장에서 칼을 휘둘러 짐승 잡는 것을 업으로 하는 천한 백정입니다. 그런데도 공자께서는 몸소 찾아주셨고 예물을 보냈습니다. 제가 사례하지 않은 까닭은 하찮은 소례(小禮)는 차릴 필요가 없다고 생각했기 때문입니다. 공자께서는 지금 다른 사람의 병부(兵符)를 뺏어야 할 다급한 상황입니다. 지금이야말로 제가 목숨을 바칠 때입니다.”

협사의 일반적 특성은 성격이 명쾌하며 곧다는 데 있다. 주해가 바로 그런 성격이었다. 신릉군의 성심성의가 주해에게 깊은 감명을 주었다지만, 협사의 목숨을 바칠 때가 아니었기에 일반 세속적인 인사나 왕래가 없었을 뿐이었다. 답례하지 않는다고 은혜를 잊은 것이 아니고, 사소한 예절을 차리지 않는다고 오해할 공자가 아니라고 믿었던 것이다. 이와같이 신릉군은 어떤 상황에서 꼭 그런 사람이 필요할 때 그런 도움을 받았다.

4. 평원군과의 비교

위공자(魏公子) 신릉군(信陵君)과 조(趙)의 평원군(平原君)은 처남매부 사이였다. 신릉군의 손위 누이가 평원군의 부인이다.

앞서 평원군에 대한 이야기에 나온 것처럼 조(趙)가 진(秦)에 의해 수도 한단이 포위되었을 때, 평원군은 신릉군에게 구원을 요청했다. 신릉군은 위왕에게 군사를 보내 조를 도와야 한다고 여러 번 주청했다. 그러나 진의 위협에 압도당한 위왕은 오히려 국경에 주둔하고 있는 장군 진비(晉鄙)에게 군사를 움직이지 말고 사태를 관망하라고 명령했다. 신릉군은 끝내 위왕의 마음을 돌릴 수 없다고 생각하여 빈객들과 함께 전차를 몰고 진나라와 싸우다가 죽겠다는 결심을 한다. 말하자면 생사를 같이 하겠다는 자신의 식객들이라도 데리고 가서 조를 돕겠다는 정의감의 발로였다. 이런 결심은 비단 그가 평원군과의 인척관계 때문이 아니라 조를 구원하는 것이 곧 위 나라를 보전하는 길이라고 믿었기 때문이었다. 그의 식객 또한 그와 인식을 같이했다. 그래서 신릉군은 빈객들과 함께 조나라로 출발했다. 이렇게 자기를 알아주는 주군을 위해 생명을 버릴 수 있는 식객이 많은 점이 맹상군이나 평원군과 확연히 다른 점이다.

신릉군은 길을 떠나 동문에 이르자 후영에게 전후 사정을 말했으나 후영은 잘해보라는 인사뿐이었다. 몇 리를 가다가 후영의 태도에 의혹을 느껴 다시 수레를 돌려 후영을 찾았다. 후영은 웃으면서 다시 돌아올 줄 알고 있었다며 계책을 말해준다.

"진비(振鄙)의 병부(兵符)는 왕의 침실에 있고 여희(如姬)는 왕의 총애를 받아 자유로이 출입할 수 있습니다. 공자께서 여희에게 큰 은혜를 베푼 적이 있다고 들었습니다. 여희를 시켜 병부를 빼오게 하십시오."

신릉군의 영향력이 왕의 총희인 여희에게까지 미칠 수 있다는 것은 신릉군의 덕망과 은덕이 얼마나 넓었는가를 보여준다. 언젠가 여희의 부친을 죽인 원수를 찾아 죽여서 여희에게 은혜를 베풀었었는데 이제 그 은공의 보답이 들어온 것이다. 신릉군이 여희의 원수를 갚아준 것은 의로운 일에 용기를 내어 확실한 실천으로 문제를 해결한 것이고, 그것은 충성스럽고 유능한 식객들을 많이 거느리고 있었기 때문에 가능한 일이기도 했다. 어쨌든 신릉군은 후영과 여희 그리고 주해의 도움으로 왕명(王命)이라 속이고 진비의 군사권을 탈취한다. 진비는 거짓임을 알고 항거했지만 주해의 손에 죽었다. 이렇게 해서 신릉군은 결국 진을 물리치고 조를 구원했다. 그러나 신릉군은 위나라 군사를 본국으로 귀환시켰지만 일단 거짓 왕명으로 장군을 죽이고 군사권을 탈취했기 때문에 본국으로 돌아가지 못하고 조에 머물렀다.

한편 평원군도 신릉군의 의리에 감동했고 조 효성왕도 신릉군의 은덕에 보답하고자 다섯 개의 성읍을 신릉군에게 주려고 했다. 신릉군은 이 소식을 듣고 기뻐하며 얼굴에 교만한 기색이 일었다. 이에 빈객 중 한 사람이 신릉군에게 말했다.

"세상에는 잊어서는 안 될 일도 있지만 불가불 잊어야 할 일도 있습니다. 누군가가 공자께 은덕을 베풀었다면 그건 잊어서는 안 됩니다. 그러나 남에게 베푼 은덕은 잊어버려야 합니다. 이번 일은 조에겐 은덕을 베풀었지만 본국엔 불충스러운 일입니다. 공자께서는 이번 공로를 교만한 생각에서 자랑스럽게 생각하고 있습니다. 이것은 공자께서 취할 바가 아닙니다."

이처럼 신릉군의 식객들은 무위도식하는 무리도 아니었고 단순한 하수인도 아니었다. 신릉군에게 잘못될 징조가 있으면 곧 충고와 비판을 가해 자신의 잘못을 고칠 수 있도록 하는 충실한 조력자(助力者)들이었다. 또 어떤 때는 인생의 철리(哲理)를 말해 신릉군이 고상한 인품을 형성해나가도록 도와주기도 했다. 신릉군은 이 충고에 잘못을 깨닫고 몸둘 바를 모르듯 즉시 행동을 고쳤고 자신이 본국에 불충했다고 생각하여 다섯 개의

54

성읍을 겸손한 태도로 사양했다.

신릉군은 조에 머무는 동안에도 현사들과 교제를 계속했다. 신릉군은 조나라에 있는 두 현인 중 모공(毛公)은 노름꾼 사이에 숨어서 살고, 설공(薛公)은 술장수 집에서 숨어 산다는 말을 들었다. 신릉군은 그들과 사귀고 싶어서 변복(變服)하여 찾아가 이야기를 나누었다.

평원군은 이런 교제에 대해 신릉군을 망령된 사람이라고 비웃었다. 이 말을 들은 신릉군은,

"평원군의 교우란 그저 호걸들만 사귈 뿐 진정한 현사를 구하는 것이 아니다."

라고 질타하면서 조에서 떠나려 했다. 평원군은 이 말을 듣고 뉘우쳐 신릉군을 찾아와 관을 벗고 사죄했다.

여기서 두 사람의 양사(養士) 목적과 태도가 크게 다름을 알 수 있다. 신릉군은 비록 도박꾼이고 장사치지만 그들의 현명함을 알고 그 마음을 얻지 못할까 걱정할 정도였으나, 평원군은 겉모습만 보고 천한 사람과의 교제를 수치라 생각했다. 이런 교제의 차이점으로 평원군 식객들의 마음이 신릉군에게 기울어져 절반이 신릉군을 찾아왔다.

신릉군은 조나라에서 10년간 머물렀다. 후에 진이 위를 공격하자 위왕은 걱정이 되어 사자를 보내 신릉군의 귀국을 독촉했다. 그러나 신릉군은 위왕의 노여움을 걱정하며 귀국하지 않았다. 빈객들도 모두 위를 버리고 떠나온 사람들이었고 신릉군의 기분을 알고 있었기에 귀국을 권유하지 않았다. 그러나 모공과 설공은 도리에 맞는 말로 분명하게 신릉군의 귀국을 건의했다.

즉 신릉군이 조에서 명성을 얻고 있는 것도 따지고 보면 위라는 본국이 있기 때문인데 만약 진이 위를 함락시키고 선왕의 묘를 허문다면 무슨 면목으로 청하에 나설 수 있겠느냐는 것이다. 신릉군은 이 말에 대오각성하여 서둘러 귀국하여 진의 공격을 막아내고 오히려 진의 영토 내로 진격해서 위나라의 안전을 공고히 했다.

여기서 우리는 신릉군에게 귀국을 종용한 모공과 설공을 주목할 필요가

있다. 본래 산속 토굴에서 숨어 지내는 은자나 초야에 묻혀 있던 현인들은 자신의 진면목을 감추려는 속성이 있다. 또 그들은 권세가의 언행을 눈여겨보면서 예리하게 관찰하고 있다.

모공과 설공은 조나라 사람이었지만 평원군이 그들에게 결례했기에 평원군을 만나지 않았다. 그러나 신릉군에게는 직언(直言)으로 잘못을 지적했다. 이 점이 바로 덕망과 인품을 갖추어 교제했던 신릉군과 그렇지 못했던 평원군과의 차이점이라 할 수 있다.

5. 신릉군의 초상

신릉군이 인재를 모으고 예우했던 것은 애국심에 바탕을 두고 있다고 봐야 한다. 빈객들도 한결같이 지혜와 능력을 다해 신릉군을 섬겼다. 신릉군은 과연 어떤 인품을 가졌기에 애국지사로서의 숭고한 행적을 남겼는지 신릉군의 초상을 몇 가지로 그려본다.

첫째, 신릉군은 감정이 진지했고 거짓이나 꾸밈이 없었다. 신릉군이 후영을 맞이할 때를 보더라도 진정한 성의와 간절함이 있었다. 온화한 얼굴이 바로 그 증거였다.

표정은 내심으로부터 나온다. 진실한 속마음이 없다면 얼굴 표정이 온화할 수 있겠는가? 현명한 후영이 젊은 신릉군 표정의 진위를 간파 못했을 리도 없다. 후영을 충분히 감동시킬 만큼 진지하고 거짓없는 신릉군이었다.

둘째, 신릉군은 사람을 대함에 정성을 다했고 인정이 많았다. 조가 진의 공격으로 위태로울 때 평원군의 사자들이 연달아 도착했다.

"내가 자청해서 공자댁과 혼인한 것은 공자가 높은 의리를 가지고 타인의 어려움을 도와준다고 들었기 때문이오. 지금 한단의 함락이 조석을 넘기지 못할 지경이니 공자의 도움을 바라오. 만약 공자가 나를 업신여겨 조의 멸망을 방치한다 해도 공자의 누님을 불쌍히 여기지 않을 수는 없겠지요.”

　평원군은 신릉군의 대의(大義)를 대망(待望)하면서도 혈연의 정에 호소했다. 위왕이 파병을 허락지 않자 국가이익과 보전을 위해 비정상적인 방법을 찾지 않을 수 없었다. 이는 평원군에 대한 의리와 함께 인정이 넘치는 행동이기에 빈객을 감동시켰다. 또 진비의 군사권을 빼앗는 과정에서 무고한 진비의 죽음을 생각하고 눈물을 흘렸던 것도 인정이 많은 다감한 성격이었기 때문이다.

　셋째, 신릉군은 정의감이 강한 정치가였다. 위에서 말한 조의 구원은 곧 정의의 실천이었다. 그렇기 때문에 자신의 죽음을 두려워하지 않았고 위 나라에서의 모든 지위와 명예, 재산을 버릴 각오가 있었다. 병부를 훔치고 장수를 죽여가며 군사지위권을 탈취하는 것이 당장은 위에 대한 불충이겠지만 그 정의가 실현되면 용서받을 수 있다고 생각했다.

　넷째, 신릉군은 우의(友誼)와 국사(國事)를 중히 여겼고 개인의 이익에 연연하지 않는 넓은 마음을 가지고 있었다. 그리고 원칙과 진리를 견지하여 유언비어에 흔들리지 않았고 비판을 관대하게 수용하여 자신의 과오를 인정하는데 인색하지 않은 인물이었다. 신릉군의 이러한 풍모와 도량은 쉽게 이루어지는 것은 아니다. 천한 계층이었던 모공과 설공 같은 사람들과 교우할 수 있었던 것은 그만한 아량과 덕망이 있었기에 가능했다. 결국 이들은 신릉군의 충실한 조언자가 되었고 신릉군이 본국으로 귀국하지 않자 그 잘못을 깨우쳐주었다. 또한 신릉군은 그들의 말이 끝나기 전에 자신의 잘못을 인정하고 서둘러 귀국했다.

　모공과 설공이 없었다 하더라도 후에 그 누군가가 잘못을 지적할 수야 있겠지만, 후회와 잘못을 고치는 것도 시기가 있는 것이다. 때늦은 뉘우침은 그만큼 개선하기가 어려운 것이다. 사람이 자책심(自責心)을 가진다는 것은 결코 쉬운 일은 아니다. 자책하는 마음이 있을 때 그 반응 또한 빨라야 하지 않는가? 잘못을 지적해주는 말에 기뻐하고, 바른말에 일어나 절을 할 수 있는 자세를 갖추고 있던 신릉군이었다. 잘못을 알고 능히 고칠 수 있는 신릉군의 광활한 대도(大道)는 그의 형상을 더욱더 위대하게 만들었다.

다섯째, 신릉군의 일생은 결코 순탄한 것은 아니었다. 그러나 시종일관 애국심을 지켰으며 액운을 만났지만 절조(節操)를 훼손하지는 않았다.

신릉군과 안회왕 사이에는 일찍부터 갈등의 여지가 자리했었다. 신릉군이 병부를 훔쳐 조를 구원한 것은 그들의 간격을 더욱 멀게 했다. 그리하여 신릉군은 십 년 넘게 조에 머물러야만 했다. 신릉군이 귀국하여 위기를 구출할 때, 그의 명성 때문에 각국에서 장수를 보내 신릉군을 도왔고 이들의 도움으로 진을 격퇴시키고 함곡관(函谷關) 밖으로 나오지 못하게 하는 혁혁한 전공을 세웠다. 이것이 위나라를 위한 그의 마지막 정열이었다.

한편 진나라는 신릉군을 내쫓기 위해 위왕에게 중상모략을 계속했다. 위왕은 계략에 속아 신릉군을 파면했고 신릉군은 그 뒤로 술을 마시며 통탄하다가 4년 만에 죽었다. 비록 정열을 불태우며 노력했으나 결국 어리석은 왕 밑에서 포부를 상실한 채 술로 보낸 그 만년의 모습과 죽음이 애처롭기만 하다.

6. 누구를 위해 죽어야 하는가

신릉군이 동문 문지기 후영을 극진한 예로 모셔 상객으로 삼았다는 이야기는 앞에서 했다. 신릉군이 빈객과 더불어 조를 구원할 때 모든 계책을 건의했고 결행을 촉구한 사람이 후영이었다. 여희의 도움으로 병부를 훔쳐 떠나는 신릉군에게 후영이 말했다.

"저도 마땅히 따라가야 하겠지만 이미 늙어 갈 수 없습니다. 공자께서 진비의 군영에 도착하는 날에 맞추어 저는 북향하여 제 목숨을 끊어 따라가지 못하는 죄를 씻겠습니다."

과연 후영은 신릉군이 진비(晉鄙)의 군영에 도착할 무렵 스스로 목숨을 끊었다.

58

결과적으로 후영의 죽음은 신릉군의 과감한 결행을 촉구하는 데 공헌하였다. 소위 '선비는 자기를 알아주는 사람을 위하여 죽는다'〔士爲知己者死〕는 협객의 도를 완벽하게 실천했다.

그렇다면 후영의 죽음이 과연 무슨 의미가 있는지 알아보자. 후영은 신릉군이 할 수 없이 진비를 죽여야 한다는 것을 알고 있었다. 진비는 위의 명장으로 심지가 곧고 충성심이 강하여 신릉군의 병부(兵符)가 거짓임을 알게 되면 끝까지 병권을 넘겨주지 않을 인물이었던 것이다. 따라서 신릉군이 병권을 장악하고 조(趙)를 구원하기 위해서는 진비를 죽여야 했다. 즉 진비는 아무런 잘못이나 허물이 없이 안타깝게 생명을 잃었다. 후영은 자기의 계책에 따라 죽어간 진비에게 사죄하는 뜻으로 죽음을 택한 것인지도 모른다. 신릉군이 군영에 도착하자마자 진비의 뜻을 물어보고 일의 성사가 순조롭지 못하면 진비를 죽일 것이기 때문에 신릉군이 도착할 때쯤 목숨을 끊었는지도 모른다. 또 후영이 스스로 죽음을 택한 것은 신릉군의 결심을 굳게 하고 큰일을 결단하는 순간에 심약해지는 것을 예방하기 위한 조치였는지도 모른다. 자애롭고 인정많은 신릉군이 자신의 계책을 듣는 순간 눈물을 흘리는 것을 보고 결단을 촉구하기 위하여 죽음을 거론한 것으로도 생각할 수 있다. 그러나 후영의 죽음이 진비를 애도한 죽음이냐 아니면 신릉군의 결행을 촉구한 것이냐에 대해 사람마다 생각이 다를 것이다. 여하튼 늙은 후영의 죽음은 신릉군을 위한 죽음이었다. 자기를 알아주는 사람을 위해 필요하다면 언제나 죽을 수 있다는 의기가 중요한 것이다. 그리고 그런 사람과 스스로 몸을 낮추어 교제했던 신릉군의 사람됨이 더욱 위대해보인다.

신릉군이 죽던 해에 안희왕도 죽었다. 진은 신릉군이 죽었다는 소식을 듣고 위를 공격해 20개 성을 뺏어 동군(東郡)을 설치했다. 그 뒤 진은 위를 잠식했고 드디어 기원전 225년 위를 멸망시켰다.

한(漢) 고조(高祖)는 젊었을 적에 신릉군의 현명함에 대해 많은 이야기를 들었다. 고조가 즉위한 뒤 위나라의 수도였던 대량을 지날 때마다 신릉군의 사당에 참배했고, 고조 12년 경포(鯨布)를 치고 돌아오는 길에 신

릉군을 위해 묘지기로 다섯 집을 두고 매년 사시(四時) 때마다 제사를 지
내도록 했다.

전국시대 말 4공자 중 유독 신릉군만이 후세의 추앙을 받은 이유는 비
록 토굴 속의 은자와 사귀더라도 그 교제를 전혀 부끄럽게 생각하지 않았
던 그의 소탈한 인품 때문일 것이다.

참된 용기의 소유자 : 인상여와 염파

진정한 용기의 소유자들로서 오직 국가를 생각했다. 서로 물러서는 겸양
의 미덕을 통해 목숨을 주어도 아깝지 않은 우정을 만들었다. 교훈적이고
인간적인 이야기이다.

1. 완벽(完璧)의 의미

우리가 무슨 일을 완벽하게 했다면 그것은 흠잡을 데 없이 잘 처리했다
는 뜻이다. 완벽이란 말의 어원은 완벽귀조(完璧歸趙)이다. 즉 '큰 구슬
〔璧〕을 완전히 조나라에 돌아오게 하다.'는 뜻이다.

예로부터 중국에서는 구슬〔玉〕을 보배로 여겼다. 옥은 대개 칼슘·마그
네슘·석영을 주성분으로 하고 철의 함유량에 따라 빛깔이 달라진다고
한다. 옥(玉)이란 글자는 한 줄에 꿰어진 세 개의 구슬로 설문해자(設文解
字)에는 '王'으로 표기되었다. 여기에 점을 찍어 왕(王) 자와 구별하였다.
옥은 단단하기 때문에 무기로 인식되던 때도 있었고 몸의 아픈 부위에 대
면 병환이 낫는다는 주술적·의학적 용도로 쓰이기도 했다. 그러나 옥의
광택과 희귀성 때문에 장신구로서 더 선호되었다. 그래서 옥으로 각종 장
신구를 만들고 여기에 여러 가지 의미를 부여하여 신성시하기에 이르
렀다.

옥은 다섯 가지 덕을 갖추었으니 윤택한 온화함은 인(仁)이고, 밖에서
부터 다듬어야 광채를 얻을 수 있으니 의(義)를 뜻하고, 소리가 맑고 먼
데까지 퍼지니 지(智)이며, 단단하여 꺾이지 않으니 용(勇)이고, 스스로

더럽히지 않고 청렴결백하니 염(廉)의 덕이 있다고 생각했다.

옥의 종류에서 둥글납작하며 가운데 구멍이 있는 것을 벽(璧)이라 하는데 《한비자(韓非子)》에 전국시대의 유명한 화씨벽(和氏璧)에 관한 이야기가 실려 있다.

초나라 사람 화씨(和氏)가 다듬지 않은 옥의 원석〔玉璞〕을 산중에서 캐서 초의 여왕(厲王)에게 바치자 여왕은 옥인(玉人)을 시켜 감정케 했다. 옥인은 그냥 돌이라고 했다. 여왕은 화씨가 거짓말을 했다고 여겨 화씨의 왼쪽 다리를 잘랐다. 다음 무왕이 즉위하자 화씨가 다시 바쳤으나 옥인은 여전히 돌이라고 했고 화씨는 오른쪽 다리마저 잘렸다. 다음 문왕이 즉위하자 화씨는 그 원석을 끌어안고 삼일 밤낮을 피를 토하며 울었다. 문왕이 그 소문을 듣고 옥인으로 하여금 그 돌을 다듬게 하여 큰 구슬〔璧〕을 얻으니 이를 화씨벽이라고 했다.

이 화씨벽을 어떤 경로를 거쳐 조나라의 혜문왕(惠文王)이 손에 넣었다. 그러자 진(秦)의 소왕(昭王)이 혜문왕에게 진의 열다섯 개의 성과 화씨벽을 바꾸자고 제의했다. 힘이 약한 조나라로서는 그 제의를 거절할 수 없었다. 그런데 이 화씨벽을 가지고 진에 들어간 사람이 인상여(藺相如)였다. 인상여는 진의 술수를 물리치고 화씨벽을 무사히 조나라로 돌려보내고 돌아올 수 있었다. 여기서 완벽(完璧)이란 말이 생겼다.

후에 천하를 통일한 진 시황제는 이 화씨벽에 '수명우천 기수영창(受命于天 其壽永昌)'이란 여덟 글자를 새겨 옥새로 대용했다고 한다.

《사기》 81권에는 인상여의 완벽, 민지에서의 회담, 장군 염파(廉頗)가 가시나무를 짊어지고 와서 사죄한 이야기 등이 실려 있다.

인상여는 지용(智勇)을 겸비한 인물로, 문신인 재상과 무인인 장군이 어떻게 화합해야 하는가를 후세에 그 본보기를 보여준 사람이며, 국가에 봉사하는 참된 재상의 표본이었다.

2. 인상여의 등장

화씨벽과 진의 15개 성과 교환하자는 진의 제의를 조의 입장에서는 거절할 수가 없었다. 그러나 화씨벽을 먼저 보내었을 때 진에서 열다섯 개의 성을 준다는 보장도 없었고 그렇다고 제의를 거절하면 침략해올 것이다. 또 진나라에 보낼 만한 마땅한 사람을 찾지도 못했다. 그때 환자령(宦者令 : 내시의 우두머리) 목현(繆賢)이 인상여를 추천했다. 인상여는 그때 환자령의 사인(舍人)으로 식객노릇을 하면서 일을 돌봐주는 미천한 신분이었다.

혜문왕이 목현에게 인상여가 어떤 사람이냐고 물었다. 목현은 자신이 왕에게 죄를 짓고 연나라로 도망가려 했으나 인상여가 왕에게 잘못을 말하고 용서를 빌라고 충고한 까닭에 왕의 용서를 받아 지금에 이르렀다고 하면서 이 모두가 인상여의 바른 충고 때문이라고 대답했다. 그래서 왕은 인상여를 불러서 이번 문제를 어떻게 생각하느냐고 물었다.

"진은 강국이니 그 제의를 허락하지 않을 수 없습니다."

"그쪽에서 벽옥만 받고 성을 내어주지 않으면 어떻게 하는가?"

"진의 제의에 우리가 들어주지 않으면 허물은 우리한테 있습니다. 그러나 화씨벽을 받고 성을 내어주지 않으면 잘못은 진에 있습니다. 주느냐 안 주느냐가 비슷하다면 차라리 화씨벽을 내어주고 그쪽에 허물을 지우는 쪽이 낫습니다."

"누구를 보냈으면 좋겠는가?"

"갈 사람이 적당치 않다면 제가 가보겠습니다. 그쪽에서 성을 내어준다면 화씨벽을 주고 오겠지만 만약 성을 내주지 않는다면 저는 그 화씨벽을 완전하게 가지고 돌아오겠습니다."

목현이 왕의 측근이었기에 연나라 왕이 손을 잡으며 친해보자고 말한 적이 있었다. 목현이 죄를 지었을 때 그 말을 믿고 연나라로 도망치려 했었고 인상여는 그것을 말렸다. 목현은 그가 조왕의 측근이었기에 연왕에게 가치가 있었을 뿐이라는 사실을 간파하지 못하고 있었다. 조왕의 미움을 받고 도망나온 목현은 연왕에게 아무 가치도 없을 것이고 그때 연왕이 어떤 태도로 나올지는 명백했다.

높은 지위에 있는 사람들은 자기 밑에 굽신거리는 사람들이 진정으로 자기를 섬기며 앞으로도 계속 그럴 것이라는 착각에 종종 빠진다. 그러나 일단 그 자리에서 물러난 다음에야 실상에 눈뜨게 된다. 이것은 옛날이나 지금이나 마찬가지이다. 인상여는 이 점을 상관에게 정확히 전달한 셈이었다.

뛰어난 지모란 결국 훌륭한 선택, 아니면 가장 바람직한 선택을 의미한다. 목현의 경우 왕한테 득죄하고 연나라로 도망갔을 경우, 약한 연나라에서는 목현을 잡아 조나라로 압송하여 조의 미움을 면할 방법밖에 없을 것이다. 그럴 바에야 차라리 조왕한테 용서를 빌든지 아니면 처벌을 받는 것이 더 낫다는 결론이었다. 이해와 득실을 저울질할 경우, 그래도 더 가능성있는 선택을 하는 것이 지모라 할 수 있다. 사건의 정황은 언제나 변할 수 있다. 또 관계된 사람들의 생각도 변한다. 그에 따라 처리방법도 당연히 변하니 이 모든 점을 따져서 일을 꾸미고 진행해야 한다. 그렇지 않으면 생각보다 더 큰 화를 당할 수 있다.

화씨벽을 보내느냐 안 보내느냐 하는 외교상 큰 일을 인상여는 어떻게 분석했는가? 인상여는 강진약조(强秦弱趙)의 형세하에서 불가불허(不可不許)의 결론을 내렸다. 그 다음 화씨벽을 받고 성을 내주지 않으면 어떻게 처리해야 하는가? 그 가능성은 충분히 있었다. 그렇게 되면 '허물은 진에 있다'는 도의를 거론하면 된다. 그러나 그것만으로는 부족하다. 그 경우 화씨벽을 완전하게 돌려보내겠다는 원칙적인 결심만을 말할 수 있다. 그 방법은 일의 진행과정에 따라 판단하고 행동해야 한다.

외교는 결국 하나의 싸움이다. 힘이 아닌 지모의 싸움이다. 그런 싸움에선 실력만이 가장 훌륭한 수단이다. 지혜를 다하여 용기있게 나설 때만 좋은 결과를 얻을 수 있다. 그렇다고 그런 막중한 외교상의 중임을 맡겠다고 먼저 나설 수는 없고 남에게 떠넘기며 거절할 상황도 아니다.

"누구를 보냈으면 좋겠느냐."고 물을 때 이미 왕의 의도는 나타나 있다.

"갈 사람이 적당치 않다면……." 하는 단서를 붙이면서 인상여는 중책을 맡았다. 이제 한낱 환관의 사인(舍人)으로만 머무르게 되지는 않았다.

3. 완벽귀조(完璧歸趙)

인상여는 화씨벽을 안고 진에 들어갔다. 진 소왕(昭王)은 화씨벽을 보더니 크게 기뻐하며 후궁 및 근신들에게 돌려가며 보게 했다. 모두가 만세를 부르며 좋아했다. 그러나 인상여는 진왕이 성을 내어줄 뜻이 없음을 알고 진왕에게 말했다.

"그 화씨벽에 흠이 한 곳 있는데 그것을 대왕께 알려드리겠습니다."

진왕이 화씨벽을 넘겨주자 인상여는 움켜쥐고 물러나 기둥을 의지하고 우뚝 섰다. 격노하여 곤두선 머리칼이 거꾸로 치솟고 관이 들썩거릴 지경이었다.

"대왕께서 국서(國書)를 보냈을 때 우리 왕께서는 여러 신하들을 불러 의논했습니다. 그때 모두가 '진은 욕심이 많은데다가 그 강대함을 믿고 빈말로 성과 바꾸자고 하는 것이고 틀림없이 성을 내주지 않을 것입니다.' 하면서 이 화씨벽을 보내지 않으려 했습니다. 그러나 저는 '미천한 백성들의 교제도 서로 속이지 않거늘 하물며 대국에서 거짓말을 하겠느냐, 또 이것 때문에 강국의 환심을 잃어서는 안 된다.'고 말했습니다. 그래서 우리 임금은 닷새 동안 재계하고 저를 국서와 함께 보냈습니다. 이것은 대국의 위세를 두려워하며 경의를 표한 것입니다. 그런데 대왕께서는 저를 진의 신하처럼 대접했고 예절이 심히 불손했습니다. 그리고 화씨벽을 후궁들에게 돌려보게 하여 저를 희롱했습니다. 저는 대왕이 땅을 내어줄 뜻이 없다는 것을 짐작했기 때문에 벽옥을 돌려받았습니다. 만약 대왕께서 이것을 억지로 뺏으려 한다면 신의 머리는 벽옥과 함께 기둥에 부딪쳐 깨질 것입니다."

상여는 화씨벽을 쥐고 기둥을 노려보며 내려칠 기세였다. 진왕은 화씨벽이 깨질까 겁이 나서 잘못을 사과한 다음 관리를 불러 지도를 가리키며 여기부터 저기까지 열다섯 개의 성을 내주라고 지시했다. 상여는 거짓인 줄 알고 진왕에게 말했다.

"이 화씨벽은 온 천하가 보물로 알고 있습니다. 우리 임금께서 닷새 동안 목욕재계하여 보냈으니 대왕께서도 마땅히 닷새 동안 재계하신 후 구빈(九賓)의 예를 대궐 뜰에서 행하셔야 합니다. 그렇게 하신다면 이것을 바치겠습니다."

진왕은 억지로 뺏을 수 없다고 생각하고 인상여를 광성전사(廣成傳舍)에 묵게 했다. 인상여는 진왕이 끝내 약속을 지키지 않을 것이라 생각하여 시종 한 사람을 농부 차림으로 변복시켜 화씨벽을 가지고 지름길로 조에 돌아가게 했다.

눈부신 광채에 놀라며 환호하는 진왕과 후궁 및 신하들의 모습이 글 속에 드러난다.

진왕의 의도는 확연했다. 애초부터 성과 바꿀 마음도 없었고 천하의 보배가 자신의 수중에 있으니 더욱 기고만장하다. 진왕이 속이니 인상여도 속임수를 쓴다. 그는 다시 화씨벽을 안고 노도와 같은 열변을 토한다.

소인의 교제에도 속임수는 쓰지 않는 법인데 하물며 대국의 왕으로써 거짓을 하느냐고 준열하게 꾸짖는다. 또 인상여는 조왕의 성의와 진왕의 무례를 비교하여 꾸짖은 다음 진왕의 거짓을 간파했다며 화씨벽과 함께 죽겠다는 각오를 내보인다. 그러면서도 진이 우리를 속이겠느냐 하면서 조는 진에 의존하고 있음을 짐짓 비추고 이까짓 옥돌 하나 때문에 진의 환심을 져버리지 않는다며 진을 추켜세웠다. 또 조왕이 닷새 동안이나 재계하고 벽옥을 보낸 것은 대국의 위세에 경의를 표한 것이라며 진왕의 체면을 세워주는 것도 잊지 않았다. 이것은 인상여의 용기와 언변 그리고 지모가 여실히 드러나보이는 웅변이다. 조리있게 치켜세우며 무신(無信)

을 탓하는 언사는 매우 완곡하면서도 능변이었고, 거슬리지 않고 비굴하지도 않은 언사는 외교적 논리전개의 표본이었다.

인상여가 화씨벽과 함께 기둥에 부딪쳐 깨져버리겠다고 한순간 상황은 급전했다. 팽팽하게 당겨진 활줄이 언제 끊어질지 모르는 긴장이 고조된 순간, 진왕은 수세에 몰린다. 화씨벽을 가로채는 데 성공했다는 득의의 환호가 강제로 뺏을 수 없다는 실패의 처연함으로 돌아섰다. 그래서 진왕은 관리를 불러 지도를 손가락으로 가리키며 성을 주겠다고 한다. 그러나 인상여는 진왕의 속임수임을 간파하고 화씨벽을 무사히 돌려보내기 위한 계책으로 닷새 동안의 재계를 요구한다.

진왕의 위계에 맞선 지모였다. 이는 출발 전 인상여의 논리와 크게 다르다. 화씨벽을 받고 땅을 내주지 않으면 허물은 진나라에 있다고 했다. 그러나 인상여는 닷새 동안의 재계를 요구하여 승낙을 받은 뒤 곧 화씨벽을 본국으로 돌려보냈다. 인상여가 먼저 신의를 저버렸다. 진왕이 비록 거짓 마음으로 이러저러한 성을 주겠다고 했지만 그것이 진정 거짓인지는 아무도 모른다. 다만 인상여는 자신의 판단을 실행에 옮겼을 뿐이다. 그러나 만약 진왕이 정말로 성을 주겠다고 나섰으면 분명히 잘못은 인상여에게 있게 된다. 어쨌든 진왕은 화씨벽을 받기 위해서 대례(大禮)를 거행했던 것이다. 그래서 인상여는 진왕이 닷새 동안 재계하고 구빈의 대례를 베풀고 난 다음 인상여를 인견(引見)했을 때 이렇게 말한다.

"진은 목공(繆公)이래로 이십여 군주가 있었으나 여지껏 약속을 굳게 지킨 분이 없었습니다. 저는 대왕에게 속아 본국의 기대를 저버릴 것을 두려워하여 사람을 시켜 화씨벽을 본국으로 보냈습니다. 본디 진은 강국이고 조는 소국입니다. 지금이라도 대왕께서 사자를 보내 요구하면 다시 보내줄 것입니다. 진은 강국이니 먼저 열다섯 개의 성을 주신다면 조가 어찌 화씨벽을 내놓지 않고 대왕에게 죄를 짓겠습니까? 제가 대왕을 속인 죄의 대가로 저는 마땅히 죽어야 할 것입니다. 바라옵건대 저를 기름 가마솥에 넣는 형벌에 처해주십시오."

인상여는 진왕을 속였고 그 책임과 죄는 전적으로 자신에게 있으니 삶아 죽여달라고 했다. 허물을 진나라 쪽에 넘기겠다는 명분의 승리 대신 기만당하지 않고 보물을 무사히 보전하는 실리를 택했다.

15개 성을 받아내지 못하면 '완벽귀조'하겠다는 본래의 계획이었으니 본국의 불이익 대신 자신의 죽음을 택했다. 사건의 전개과정에서 인상여가 선택할 방법은 오직 그뿐이었다. 진나라 수중에 들어간 화씨벽을 빼내는 지모와 본국을 위한 충성심, 이 두 가지가 인상여를 돋보이게 한다. 위국충성(爲國忠誠)과 생사도외(生死度外)의 비장한 각오였다.

진왕 좌우의 신하들이 인상여를 죽여야 한다고 주장하자 진왕이 말했다.

"지금 상여를 죽인다 해도 화씨벽을 얻을 수 없고 조나라와의 화친만 깨질 뿐이니 차라리 후대하여 보내는 것이 낫다. 벽옥 하나 때문에 조왕이 우리를 속인 것은 아닐 것이다."

이리하여 진왕은 인상여를 빈객으로 대우하고 예를 다한 다음 조나라로 귀국시켰다.

인상여는 죽기를 각오했기에 살아났고 공을 이루었으며 명성을 얻었다.

인상여의 지모와 용기 때문에 진에게 욕을 당하지 않았다고 생각한 조왕은 인상여를 상대부(上大夫)로 삼았다. 이후 진나라에서도 더 이상 화씨벽을 요구하지 않았다. 그 후 진은 조를 자주 공격하여 조의 석성(石城)을 점령하고 그 이듬해에 다시 공격하여 조나라 군사 2만 명을 죽였다.

4. 죽음의 자리에 서는 용기

조와 진의 관계는 긴장의 연속이었다. 진은 그 강대함을 믿고 조를 능멸했다. 이런 관계에서 진왕은 조왕과 민지(澠池 : 지금의 하남성)에서 회담하자고 제의했다. 표면상으로는 양국의 우호를 위한 회담이라지만 속셈은 따로 있었다. 조왕은 진을 두려워하며 가지 않으려 했다. 그러나 장군 염파(廉頗)와 인상여가 가지 않으면 겁약(怯弱)함을 보여주는 것이라며

회담을 권유하여 결국 가기로 했다. 인상여는 조왕을 수행했고 염파는 국
경까지 나와 왕이 한 달 이내로 돌아오지 않으면 세자를 옹립하겠다고 말
했고 왕은 그것을 허락했다. 죽음이나 포로를 각오하고 떠난 셈이다.

민지에서 두 나라 왕은 만났다. 술이 거나하게 오른 진왕은 조왕이 음
악을 잘한다니 슬(瑟 : 현악기의 일종)을 연주해달라고 요청했다. 조왕은
슬을 연주했다. 그러자 진의 어사(御史)가 나와 기록하며 말했다.

"모년 모월, 진왕이 조왕과 회음(會飮)하며 조왕으로 하여금 슬을 연주
케 했다."

외교적으로 창피를 주어 은근히 조를 능멸하는 태도였다. 그러자 인상
여가 앞으로 나가 진왕에게 말했다.

"조왕은 진왕께서 진나라 음악에 능하신 것을 알고 있습니다. 청컨대
조왕을 위해 분부(盆缻 : 질그릇으로 만든 진의 토속악기)를 두들겨 서로 즐
기심이 좋겠습니다."

이 소리를 듣고 진왕은 크게 화를 냈다. 인상여는 분부를 받쳐 들고 진
왕 앞에 꿇어 앉아 다시 연주를 부탁했다. 그래도 진왕은 분부를 두들기
며 노래하기를 거부했다. 인상여는 진왕에게 은근히 위협했다.

"왕과 신과의 거리는 불과 다섯 걸음도 안 됩니다. 제 목의 피로써 대왕
을 물들일 수도 있습니다."

이 소리를 듣고 진왕 측근들이 상여를 찌르려 했으나 상여가 눈을 부릅
뜨고 일갈하자 모두 뒤로 물러났다. 진왕은 할 수 없이 분부를 한 번 두들
겼다. 인상여는 조의 어사(御史)를 불러 받아 쓰게 했다.

"모년 모월 모일, 진왕은 조왕을 위하여 분부를 치며 노래했다."

술자리가 끝날 무렵 진의 여러 신하들이 말했다.

"조의 열다섯 개 성을 진에 바쳐 진왕의 장수를 축복해주시기 바랍
니다."

그러자 인상여도 지지않고 소리쳤다.

"진의 함양(咸陽 : 진의 수도인 협서성(陝西城))을 바쳐서 조왕의 장수를
축원해주십시오."

진왕은 인상여를 당할 수 없었다. 조왕의 군사들도 이에 힘입어 당당히 왕을 시위했다. 조나라도 군대를 배치시켰으므로 진은 아무 손도 쓰지 못했고 조왕은 무사히 귀국할 수 있었다.

진의 의도는 민지의 회담을 통해 조왕을 희롱하고 위협하여 조의 영토를 할양받자는 것이었다. 조왕으로는 흉다길소(凶多吉小)의 행차였고 최악의 경우 돌아온다는 보장도 없었다. 그러나 인상여의 보좌에 힘입어 모욕을 당하지 않고 땅을 뺏기지도 않고 돌아올 수 있었다. 인상여의 용기와 담력, 침착성, 예지가 결국 왕의 체면과 국익을 지켰다.

진왕이 조왕에게 슬의 연주를 요구한 것은 모욕이었다. 마치 광대처럼 부려 자신을 즐겁게 해주기 위해 연주하고 난 뒤 기록을 남기려 했다. 그러나 인상여가 그 모욕에 상당하는 요구를 할 줄은 계산하지 못했다. 인상여는 진왕에게 더 큰 모욕을 주었다고 볼 수 있다. 본래 진의 풍속과 문물은 오랑캐와 가까워 야만시되었다. 분부는 일종의 항아리 같은 토속 악기로서 인상여는 그것을 두들겨 연주할 것을 요구하고 한 수 더 떠서 피를 뿌리겠다는 위협을 했다. 이처럼 인상여는 촌보도 양보하지 않았을 뿐만 아니라 모임을 이끌어가는 주역을 해냈다. 진나라 땅에서의 회동이었기에 진의 군사가 더 많았을 것이지만 인상여의 당당한 질타에 그들은 감히 군사를 움직일 수 없었다. 생사(生死)를 뛰어넘어선 인상여의 용기와 담력이 진왕의 권위와 힘의 우위를 제압했다. 인상여는 진정한 용자(勇者)의 풍모를 보여주어 일국(一國)의 권위를 되살렸다.

사마천은 인상여의 용기에 대하여 다음과 같이 서술하고 있다.

“죽어야 한다고 각오하면 틀림없이 용기가 생긴다. 죽음 그 자체가 어려운 것은 아니고 죽음의 자리에 서는 것이 더 어렵다. 인상여가 화씨벽을 움켜쥐고 기둥을 노려볼 때, 민지에서 진왕을 위협하고 좌우를 꾸짖을 때, 그 형세와 여건에서는 죽음을 면하기 어렵다는 것을 알았다. 그러나 보통 사람은 그런 상황에서 미리 겁을 먹고 감히 용기를 내질 못한다. 인상여는 한 번 용기를 내어 분발하고 그 위세를 적국에 떨치고 귀국해서는 장군 염파에게 양보하니 그 명성은 태산보다 무거웠다. 인상여는 지혜와 용기를 겸비한 인물이었다."

5. 물러서서 얻은 승리

회합을 끝내고 돌아온 조왕은 인상여를 상경(上卿)에 제수(際授)했다. 상경이 된 인상여는 군사권을 쥐고 있는 장군 염파보다 지위가 높게 되었다. 염파는 이 점을 불쾌하게 생각했다.

"나는 장군으로서 전쟁에서 큰 공을 세웠다. 그러나 인상여는 세 치 혀만 놀려 나보다 높은 자리에 올랐다. 게다가 인상여는 본디 미천한 사람이다. 나는 부끄러워서 도저히 그의 밑에 있을 수 없다."

이렇게 공언하고는,

"내가 만약 인상여를 만나면 그에게 창피를 주고 말겠다."

고 별렀다.

인상여의 공적을 단순한 구설지공(口舌之功)으로 평가하고 미천한 출신이라면서 창피를 주겠다는 염파의 심정을 이해할 수 있다. 그러나 한 나라의 재상을 상대하면서 대국(大局)을 돌보지 않고 자기 공적만을 뽐내며 불손한 말을 서슴지 않는 염파에게 큰 허물이 있다.

염파의 말을 전해 들은 인상여는 일부러 염파를 피했다. 조회(朝會)가 있을 때마다 병을 핑계삼아 나가지 않았다. 염파와 지위를 놓고 다투기가 싫어서였다. 외출 중에 멀리 염파가 오는 것이 보이면 수레를 돌려 숨곤 했다. 그러자 인상여 밑에 있던 사인(舍人)들이 인상여에게 말했다.

"저희들은 상공의 의기(義氣)를 사모했기에 일가 친척을 버려두고 상공을 섬기고 있습니다. 상공은 염파 장군과 같은 반열에 계십니다. 그런데 염파 장군이 상공에 대해 악담을 하는데도 상공은 그가 두려워 피하십니다. 이것은 평범한 사람도 부끄러운 일이거늘 장상(將相)에게야 말할 것도 없습니다. 불초한 저희들이지만 이제 떠나가겠습니다."

무서운 완력을 휘두르는 험상궂은 염파에게 인상여는 한낱 겁쟁이로 생각되었다. 인상여는 그들을 붙들며 말했다.

"여러분이 볼 때 염 장군과 진왕 중 어느 쪽이 더 무섭다고 생각하오?"

"염 장군이 진왕만 못 하겠지요."

"나는 그런 진왕의 위세를 두려워하지 않고 그를 조정에서 꾸짖고 질타했었소. 내가 아무리 노둔하기로소니 염 장군만을 두려워하겠소? 다만 생각하건대 강한 진이 조를 쳐들어오지 않는 것은 나와 염 장군 두 사람이 있기 때문이오. 만약 호랑이 두 마리가 싸운다면 둘 다 무사하지 못할 것이오. 내가 염 장군을 피하는 것은 나라의 위급을 먼저 생각하고 사사로운 감정은 다음에 생각하기 때문이오."

후에 이 말을 전해 들은 염파는 속죄의 표시로 가시나무를 등에 지고 인상여의 문전에 와 사죄하며 말했다.

"미천한 제가 상경의 관대하신 뜻을 헤아리지 못했습니다."

이리하여 두 사람은 서로 목숨을 내줄 수 있는 우정 —— 문경지교(勿頸之交)를 맺었다.

인상여는 자신의 뜻을 자랑하지도 않았고 이해해달라고 설명하지도 않았다. 나라의 안위를 걱정할 뿐 개인 감정을 돌보지 않았으며 백방으로 참고 양보하는 큰 뜻을 내보였다. 결국 염파도 진정으로 자신의 잘못을 깨닫고 뉘우치기에 이르렀다.

인상여의 광활한 마음바탕과 겸양의 덕, 선공후사(先公後私)의 고상한 인품이야말로 존경받을 만하다. 그러나 제아무리 생사를 뛰어넘고 비할데 없이 장한 일을 해냈던 인상여였지만 염파와 사사로이 다투었다면 그의 공적은 수포로 돌아갔을 것이다. 만약 인상여가 참고 물러서며 양보하지 않았다면 후세에 어떻게 그 이름을 전할 수 있었겠는가?

솔직담백(率直淡白) —— 이 말은 화려한 말이 아니다. 열변을 토하며 하늘과 땅에 큰소리로 맹세하며 수많은 청중을 흥분시키고 피를 끓게 하는 단어가 아니다. 그러나 다른 사람의 가슴에 깊이 새겨지며 감동을 주는 이 말은 천만 번을 참고 물러설 수 있는 지사(志士)가 평생에 한두 번 내보일 수 있는 참된 모습의 전부이다.

인상여의 참뜻과 행동과 언사는 염파에게 깊은 감명을 주었고, 염파는 감동을 받고 즉시 행동으로 실천했다. 한 나라의 군사권을 장악한 장군이 죄인의 모습으로 용서를 비는 담백함이 있었기에 인상여와 염파는 문경지교를 맺을 수 있었다. 이렇게 볼 때 염파도 인상여 못지 않는 인물이라 볼 수 있다.

6. 종말에 이르는 길

염파는 뛰어난 장수였다. 조 혜문왕 16년에 제(齊)를 대파했다. 염파는 곧 상경이 되었고 그의 용기는 제후들 사이에 널리 알려졌다. 그는 군사를 통솔함에 매우 엄격했고 성품 또한 신중했고 온화했다.

그 무렵 진이 한(韓)을 공격하여 알여(閼與)에 주둔했다. 조왕은 염파를 불러 한을 구원할 수 있는지 물었다. 염파는 길이 멀고 험하여 행군이 곤란하다며 신중한 입장을 취했다. 그 뒤 진과 다시 교전할 때 염파는 공격을 않고 방어에 치중했다. 진이 자주 도전해왔지만 염파는 맞서 싸우기보다는 군사적 열세를 인식하여 방어에 전력했다. 이에 진에서는 첩자를 풀어 염파를 모함했고 결국 염파는 실의 속에 조를 떠나 위나라로 망명했다. 훗날 조의 도양왕(悼襄王)은 위나라에 있는 염파를 재등용하려 했고 염파 또한 고국에서 불러주기를 고대했다. 도양왕은 염파가 아직도 장군으로 쓸만한지 사자를 보내 알아보게 했다. 사자는 염파와 원수 사이인 곽개(郭開)의 뇌물을 받고 도양왕에게 거짓으로 보고했다.

"염파는 늙어서도 식성이 좋아 끼니마다 한 말 밥과 고기 열 근을 먹었으며 갑옷을 입고 말에 올라 탈 수도 있었습니다. 그러나 저를 만나는 잠시 동안에도 세 번이나 변소에 다녀왔습니다."

도양왕은 염파가 이제 너무 늙었다고 판단하고 등용하지 않았다.

그러자 초나라에서 염파를 초빙하여 장군으로 삼았다. 그러나 초에서는 별다른 공을 세우지 못했다. 염파는 초나라 수춘(壽春)에서 최후를 마쳤다.

염파에게는 끝까지 버릴 수 없는 것이 조국이었고 조국을 향한 애국심은 그의 목숨이 다하는 날까지 식지 않았다.

인상여, 염파 같은 명신·명장이 있던 반면 형편없는 장군, 겁쟁이 임금도 있었다. 한 나라의 지도자가 어떤 사람을 등용하느냐는 그 나라의 안위와 흥망성쇠에 결정적 작용을 한다. 현명한 자는 합당한 자리에서 그 능력을 발휘해야 하고 불초자(不肖者)는 제거되어야 한다. 그러나 그 반대로 불초자가 현자를 제치고 중용되었을 때 화단(禍端)이 열리게 된다.

조나라에 인재가 없었던 것이 아니다. 낮은 벼슬아치나 식객 중에서도 뽑아 쓸 인재가 있었고 세금을 걷는 소리(小吏) 중에도 인재는 있었다. 그러나 국가의 통치에는 새로운 인재등용 못지 않게 오랜 경험을 쌓은 중신(重臣)과 노장(老壯)이 있어야 한다. 물론 그들 모두가 왕의 신임을 받아 중용되지 못하고 필생의 정열을 다해 공헌하도록 여건이 마련되지 않을 수는 있다. 그러므로 통치자는 최소한의 옥석(玉石)을 가릴 줄 아는 혜안(慧眼)을 갖추어야 한다. 사실 벼슬살이란 굴곡과 명암이 있고 영광과 좌절이 있는 것이다. 참언이나 비방에 의해 무고한 신하가 배척당하고 희생당하는 경우가 많을수록 나라의 수명은 짧아지고 백성들은 역경에 처하게 되는 것이다.

조나라의 쇠퇴와 멸망의 원인도 우매한 임금에 의해 현신(賢臣)과 노장(老將)이 배척당하고 옹렬한 신하와 참언과 유언비어들이 난무하였기 때문이다.

병법의 대가들 : 손자(孫子) · 오기(吳起)

그 시절엔 병법을 연구한 사람들이 필요했다. 그들에겐 출세의 수단이었
지만 비인간적 잔인함이 감춰져 있었다. 인간의 정도를 벗어난 그들은 대
개 비극적 종말을 겪었다.

1. 병법가(兵法家)들의 영광과 좌절

보통 손자병법, 오자병법 통칭 손오병법(孫吳兵法)이라 할 때 손자는
손무(孫武) · 손빈(孫臏), 오자는 오기(吳起)를 말한다. 무패의 병법가로서
곤경에서 영광을 이끌어내고 승산이 없는 싸움에서 빛나는 승리를 쟁취하
는 병법과 술수의 대가로 손자나 오기를 생각한다. 그러나 그들의 인생역
정은 진정한 승리자의 삶은 결코 아니었다.

승리는 어떻게 본다면 극히 짧은 시간 속에서 느끼는 한때의 쾌감이며,
그 승리에 도취하여 찬탄을 받는 순간의 기쁨일 것이다. 그러나 진정 영
원한 승리는 그의 인생이 보람있는 삶으로 끝나고, 그에게 보내진 찬사가
인정될 때만 승리 또는 승리자라 할 수 있다. 손자나 오기는 한때 병법에
밝고 좀 유능했다고 이름을 남겼을 뿐이지, 그들의 삶이 후세에까지 칭송
을 받을 만한 덕행으로 일관되진 않았다. 즉 그들은 병법을 실행하여 명
성과 지위를 얻었던 때의 영광을 그들의 무덤까지 가지고 가지는 못했다.
그들의 한때의 영광을 현재의 우리들이 한 번쯤 찬탄할 뿐, 그들의 병법
을 활용하기만 하면 무슨 일이든 다 성취할 수는 없는 것이다.

춘추전국시대에는 이들과 같은 사람들이 필요했었다. 그 당시의 병법은

출세의 방법이었지, 병법의 선용(善用)을 통한 사회안정이나 인간의 행복 추구 등을 목표로 한 것은 아니었다. 따라서 그 방법의 채용과 성공여부에 영광과 좌절이 따르는 것은 당연한 일이다. 우리는 병법가들의 이름과 영광만을 생각하지 말고 그들이 영광을 얻기 위해 취했던 또 다른 방법 즉 비인간적인 처사나 잔인했던 감정, 그리고 실패와 좌절의 원인도 같이 살펴봐야 할 것이다.

손빈은 다리를 잘리는 형벌을 받았고 오기는 각박하고 온정이 없어 죽음을 당하였다. 그들은 유명한 병법가였지만 그 대신 신의와 염치, 인자함이 부족했다. 병법이건 검법이건 모두 다 인간이 취하는 행동이라면 병법가들 역시 인간의 보편적 대도(大道)에 어긋나서는 안 될 것이다. 병법에 성공하려면, 병법가에게도 군자의 덕이 함께 있어야 한다.

2. 미인을 죽이고 얻은 명성

손자는 춘추시대 제(齊)나라 사람이다. 이름은 무(武)이고 병법서 13편을 남겼다고 한다. 오(吳)나라 임금 합려(闔廬)가 손무가 병법에 뛰어나다는 말을 듣고 초빙했다. 그때는 합려가 오자서(吳子胥)를 등용하여 인근의 강국 초(楚)를 공격해서 영토를 넓힐 무렵이었다. 합려가 말했다.

"선생의 병서 13편을 다 읽어보았소. 어디 한번 실제로 군대를 훈련시켜 보일 수 있겠소?"

"좋습니다."

"여자라도 괜찮겠소?"

"상관없습니다."

그래서 합려는 백팔십 명의 여자를 불러내었다. 손무는 그들을 두 편으로 나누고 총희 두 사람을 각각 대장으로 삼았다. 그런 다음 손무는 군령을 결정하고 몇 번씩 되풀이해서 설명하였다. 그러나 손무가 군령을 불러도 여자들은 웃기만 할 뿐 움직이지 않았다. 손무는 다시 세 번 군령을 들려주고 다섯 번 설명을 한 다음 큰 북을 치며 호령했다. 그러나 여자들은 여전히 웃기만 했다. 그러자 손무는 이것은 대장의 잘못이라 하여 두 총희를 참수했다. 그러자 여자들은 군령에 맞추어 움직였고 전열이 신속히 갖추어졌다.

제아무리 병법이론에 밝다 한들 여자들을 어떻게 훈련시킬 수 있겠느냐는 재미로 던진 한마디에 합려는 두 총희를 잃었다. 임금은 말 한 마디라도 신중해야 하며 그 말 한마디는 그대로 법이라는 뜻을 강렬하게 심어주려는 손무의 의도가 작용했을 것이다. 아니면 여인들에 의해 웃음거리가 된 자신과 병법의 권위를 세워야만 오나라에서 채용될 수 있다는 계산된 의도도 짙게 깔려 있었는지도 모른다. 따라서 손무는 이 기회에 치군(治軍)의 근엄함을 보여주어야겠다고 생각했는지도 모른다. 두 총희의 목을 치려할 때 오왕 합려가 사람을 보내 만류했지만 듣지 않은 것은 군사훈련은 궁중여인들의 오락거리가 아니라는, 기강의 준열함을 강조하겠다는 반작용도 있었을 것이다.

손무 입장에서 볼 때, 자신의 강직함과 두려움이 없다는 것을 보이지 않는다면 오나라에서 채용되더라도 중용(重用)되지는 않을 것이었다. 그래서 손무는 합려의 기분이 매우 나쁜 줄 알면서도 이렇게 말한다.

"왕께서는 다만 이론을 좋아하실 뿐 그 실천은 싫어하시는 것 같습니다."

말뿐이면 실질이 없고, 실질을 거두어들이지 못하면 제아무리 유능한 사람도 그 뜻을 펼 수 없으리라는, 약간은 오만한 자존심을 내보인 따끔한 충고라고 할 수 있다. 오왕 합려한테는 잃어버린 미녀야 어쩔 수 없는 것이었고 손무의 재능과 과단성마저 뿌리칠 이유가 없었다. 합려는 손무를 장군에 임명했다. 장군이 된 손무는 합려를 도와 서쪽에 있는 강력한 초(楚)를 쳐서 수도 영(郢)을 점령하고 북쪽으로는 제(齊)와 진(晉)을 위협하여 그 이름을 천하에 떨쳤다.

3. 다리를 잘린 손빈

손무가 죽은 지 백여 년이 지나 손빈이 나타났다. 손빈은 손무의 후손이다. 그러나 빈은 그의 본명이 아닐 것이다. 빈은 '발(足)을 끊는 형벌'의 뜻이니 본명에 그런 흉한 글자를 썼을 리 없다.

손빈은 방연(龐涓)과 같이 병법을 배웠다. 방연은 공부를 마친 다음 먼저 위(魏)나라에 가서 장군이 되어 혜왕(惠王)을 섬겼다. 방연은 스스로의 능력이 손빈만 못하다고 여기고 있었으므로 손빈을 해칠 생각으로 비밀리에 불렀다. 손빈이 오자 방연은 자신의 능력이 부족함을 더욱 실감하여 손빈에게 죄를 덮어 씌워 그 벌로 양다리를 자르고 이마에 수형자(受刑者)의 표시로 먹물(刺字)을 들였다. 방연은 손빈이 세상에 나와 활동을 못하게 미리 예방을 한 것이다. 그 뒤 제(齊)의 사신이 위(魏)의 서울 대량(大梁)을 방문했을 때 손빈은 부끄러움을 무릅쓰고 그를 만나 이야기를 나누었다. 사신은 손빈의 재능을 알아차리고 몰래 자기의 수레에 숨겨 제나라로 데리고 갔다. 제나라 장군 전기(田忌)는 손빈을 잘 대우했다. 그 당시 전기는 제의 여러 왕자들과 말을 달려 과녁을 맞추는 기사(騎射)를 즐겼다. 손빈은 기사의 허점을 발견하고 전기에게 내기에 이길 수 있는 방법을 일러주었다. 결국 전기는 손빈의 도움으로 내기에 이겨 손빈과 병법에 관한 문답을 벌인 뒤 스승으로 삼았다.

그 후 위(魏)나라가 조(趙)를 침공한 일이 있었다. 조는 제(齊)나라에 구원을 요청했고 제는 전기를 장군으로 하고 손빈을 군사(軍師)로 삼아 파견했다. 손빈은 다리가 잘린 몸이기에 치거(輜車 : 덮개가 있는 수레)에 앉아 전략을 세우고 병졸을 지휘했다. 이윽고 전기가 출발하려 하자 손빈은 전기에게 용병(用兵)의 일반원칙을 말했다.

"헝클어진 실타래를 풀려면 주먹으로 쳐서는 안 되며 싸움을 말린다고 같이 창칼을 잡아서도 안 됩니다. 적의 급소나 약한 곳을 공격하면 적의 형세가 불리해져서 저절로 풀리게 될 것입니다.”

이 말은 두 나라의 분쟁을 해결해준다고 한쪽 편을 들어 적국을 직접 공격하면 우리의 약점을 폭로할 수도 있으니 상대방의 강점을 피하고 약점을 골라 공격하여 형세를 제압하면 소기의 목적을 이룰 수 있다는 논리였다. 이것은 극히 원론적인 것이지만 범인은 보기 어렵다. 범인은 나무를 보되 몸통보다 가지를 많이 보는 법이다. 하지만 비범한 인물은 나무의 본질을 본다. 이것이 범(凡)과 비범(非凡)의 차이이며 유능한 병법가와 그렇지 못한 평범한 전략가와의 차이이기도 하다. 손빈은 바로 원근(原根)을 볼 줄 아는 병법가였다. 근본에서 벗어나 좌충우돌하면서 힘으로만 밀어부치면 실패를 자초할 수밖에 없는 것이다. 또 표면상으로는 원칙에 충실한다 해도 실제와 결합시키지 못한다면 그 역시 손실을 초래할 것이다. 손빈은 다음과 같이 말한다.

“지금 위가 조를 공격했기 때문에 위에 남은 것은 노약자들밖에 없습니다. 장군께서는 곧 위의 서울 대량(大梁)을 점령해야 합니다. 이것이 제가 말한 상대방의 허점을 공격하여 제압하는 계책입니다. 우리가 대량을 점령하면 위는 자기네의 도성을 구하기 위해 조에 대한 공격을 풀 것입니다. 이야말로 한 번에 조를 구하고 상대방을 피폐하게 만드는 일입니다.”

전기가 손빈의 계책을 따르자 과연 위(魏)나라 군사는 손빈의 예상대로 조에 대한 공격을 풀고 급히 돌아와 제와 싸웠으나 계릉(桂陵)에서 대패했다.

손빈의 이와 같은 전략은 몇 가지 측면에서 파악할 수 있다. 하나는 일반적 원리에 의거하여 적의 군사행동을 예측했다는 점이다. 이 전략은 위(魏)가 조를 공격하기 위하여 대부분의 군사력을 동원했으리라는 가정에 바탕을 두고 있다. 다음은 상대방의 허실(虛實)을 간파하여 허를 공격하되 소극적인 공격이 아니라 적극적인 공세를 취했다는 점이다. 즉 대로를 따라 위 수도에 직접 과감한 공격을 취했다. 또 하나는 성과의 극대화를 추구했다는 점이다. 즉 단순히 조나라의 위급을 구원할 뿐만 아니라 위에 치명타를 가해 제의 안전을 공고히 하는 성과를 거두었다.

4. 상대의 약점을 이용하다

그 뒤 15년이 지났다. 이번에는 위와 조가 한편이 되어 한(韓)을 공격
했다. 본래 위(魏)·조(趙)·한(韓)은 진(晉)에서 나누어 독립한 나라로
삼진(三晉)이라고도 했다. 위·조의 공격으로 다급해진 한은 제에 도움을
요청했다. 제는 전기를 대장으로 하여 한을 구원하게 했다. 전기는 또다
시 위나라의 수도 대량을 향해 진격했고 위나라 장군 방연(龐涓)은 한에
대한 공격을 중단하고 급히 군사를 돌려 귀로에 올랐다. 제의 군사가 위
나라 국경을 넘었을 때 손빈이 전기에게 말했다.

"저 삼진(三晉)의 병사들은 원래 사납고 용맹하여 제나라 군사를 겁쟁
이라고 합니다. 본래 전쟁을 잘하는 자는 주어진 형세를 이용하여 이(利)
를 이끌어냅니다. 병법에 '백 리를 달려와 승리를 얻으려면 상장군(上將
軍)을 잃게 되고, 오십 리 밖에서 승리를 쫓아 진격하면 군사의 절반만이
도착한다.'고 했습니다. 적은 우리를 겁쟁이라고 생각하고 있으니 그들에
게 우리의 약한 면을 보여주면 우리 계책에 쉽게 빠질 것입니다. 그러니
우리 군대가 위나라 국경을 넘는 날부터 숙영지(宿營地)를 옮길 때마다 아
궁이 수를 오늘은 십만 개 내일은 오만 개 모레는 삼만 개, 이렇게 줄여나
가면 적군은 틀림없이 우리를 급히 추격할 것입니다."

이렇게 손빈은 적의 방심과 약점을 전술로 이용하였다. 즉 위군이 제나
라의 군사들을 겁쟁이라고 경멸하고 있는 것을 파악하고 그들의 방심을
역이용하여 지모로써 쉽게 적을 격퇴시키는 전략이다. 이런 전략은 방연
도 잘 알고 있었다. 그러나 결정적인 순간에서의 실행력과 판단력은 손빈
이 더욱 뛰어났다.

손빈은 형세뿐만 아니라 방연의 인물됨까지도 꿰뚫고 있었다. 손빈은
방연의 욕심과 공명심, 그리고 제의 군사를 경시하는 오만함을 잘 알고

있었다. 따라서 그 오만함을 더욱 부추기는 방법 즉 자기의 약점을 과장해서 상대방이 확실한 오판을 하도록 유인한 것이다.

전기는 위나라에 진입한 뒤 손빈의 계책대로 군사들에게 10만 개의 아궁이를 만들게 했고 다음날은 5만 개 그 다음날은 3만 개의 아궁이를 만들었다. 방연은 제나라 군사를 추격한 지 3일이 지나자 크게 기뻐하며 말했다.

"제 나라 군사가 겁쟁이란 것은 알고 있었지만 내 생각과 조금도 틀림이 없구나. 우리 땅에 들어온 지 3일 만에 도망간 군사가 절반을 훨씬 넘는구나."

방연은 보병을 떼어놓고 정예부대만 이끌고 행군거리를 두 배로 늘려 제나라 군사를 추격했다. 한편 손빈은 방연의 추격 속도를 계산하여 마릉(馬陵) 부근에 군사를 매복시켰다가 방연이 도착하자 그를 죽였다. 방연은 죽으면서 "기어코 손빈의 이름을 높여주었구나." 하고 외쳤다. 이렇게 해서 손빈은 방연에게 설욕했다.

손빈은 방연의 절규처럼 이 전쟁으로 천하에 명성을 날렸고 그의 병법서가 후세에 전하게 되었다. 그러나 손빈은 방연을 치는 데에는 능했으나 자신의 다리가 잘려나가는 것을 방지하지는 못했다.

5. 출세를 위해 죽인 아내

오기(吳起)는 전국시대 초기의 인물로 병법가이자 정치가라고 할 수 있다. 그는 일생 동안 노(魯), 위(魏), 초(楚) 등에서 벼슬을 구하여 재물과 명예를 얻으려 했으나 운수가 형통치 못했는지 곳곳에서 의심받고 기피당했으며 유언비어에 의해 참소를 당해야만 했다. 물론 오기한테도 적잖은 결점이 있었고 명리를 너무 쫓아 해서는 안 될 일을 많이 했다. 그러나 그에게는 대단한 장점이 있었다. 그는 장군으로 있을 때는 사졸들과 동고동락했으며 고금의 역사에 밝았고 전체적인 형세판단이 빨랐으며 바

른 정치를 숭상했고 원대한 안목을 가지고 있었다. 그런데 오기의 사람됨
이 시기심과 의심이 많았고 또 쉽게 타인의 우롱거리가 되기도 했다. 그
러니 오기는 초나라에서 여러 가지 행정개혁을 시도했고 그것이 한때 초
의 강성에 많은 공헌도 했다.

　오기는 본래 위(衛)나라 출생으로 위(衛)·노(魯)·송(宋) 등은 제
(齊)·초(楚)·위(魏) 등 전국시대의 강대국 사이에 긴 조그만 제후국이
었다. 오기는 사람됨이 시기심이 많고 잔인하다는 비방을 듣기도 했다.
그는 젊었을 적에는 부자였으나 벼슬을 찾아다니면서 재산을 모두 탕진
했다. 마을 사람들이 이를 비웃자 그는 삼십여 명을 죽이고 위나라에서
도망쳤다. 오기는 그때 어머니 앞에서 자기 팔뚝을 물어뜯으며,

“재상이 되기 전에는 되돌아오지 않겠습니다.”

라고 말했다. 그리고 오기는 공자(孔子)의 수제자인 증자(曾子)의 문하에
들어가 학문을 배우는 도중 어머니가 돌아가셨어도 약속을 지켜 귀국하지
않았다. 증자는 효행으로 유명했던 공자의 수제자였는데 모친이 별세했어
도 돌아가지 않는 오기를 ‘박정한 놈’이라며 내쫓았다. 오기는 증자의 문
하에서 쫓겨난 뒤 병법을 배워 노나라에서 벼슬했다.

　그때 이웃의 강국 제가 노를 침공했다. 노나라에서는 오기를 장수로 삼
으려 했으나 오기가 제나라 여인을 아내로 맞이했다 하여 임명하기를 꺼
렸다. 이 사실을 안 오기는 즉시 아내를 죽여 제나라와 관계가 없음을 보
여주어 임금의 오해를 풀고 대장이 되었다. 대장이 된 오기는 노의 군사
를 이끌고 제를 대파했다. 그러나 오기한테는 정반대 결과가 나타났다.
왕의 측근들은 오기가 출세를 위해 아내를 죽인 사람이고 또 강대국을 대
파해서 약소국 노에 이로울 것이 없고 오히려 더 큰 화를 자초할 수 있으
며 위나라를 도망쳐나온 사람을 노에서 중용하는 것은 형제국인 위에 대
한 배신이라며 오기를 배척했다. 벼슬을 구하고자 아내를 죽였고, 자기를
비웃었다고 마을 사람 30여 명을 죽일 정도로 각박한 사람이었으니 계속
되는 비방과 배척은 어쩌면 자업자득이었다.

6. 험한 산천이 보배는 아니다

그 뒤 오기는 위(魏) 문후(文侯)가 현명하다는 말을 듣고 찾아가서 벼슬을 얻으려 했다. 문후는 재상 이극(李克)에게 오기에 대해 물었다.

"오기는 어떤 인물이오?"

"색을 좋아하고 천성이 욕심이 많으나 용병(用兵)에 있어서는 사마양저와 겨룰 정도입니다."

이리하여 오기는 위의 장군이 되어 진을 쳐서 5개 성을 함락시키는 전과를 올렸다.

오기는 장군이 되자 우선 사졸들과 동고동락했다. 하급 병졸들과 의식을 같이 했고 잠자리에는 자리를 까는 법이 없었으며 행군할 때에도 말을 타지 않고 자신의 양식을 짊어지고 다니며 병졸들과 고락을 같이 했다.

오기는 외국에서 흘러왔고 또 나쁜 평판이 있었기에 자신이 열망하는 출세를 위해 사졸들과 같이 하는 고생은 고생이 아니었다. 자신의 목적달성을 위해 스스로 찾아하는 고생은 그 자체가 즐거움이었다.

언젠가 종기를 앓는 병사가 생기자 오기는 그 고름을 입으로 빨아내었다. 그 소식을 들은 사졸의 어머니가 통곡했다. 옆의 사람이 물었다.

"당신 아들은 졸병에 불과한데도 장군께서 친히 종기를 빨아주었으니 영광스러운 일이 아니오?"

그러자 그 어머니가 말했다.

"그렇지 않습니다. 지난날 오공(吳公)께서 그 애 아비의 고름을 빨아주었고 그이는 싸움터에서 후퇴할 줄 모르고 싸우다가 죽었습니다. 장군께서 이제 다시 내 아들의 고름을 빨아주었으니 내 아들은 이제 죽은 목숨입니다."

장수가 병졸에게 베푼 은총에 사졸은 감격했을 것이고 그 보답은 죽음으로 이어진 것이다. 그 죽음으로 이룬 전과는 장수의 것이고 장수에겐 출세와 벼슬이 돌아가고 병졸의 어미한테는 슬픔만 남게 된다. 임금에겐 사졸의 인심을 얻고 용병에 능하고 청렴하면서도 충성심을 내보이는 그런 장수가 필요했다.

위 문후는 오기를 서하 태수(西河太守)에 임명하여 진(秦)나라와 한(韓)나라의 공격을 막게 하였다. 그 뒤 문후가 죽자 오기는 무후(武侯)를 섬겼다. 무후가 배를 타고 서하를 내려오면서 산천을 둘러보며 말했다.

"멋지구나! 험한 산천이여! 이것이 바로 우리 위나라의 보배로다."

그때 오기는 그의 역사적 지식과 달변을 유감없이 발휘하여 충간(忠諫)했다.

"나라가 보배로 삼아야 할 것은 임금의 덕망이지 산천의 아름다움은 아닙니다."

당시나 지금이나 험고한 산천은 교통과 산업의 장애물일 수도 있으나 동시에 적으로부터 나라를 지키는 수단 즉 천혜의 보루일 수도 있다. 위 무후가 험고한 산천이 있으니 국방은 걱정없다는 뜻을 표하자 오기는 산천의 험고함보다는 군왕의 덕이 더 중요하다는 사실을 역사적 근거를 인용하여 설명했다.

임금이 인정(仁政)을 베풀지 않으면 나라를 지킬 수 없다는 정치가로서의 확신에 찬 주장을 한 것이다. 무후의 불인(不仁)을 간접 비난한 것인지 아니면 신하의 충성심에서 우러나온 바른 말인지 알 수 없다.

산천의 험난함은 외견적인 방어벽이다. 그러나 백성들에게 인정을 베풀어 나라를 굳건히 하겠다는 통치자의 덕망은 더욱 중요하다. 오기는 이런 주장을 역사적 사실 즉 삼묘(三苗)씨, 하(夏)의 걸왕(桀王), 은(殷)의 주왕(紂王) 등이 어떻게 망하고 쫓겨나고 죽음을 당했는지 예를 들어 설명한 것이다. 이처럼 오기는 정치가적인 식견과 역사적 사실을 잘 알고 교훈을 터득했으며 또 지리에 밝았다. 때문에 먼 옛날 여러 나라의 흥망성쇠를 손바닥 들여다보듯 유창하게 설명할 수 있었다. 오기에게는 군사적 재능 외에 정치가로서의 자질과 성취욕구 그리고 그것에 상응하는 노력이 있었다.

오기는 문후와 무후, 2대에 걸쳐 능력을 인정받았으며 서하태수로서의
평판도 좋았다.

7. 정치가로서의 능력

그 뒤 위나라에서는 재상의 직(職)을 신설하고 전문(田文)을 임명했다.
오기는 자신이 되리라 기대하고 있었기 때문에 기분이 나빴다. 오기가 전
문에게 물었다.

"당신과 공로를 비교해보고 싶은데 어떻소?"

"좋소."

"삼군을 통솔하되 사졸들이 기꺼이 몸을 바치게 하여 적국이 넘보지 못
하게 한 점은 누가 더 낫습니까?"

"내가 어찌 그대만 하겠소."

"백관을 다스리고 백성을 친히 아우르며 국가 재정을 넉넉케 한 것은
누가 더 낫습니까?"

"그 점도 그대만 못하오."

"서하를 지켜 진의 군사를 막고 한과 조로 하여금 복종케 한 공적은 누
가 더 큽니까?"

"역시 그대만 못하오."

"위 세 가지 점이 모두 당신이 나보다 못합니다. 그런데 나보다 윗자리
에 앉은 까닭은 무엇입니까?"

오기는 자신이 군사의 통솔력과 그리고 군사적 재능과 나라에 대한 공
적 면에서 전문보다 확실히 우월하다고 생각했다. 개괄적이거나 추상적
비교가 아닌 구체적, 실제적 사실로써 비교하여 상대를 굴복시키려 했다.
여기에서 전문은 솔직하게 오기의 우세를 인정했다. 그러나 전문도 일국
의 재상이 된 인물이었으니 범인은 아니었다.

"지금 임금께서 춘추가 어려 온 나라가 근심에 싸였소. 대신들은 아직

왕에게 진심으로 복종하지 않으며 백성들도 왕을 신뢰하지 않소. 이런 때에 누가 더 재상으로 적합하겠소?"

어린 무후가 즉위한 지 얼마 안 되어 대신들은 충심(忠心)으로 신복(臣服)하지 않으며 백성들 사이에 신망이 서지도 않은 이 시점에 과연 누가 재상이 되어 국정을 책임져야 하겠는가? 여러 신하 중 원로중신(元老重臣)을 가려 젊은 군주를 보좌해야 할 것이다.

오기는 묵묵히 한참 생각하다가 대답했다.

"바로 당신에게 맡겨야겠지요."

오기는 흔쾌히 자기가 전문만 못하다는 것을 자인했고 전문에게 보다 큰 책임이 있다는 데에도 동의했다.

오기와 전문의 논공(論功)과 교량(較量)은 단순 명쾌한 논쟁을 거쳐 합리적인 결론에 도달했다. 여기에는 정치 전반에 걸친 대원칙 같은 것이 담겨져 있다. 군사, 행정, 경제, 국방, 외교의 치적이나 능력에 대해 전문은 부족함을 인정했다. 그러나 그런 국정의 분야는 따로따로 분리해 생각할 수 없다. 군사적 승리는 그 뒤에 경제나 정치일반과 관련이 깊다. 한두 개의 성을 탈취했다고 해서 재상이 될 수는 없다. 즉 전체적인 면에서 출발하여 문제를 인식하려 한다면 당시 위나라의 경우 문제의 핵심을 먼저 분석해야 할 것이다. 오기의 재능은 각 방면에서 우수했고 또 대부분 성공했지만 일국의 흥망성쇠는 모든 것보다 더 중요하다. 권력의 최상층에서 문제의 핵심을 제대로 파악하여 대처하지 못한다면 그 하위 개념인 군사·경제·외교는 즉시 위기에 봉착하게 된다.

오기와 같은 부분적으로 능력있는 사람에게 각각 한 방면을 맡긴다면 훌륭히 해낼 것이다. 그러나 참으로 중요한 관건은 백성들의 신망을 받을 수 있느냐, 백성들을 얼마나 안정시킬 수 있느냐에 달려 있다. 그러다보니 자연적으로 원로중신의 존재가 필요할 것이고 그런 원로중신이 제자리에 앉아 있는 것이 곧 왕이 신뢰를 얻을 수 있는 방법이었고 이런 점에서 전문이 오기보다는 재상에 적임이었던 것이다. 오기도 이것을 수긍하여 더 이상 불쾌하게 여기지 않았다. 오기는 지나치게 명리를 추구하는 점이 있었으나 순리에 깨끗이 복종하는 일면도 지니고 있었다.

8. 명리 추구의 종말

그 뒤 전문이 죽자 공숙(公叔)이 재상이 되었다. 공숙은 능력있고 신임받고 있는 오기를 싫어하여 기회를 노리고 있었다. 결국 오기는 공숙의 모략으로 왕의 의심을 받게 되자 위를 떠나 초나라를 찾아갔다.

초(楚)의 도왕(悼王)은 평소 오기의 현명함을 알고 있었기 때문에 오기를 바로 재상에 임명했다. 재상이 된 오기는 법령을 정비하고 불요불급한 경비와 관리들을 제거하였으며 먼 왕족의 봉록을 폐지시켜 그 비용으로 전사들을 양성하였다. 오기는 또한 부국강병책을 역설하여 그 결과 남으로 백월(百越)을 아우르고 북으로 진(陳), 제(蔡)를 병합하여 영토를 늘리고 서쪽의 진(秦)을 치기도 했다. 따라서 여러 제후국에선 초의 강성을 두려워했고 오기에 의해 쫓겨난 왕국들은 오기를 제거하려고 기회만 노렸다.

마침내 도왕(悼王)이 죽자 왕족과 대신들이 반란을 일으켜 일제히 오기를 공격했다. 오기는 도망가다가 도왕의 영구를 둔 방으로 가서 시신 위에 엎드렸다. 그러나 오기를 쫓던 자들은 전혀 개의치 않고 화살을 쏘아 오기의 몸을 꿰뚫었다. 그러나 오기도 죽었지만 왕의 시신에도 화살이 꽂혔다.

도왕의 장례를 치르고 태자가 즉위했다. 태자는 곧 왕의 시신에 활을 쏘았던 자들을 모조리 잡아들였다. 이로 인해 멸족의 화를 당한 집이 70여호나 되었다.

오기가 초에서 죽어야만 했던 이유는 미움을 샀기 때문이다. 즉 초나라에서의 처사가 너무 각박하고 인정이 없었기 때문이다. 위 무후에게 산천의 형세보다 덕을 베푸는 정치를 해야 한다고 강조했던 오기지만 자신은 덕을 베풀 줄 몰랐다. 오기가 베풀지 않았다기보다는 개혁과 쇄신의 부작용으로 제거되거나 소외된 계층의 미움을 받았다고도 볼 수 있다. 그러나 천성이 각박하고 몰인정하기도 했던 오기로서는 정적의 미움은 어쩔 수 없었을 것이다. 유능하되 덕망이 있고, 덕이 있으면서 선정(善政)을 베푼 사람이 적은 것은 하늘은 한 사람에게 모든 덕을 내리는 것이 아니기 때문이다. 오기는 병졸을 다루어 싸움에서 목숨까지 바치게 하는 용병(用兵)에는 뛰어났지만 치세(治世)를 할 만한 경륜과 덕망은 갖추지 못했다. 바로 이 점이 오기의 패망의 원인이다.

전국시대는 중국사회에서 거대한 변화를 이룩한 시대였다. 정치·군사·외교상 제후국간에 합종과 맹약이 난무했으며 이합집산이 무상했다. 변화무쌍하여 예측불허의 상태를 흔히 오화팔문(五花八門)이라 하는데 전국시대 국가간의 이합집산은 오화팔문 못지 않았다. 서로 패권 군주가 되기 위해서 각지의 인재들을 구했다. 신분을 초월한 인재의 등용, 그것이 바로 부국강병의 기본이었고 약육강식시대에 살아남을 수 있는 방법이었다. 따라서 이런 분란 속에서 학문과 사상의 발달이 이루어졌으며 제자백가(諸子百家)의 사상을 꽃피웠다. 사상·문화·경제·군사 등 모든 방면에서 기재이능(奇才異能)의 인물들이 배출되어 저마다 재주를 뽐냈고 자기를 등용해줄 주군(主君)을 찾기 위해 각국을 돌아다녔다. 그 수많은 인물들의 활약은 모두가 한편의 잘 짜여진 희극같기도 하다.

어떤 인물은 경이와 찬탄의 대상이 되어 후세의 추앙을 받는가 하면 어떤 인물의 일생은 비장하고 처연하다. 또 어떤 경우에는 무명용사처럼 조역에 머물다 이슬처럼 덧없이 사라진 인재들도 많았다.

손빈은 방연의 음해로 다리를 잘리고 평생을 불구로 살았으니 그 비참함이야 가히 짐작할 만하고, 오기는 노나라에서 많은 사람의 험담과 비방으로 노나라를 떠나야 했으며 초에서 죽음을 당했다. 넓게 보면 하나의 중국이었지만 분명히 나라는 달랐다. 이 나라 저 나라를 찾아다니면서 재능을 인정받고 출세와 부귀영화를 얻으려 했고 뜻대로 모든 것을 취했으나 욕심이 과한 죄를 종국에 받았다.

자기 능력을 인정받고 싶고 의지를 실현코자 하는 마음은 누구에게나 있다. 그리고 개인마다 부귀영화에 대한 욕망도 있다. 그러나 욕망이 목적이 되어서 모든 인간 윤리 위에 군림해서는 안 된다. 즉 욕망을 스스로 어느 정도는 다스려서 사회 윤리에 부합시킬 때 개인의 욕망은 성립되는 것이다. 이것이 처세의 근본이며 지침이기도 하다.

춘추전국시대와 같은 난세에서 인물의 영욕이 교차하여 차등되는 것은 바로 욕망의 다스림의 완급과 강약을 조절한 그 인물됨의 차이이기도 한 것이다.

시인의 우수와 죽음 : 굴원(屈原)과 가의(賈誼)

우국충정에 정열을 불태웠던 시인이었다. 뜨겁고 강렬하며 깊은 원망은
후세에 길이 남을 명작으로 승화되었다. 우수에 흠뻑 젖은 연꽃 같은 모습
으로 멱라수(汨羅水)에 몸을 던져 결백을 지켰다.

1. 시대를 건너뛴 유사함

굴원(屈原 : 기원전 339(?)~278)은 전국시대 초(楚)나라 사람이고, 가의
(賈誼 : 기원전 201~169)는 한(漢) 문제(文帝) 재위시 활동했으니 백여 년
의 시대적 차이가 있다. 사기에는 두세 사람을 합쳐 기록한 열전이 많이
있는데 이는 대개 서술방법의 간편성 때문이다. 합전(合傳) 속의 인물들
은 대개 같은 유형의 인물이거나 아니면 밀접한 관계가 있다든지 혹은 품
격이 서로 비슷하거나 인생역정이 서로 닮은 경우가 많다. 이런 경우 독
자들은 쉽고 확실하게 인물들을 비교 평가할 수 있는 이점이 있다.

굴원과 가의는 그들의 인생역정과 재지(才智), 품격과 문학적 수양과
공적 등 여러 방면에서 비슷한 점이 많다. 그리고 두 사람 모두 사마천의
동정과 흠모를 받고 있다.

굴원은 전국시대 말 초나라가 쇠퇴하던 시기에 살았고 가의는 한(漢)
제국 건립 후 경제적 번영을 구사하던 문제(文帝)시대에 살았으니 두 삶
의 일생과 행사에 그 시대적 영향이 심대했고 따라서 서로 다른 취향과
풍모를 보였다. 그러나 사마천은 그들의 사상과 품격·기질·정회를 서술
하면서 두 사람에 대한 깊은 동정과 함께 두 사람의 대비와 잘 조화된 특

성을 그려내고 있다.

2. 문사(文士)의 득의(得意)와 좌절

우선 두 사람은 처음에 임금의 신임을 받았고 뛰어난 재능으로 일찍부터 주목을 받았다. 사마천의 굴원에 대한 평설은 다음과 같다.

"굴원은 이름이 평(平)이고 초나라 왕실과 동성(同姓)으로 초 회왕(懷王)의 좌도(左徒 : 諫官)였다. 널리 배워 견문이 넓었고 기억력이 뛰어나 치란(治亂)의 도리에 밝았을 뿐만 아니라 문장에 능하였다. 조정에 들어가서는 국사를 의논하고 퇴궐해서는 빈객을 접대하고 제후들을 응대하여 왕의 큰 신임을 받았다."

가의도 소년 문사로 재기가 번득였고 조정 고관들이 다 알아주었으며 주상의 신임도 깊었다.

"가의는 낙양 사람이다. 나이 열여덟에 시경을 외고 문장을 지어 군내(郡內)에 명성이 자자했다. 정위(廷尉) 벼슬의 오공(吳公 : 公은 경칭)이 하남군의 태수였을 때 가의가 수재라는 명성을 듣고 문하에 두어 총애했다. 후에 오 정위는 제자백가의 학문에 통달한 가의를 문제(文帝)에게 천거했고 문제는 가의를 박사(博士)에 임명했다. 이때 가의의 나이 불과 스무 살로 박사들 중 가장 어렸다. 칙령의 초안과 황제의 자문에 대하여 나이많은 박사들이 대답 못 할 때에도 오직 가의만은 대답했다. 문제도 매우 기뻐하며 서열을 초월하며 일 년 만에 태중대부(太中大夫)로 승진시켰다."

그러나 두 사람은 정치 무대에서 득의했던 짧은 기간이 지난 뒤 곧바로 참소와 비방을 당해 임금으로부터 멀어졌다.

굴원은 상관대부와 동렬이 되어 주상의 총애를 다투었고 또 미움을 받았다. 한번은 굴원이 왕명으로 법령의 초안을 마련했는데 상관대부가 읽어보자고 하였으나 굴원이 보여주지 않았다. 그 때문에 상관대부가 왕에게 굴원을 참소했고 회왕은 굴원을 멀리하기 시작했다.

문제 즉위 초, 문제는 겸양한 태도로 선대부터 내려온 의례를 변경할 생각이 없었다. 이에 가의가 모든 열후를 자기 봉지(封地)에 부임해야 한다는 건의를 했었다. 이에 문제는 가의가 공경(公卿)의 임무를 수행할 만한 자질이 있는가 의논해보라고 했다. 당시의 강후(絳侯) 주발(周勃)과 관영(灌嬰) 등이 모두 가의를 싫어했기에 황제에게 가의를 비방하며 말했다.

"낙양 출신의 저 젊은이는 나이도 어리고 아직 학문도 미숙한데 오로지 권세만을 잡으려 하여 만사를 혼란케 합니다."

이때부터 문제는 가의를 멀리하며 그의 건의를 받아들이지 않았다. 그리고 곧 가의를 장사왕(長沙王)의 태부(太傅)로 좌천시켰다.

굴원과 가의 모두 그들의 재능 때문에 미움을 받았다. 그리고 경쟁자들의 참소를 받아 나중에는 임금으로부터 멀어졌다. 한때 총애를 받다가 재능이 특출한 까닭에 소인배의 모함과 참소로 험지로 굴러떨어지고 만 것이다.

두 사람은 정치가보다는 문학가로서 명성이 높았다. 굴원은 중국의 위대한 시인으로 중국문학사상 초사(楚辭)의 대표작이라고 칭송되는 이소(離騷)를 지었다. 이소는 '근심한다'는 뜻이다. 따라서 도리를 바르게 행하고 지혜를 다하여 임금을 섬겼는데도 무고로 참소를 당하여 배척을 당한 원통한 마음에서 지은 것이라 생각된다. 내용은 위로 제곡(帝嚳 : 오제(五帝의 한 사람))을 찬양하고 아래로는 제환공(齊桓公)을 칭찬했으며 은(殷)나라 탕(湯)임금을 중간에 서술하여 도덕의 숭고함과 치세(治世)의 도리를 고결하고 미묘한 문장으로 표현하였다. 굴원의 작품은 이소 외에 구가(九歌), 천문(天問), 초혼(招魂) 등 몇 작품이 전해내려온다.

가의 또한 부(賦)를 잘 짓기로 유명하였는데 작품으로 조굴원부(弔屈原賦), 복조부(鵩鳥賦)가 있고 명문장(名文章)으로 명성을 천추에 날린 과진론(過秦論)이 있다. 가의는 비슷한 운명과 우국충정의 문인이라는 점에서 굴원을 흠모했다. 굴원과 가의 두 사람은 각각 배척되어 폄직(貶職)된 뒤에도 다시 등용되길 간절히 희망했다. 그러나 이미 서산에 지는 노을빛은 하늘을 물들이기는 하지만 점점 스러져갈 뿐 다시 옛 광휘를 낼 수는 없었다. 한편 굴원을 배척했던 회왕은 후에 진의 감언이설에 속아 진왕과 회담을 위해 들어갔다가 억류되어 진나라에서 객사하여 천하의 조롱을 받았다. 회왕의 뒤를 이어 장자인 경양왕(頃襄王)이 즉위했고 경양왕의 아우 자란(子蘭)이 영윤(令尹 : 재상)이 되었다. 굴원은 회왕에게 진에 입국하여 회담할 것을 권유하여 회왕을 죽게 했던 자란을 미워했다. 자란은 굴원이 자기를 미워한다는 말을 듣고 상관대부(上官大夫)를 시켜 경양왕에게 무고(誣告)하였다. 경양왕은 노하여 굴원을 양자강 남쪽으로 귀양보냈다. 굴원은 강호(揚子江)를 배회하며 울분을 토로하다가 결국 멱라수(汨羅水)에 돌을 안고 몸을 던져 죽었다.

한편 장사왕(長沙王 : 지금의 湖南省)의 태부(太傅)가 되어 장사에 머문 지 4년 만에 가의는 소환되어 문제(文帝)를 다시 만났다. 가의는 문제의 신임을 받으며 잠시 궁에 머물다가 양(梁) 회왕(懷王)의 태부로 임명된다. 회왕은 문제의 막내아들로 황제의 총애를 받았다. 그러나 몇 년 뒤 회왕이 낙마하여 죽어버렸다. 이에 가의는 태부로서 어린 임금을 보필하지 못했음을 슬퍼하여 일 년 남짓 울다가 회왕을 따라 죽었다. 그때 그의 나이 서른셋이었다.

이처럼 굴원과 가의 두 사람의 지행(志行)은 매우 고결했다. 그들은 현실의 불합리한 현상에 대해 극도의 반감을 가지고 있었으며 자신의 불행한 조우에 대해 원통함, 분노, 그리고 우수와 비탄에 젖었으며 두 사람 다 선종(善終)을 못 하였다.

굴원은 회사부(懷沙賦)를 지어 자신의 죽음을 예고했고, 가의는 부엉이를 읊은 복조부(鵩鳥賦)를 지어 불행한 종말을 예언했다. 굴원과 가의의 행적이 이처럼 비슷한 것은 우연의 일치라고 할 수 있다. 어느 시대에나 불운아가 있고 세상을 근심하고 진실을 지키려는 사람은 있게 마련이다. 이들 굴원과 가의는 문재(文才)가 있었기에 자신의 회포를 서술하여 기록을 남겼고 그 글을 읽고 그들을 동경하고 존경했던 인물이 사마천이었다.

3. 세 사람의 운명

굴원은 위대한 시인이었다. 굴원의 지조·포부·재능 그리고 심경과 조우·행사와 심지어는 최후 일각까지, 모두 굴원의 작품 속에 표출되어 있다.

사마천은 굴원의 작품을 읽고 그가 뜻을 펴지 못한 것을 슬퍼하면서 그 작품을 통해 굴원의 사람됨과 이상을 이해했다. 그리하여 강렬한 동정과 깊고 깊은 존경과 흠모를 보냈으니 어찌 보면 당연하다고 할 수 있다. 사마천은 애국심으로 가득 찬 신하, 재주가 뛰어난 사람, 정치적 이상에 불탄 시인으로 굴원의 모습을 형상화하였다. 그리고 위대한 시인에게 감동했던 위대한 사관(史官)도 결국 같은 운명인 자살로서 인생을 마쳤다.

가의 역시 피끓는 우국지사형의 인물이었다. 또한 뛰어난 문재(文才)를 지닌 젊은이였다. 그는 젊은 힘을 가지고 정치적 이상의 실현을 꿈꾸었다. 그러나 그는 젊었지만 우수에 젖은 감상주의자는 결코 아니었고 사려 깊은 사람이었다. 세상을 쉽게 살아갈 수 없는, 세상의 혼탁함을 가슴 아파했던 조숙한 천재였다. 그는 장사왕의 태부가 되어 상강(湘江)를 지날 때 자신과 너무나 닮은 굴원의 운명에 눈물을 흘리지 않을 수 없었다. 그래서 그는 조굴원부(弔屈原賦)를 지어 굴원의 넋을 위로하고 굴원의 영상에 자신의 모습을 겹쳐보며 가슴아파했다.

굴원과 가의의 열전을 하나로 묶은 사마천의 의도는 이제 분명히 나타난다. 사마천은 자신의 모든 감정과 조우 그리고 좌절과 실의를 굴원과 가의의 울분과 회포를 통해 대변한 것이다.

운명——틀림없는 운명이었다. 굴원과 가의가 겪었던 당시의 실정과 수난은 사마천 자신의 체험과 비슷한 것이었다. 그리하여 사마천은 굴원과 가의의 작품을 인용하여 자신의 강렬한 감정과 사상을 표출한다. 그리고 자신도 이소(離騷), 과진론(過秦論) 같은 불후의 저작을 남기고자 했다. 사기(史記)가 바로 그것이었다.

굴원은 멱라수에 몸을 던졌고 가의는 일 년을 통곡하다가 스스로 죽었다. 사마천 자신도 궁형을 당하는 순간부터 죽음을 생각했었고 나중에 그대로 실행했다. 이처럼 굴원·가의의 열전은 사마천 자신의 열전이기도 했디. 사마천은 굴원과 가의에 대한 평을 다음과 같이 서술하고 있는데 사기(史記)에 기록된 인물 중 사마천의 개인적인 감정이 유달리 많이 삽입되어 있다.

"나는 이소(離騷)·천문(天問)·초혼(招魂)을 읽고 그의 뜻을 생각하며 슬픔에 잠겼으며 장사(長沙)에서 굴원이 투신한 연못을 보고 눈물을 흘리며 그의 고결한 인격을 추상하지 않을 수 없었다. 나는 또 가의가 굴원을 조상한 글을 보고 굴원이 그 높은 재능을 가지고 다른 제후들을 좇아 섬겼다면 어느 나라에선들 용납되지 않을 리가 없는데 스스로 멱라수에 몸을 던져 죽은 것이 괴이하게 생각되었다. 또한 가의의 복조부(鵩鳥賦)를 읽으면 생사를 동일시하며 거취를 가볍게 여겼다는 것을 알 수 있다. 이런 석연한 생각은 나를 망연자실케 한다."

사마천이 장사의 멱라수에서 눈물을 흘릴 때는 젊은 나이였다. 위 글을 보면 사마천이 젊은이의 풍부한 감정으로 굴원의 삶을 흠모했다는 것을 알 수 있다. 사마천은 굴원의 재능에도 불구하고 때와 사람을 잘못 만나 백안시당한 비분을 위로했고 명리를 좇아 다른 나라를 찾아가지 않고 초나라에 연연했는지 의아해한다. 그러나 굴원의 좌절에 크나큰 아쉬움을 표시하면서도 사마천 자신도 그럴 수밖에 없었을 것이라는 공감을 표현하고 있다. 가의에 대해서도 응당 소소한 득실에서 해탈했어야 한다고 느끼면서도 사마천은 가의의 행적에 몰두되어간다. 따라서 굴원과 가의에 대한 평서는 사마천 자신의 독백이었다. 사마천은 은연중에 자신을 굴원과 가의의 범주에 포함시키고 있다.

2천 년이 지난 지금까지 이들의 애닮은 인생의 족적이 전해져 이들의 작품을 읽는 사람들을 숙연케 한다.

4. 이소(離騷) —— 강렬하고도 깊은 원망

중국문학사에서 굴원의 존재 자체를 부인하는 사람도 있지만 대개의 문학사에선 굴원의 이소를 초사(楚辭)의 대표작으로 취급한다. 사기에 실린 이소의 창작동기, 품격, 굴원에 대한 칭송 또한 이소만큼이나 유명한 명문장이다. 이소에 관한 사기의 문장은 종횡무진한 필치로, 뜻이 깊고 간절하고, 가슴속 응어리를 풀어제치듯 함축성이 뛰어난 문장으로 이소의 아름다운 문장과 내용의 풍부함, 결백하고 고상한 지행(志行)과 속세를 초탈한 심성을 찬미하고 있다.

"굴원은 왕이 간신의 검은 구름에 싸여 총명하지 못하고, 참소나 아첨이 왕의 총명을 가린다고 생각했다. 또 사악하고 왜곡된 말이 공정을 손상시키고 품행이 방정한 사람이 받아들여지지 않는다고 여겨 이에 대한 근심과 깊은 시름에서 이소를 지었다."

사마천은 이소의 창작동기를 이렇게 적고 있다.

굴원 같은 지사가 볼 때, 왕의 총명이 가려져 그에 따른 폐단이 너무 뚜렷하고 그에 대한 원망과 분노와 회포를 피력하는 방법으로 이소를 창작하였으니 이소야말로 피를 토하는 깊은 고뇌와 사려 끝에 이루어졌음을 알 수 있다.

"이소(離騷)란 근심되는 일을 만났다는 뜻이다. 하늘은 인간의 시작이며 부모는 인간의 근본이다. 사람이 궁지에 몰리면 근본으로 되돌아가고 노고가 극심하면 하늘을 찾지 않을 수 없다. 또 질병이나 고통이 참담하면 부모를 부르지 않는 이가 없다. 굴원은 정도(正道)를 곧게 걸었으며 충성과 지혜를 다해 임금을 섬겼으나 참소하는 자가 임금과의 사이를 이간시켰다. 진실했으나 의심을 받았고, 충성을 다했으나 비방을 받았으니 어찌 원망이 없겠는가? 굴원이 이소를 지은 것은 자신의 총명이 왕에게 도달하지 못하는 원통함에서 시작되었다."

인간은 삶의 과정에서 육체적 고통, 질병, 곤궁, 손실 등이 참을 수 없는 상황에 이르게 되면 그에 따른 강렬한 반응을 보인다. 그때 인간들이 하늘을 부르고, 땅을 치고, 부모를 찾는 것은 바로 근본으로 돌아가려는 행위이다. 이것은 인간의 본래 모습이다. 하늘이 인간을 만들고 세상의 온갖 형상을 만든 이상 인간이 진정으로 사물을 다스릴 수는 없다. 결국 사물의 귀결은 하늘이며 이것은 인간도 마찬가지인 것이다.

사마천은 굴원이 이소를 지은 까닭을 궁(窮) 자(字) 하나로 표현했다. 굴원이 이소를 지을 때는 정신적으로 박해를 받아 고통으로 일그러졌고 육체적으로는 고립무원의 상태였다. 즉 궁지에 몰렸으나 자구(自救)의 길을 찾을 수 없었다. 원통함, 울분만이 굴원을 더욱더 괴롭혔을 뿐이었다. 굴원의 정도직행(正道直行), 일편충성(一片忠誠)은 비방만을 당했고 의심을 받았다. 더욱 참을 수 없는 것은 임금에게 자신의 심정을 호소할 기회조차 없었다. 굴원의 이소는 바로 이러한 강렬하고도 극심한 억울함과 울분의 소산이었다.

사마천은 이소의 아름다운 문장과 사상과 예술적 성취에 대해 다음과 같이 평하고 있다.

"글은 간략하고 문장은 묘미가 있고 그 뜻은 결백하고 행실은 청렴하다. 문장의 양은 적지만 그 뜻은 아주 크고, 열거한 사례는 비근하지만 숨은 뜻은 심원하다. 그의 뜻이 고결하기에 문장에 향기가 있고 그의 행실이 청렴했기에 죽어서도 속세에서 받아들여지지 못하고 사람들에게서 멀어졌다. 더러운 진흙 속에서도 몸을 더럽히지 않고, 혼탁한 오물의 탈을 벗어 속세의 티끌 밖으로 훌훌 날아가고, 세상의 때가 끼지 않아 진흙 속에서도 결백하였다. 그 뜻을 미루어 생각해보면 일월과도 같이 밝게 빛났다고 할 수 있다."

굴원의 인품과 예술은 서로 자연스럽게 융화되어 광채를 발한다. 그 뜻이 고결하고 행동이 청렴하다는 것은 지혜의 눈빛과 순결한 가슴으로 현실을 인식한다는 뜻이다. 아무리 세상의 더러움이 그를 더럽히려 해도 결코 더럽혀지지 않는 고결한──바로 굴원의 참모습이었다.

5. 무지(無知)에 꺾인 충성

초 회왕은 탐욕스럽고 우매하고 용렬한 겁쟁이였다. 당시 진의 사신으로 온 자의(張儀)는 진이 상(商)·오(於)의 땅 6백 리를 초에 할양하겠으니 제와의 동맹관계를 단절하라고 요구했다. 회왕은 탐욕에 눈이 어두워 장의의 말을 믿고 제와 절교하는 동시에 진에 사신을 파견하여 6백 리 땅을 인수케 했다. 그러나 장의는 진에 돌아가서 자기는 초에게 6리의 땅을 준다고 했지 6백 리가 아니라고 우겼다. 초나라의 사신이 이 사실을 회왕에게 보고하자 회왕은 크게 노하여 대군을 일으켜 진나라를 공격하였다. 그러나 단수(丹水)와 절수(浙水) 싸움에서 크게 패하여 8만의 군사와 장군 굴개(屈勾)를 잃었으며 오히려 한중(漢中) 땅을 빼앗겼다. 그래도 회왕은 다시 전병력을 동원하여 공격하였으나 위(魏)가 초나라를 기습하였으므로 급히 되돌아와야만 했다. 회왕은 동맹국가와의 절교로 땅을 얻으려 하다 신의와 백성의 신임만 잃었을 뿐이다. 초가 곤경에 처했음에도 제나라는 초의 배신에 노하여 조금도 구원하지 않았다.

그 뒤 진에서 뺏은 땅을 돌려주면서 강화 제의를 했다. 여기에 대해 회왕은 뺏긴 땅보다 장의를 죽여 보복하겠다고 했다. 장의는 이 말을 듣고 자진해서 초나라로 들어갔다. 그는 초에 도착하자 곧 조 회왕의 총희 정수(鄭袖)를 회유했다. 회왕은 정수의 말에 현혹되어 장의를 돌려보냈다. 때마침 제에 사신으로 갔다가 돌아온 굴원은 회왕에게 왜 장의를 살려보냈느냐고 물었으나 이미 때는 늦었다. 뒤늦게 초의 병사가 장의를 추적했지만 잡을 수 없었다.

그 후 진의 소왕(昭王)이 초나라와 혼인을 맺고자 회왕을 청하였다. 회왕이 떠나려고 하자 굴원이 만류했다. 그러나 회왕은 굴원의 만류에도 불구하고 막내아들 자란(子蘭)의 말만 듣고 진나라에 들어갔다. 진은 회왕의 퇴로(退路)를 끊고 영토 할양을 강요했다. 회왕은 노하여 조나라로 도망했으나 받아주지 않자 결국 진으로 돌아가서 죽고 시신만 초로 돌아와 장례를 치렀다. 세 번씩이나 진에 속고 영토를 뺏기고 타국에서 객사한 회왕은 어리석음의 극치였고 당시 세인의 웃음거리가 되었다.

회왕의 무지·우둔·편협·고집에는 굴원 같은 충신이 서 있을 자리는 없었다. 임금을 보좌하며 나라를 흥성케 하겠다는 굴원의 충성심은 물거품같이 덧없었다. 흘러가는 물이 되돌아올 수 없듯이 굴원도 회왕의 천성을 되돌릴 수는 없었던 것이다. 임금은 그가 아무리 우매하든 현명하든 충신의 보좌를 받고 싶어한다. 그러나 나라를 망치고 왕실을 파탄케 하는 일이 거듭되고 세대를 거듭해도 성군(聖君)의 치세(治世)가 나타나지 않는 것은 충성을 바쳐야 할 자가 충신이 아니며 현명해야 할 자가 어리석고, 보좌해야 할 사람이 무능하기 때문이다.

회왕은 신하의 충과 불충을 구분하지 못했기에 장의에게 속았고 부녀자에게 현혹되었으며 굴원을 멀리하는 과오를 범했다.

회왕은 끝까지 스스로 자초한 재난임을 알지 못했다. 그렇다면 그 밑에 있는 강직한 충신에겐 얼마나 더 큰 '사람에 의한 재난'을 겪어야 했겠는가? 왕에게 충신과 간신을 분별할 총명이 없다면 신하가 어찌 복받을 수 있겠는가?

6. 어부의 노래

굴원은 정치인의 속성을 가진 사람은 아니었다. 굴원의 소원은 임금을 보좌하며 나라를 일으키는 것 뿐이었다. 당시 초의 실정으로 우선 국왕의 깨달음과 조정의 기풍이 바뀌어져야 한다는 바람뿐이었다. 또 그는 승진이나 많은 녹봉을 바라지도 않았다. 일신상의 부귀영화를 꿈꾸지도 않았다. 그는 당시의 탁류 속에 같이 흘러가는 것을 거부했다. 세태와 같이 부침할 수 없는 고결한 지행(志行)을 지켰으며 사악한 세력과 타협하지 않았다. 자신의 고상한 지조를 결코 더럽힐 수 없었기에 굴원은 후세까지 이름이 높게 되었다.

굴원은 강남(江南 : 양자강 남쪽)으로 귀양을 가게 되었다. 하루는 굴원이 강수(江水 : 양자강)에 이르러 머리카락을 풀어제친 모습으로 물이 흐르는 곁을 노래를 읊으며 방황하였다. 안색은 초췌하고 몸은 말라서 고목과 같았다. 한 어부가 굴원을 보고 물었다.

"당신은 삼려대부(三閭大夫 : 벼슬 이름. 초나라의 소(昭)·굴(屈)·경(景)을 다스렸음)가 아니십니까? 어찌하여 여기까지 오게 되었습니까?"

"세상이 다 혼탁한데 나만 홀로 맑고, 뭇사람들이 모두 취했지만 나만 홀로 깨었기에 추방되었소."

"본래 성인이란 사물에 구애되지 않고 세태와 추이를 같이 할 수 있어야 합니다. 세상이 온통 흐렸다면 어찌하여 탁류에 몸을 맡기고 같이 세상의 흐름을 타지 않습니까? 뭇사람들이 모두 취했으면 어찌하여 술지게미라도 먹지 않습니까? 어째서 깊은 사려와 고상한 재능을 가졌으면서 스스로 추방당하는 일을 하셨습니까?"

"내가 듣기로 머리를 감은 사람은 관의 먼지를 털어 쓰고, 목욕을 했으면 옷을 털어 입는다고 들었소. 누가 자신의 깨끗한 몸을 스스로 더럽히겠소? 차라리 상강(湘江)에 몸을 던져 물고기 뱃속에 장사지낼지언정 어찌 희디흰 결백한 몸으로 세속의 먼지를 뒤집어쓰겠소?"

어부와 굴원의 관점은 전혀 다르다. 처세방법·적응태도·인생철학이 서로 다르다. 그러나 어부 역시 굴원과 같은 생각을 가지고 초야에 묻힌 사람이 아니겠는가? 서로 같지 않은 척 하면서 대화는 재미있게 전개된다. 굴원에게 그만한 말을 해줄 수 있는 사람이 왜 굴원의 심사를 모르겠는가?

어부의 말은 세상을 달관한 듯 흘러가는 대로 살아가라고 했다. 즉 세상과 추이를 같이 하라는 것이다. 온 세상이 다 혼탁한데 굴원 혼자 깨끗하고 고상한 척 한다고 해서 세상이 맑아지는 것은 아니라는 논리이다. 그러니 세상의 혼탁함에 뛰어들기 싫으면 곁에서 같이 걸어가기라도 하라는 것이다. 굴원 같은 특출한 재능을 지니고도 추방당하는 것은 홀로 깨

100

어 있고 홀로 깨끗하기 때문이니 술지게미라도 먹으면서 혼탁한 세상과 영합하라는 것이다. 그러나 굴원은 그런 인생론에 반대하고 자신의 결백을 끝까지 지키겠다고 했다. 세상이 혼탁하여 자신을 배척할지라도 세속적 명리에 결코 자기 자신을 스스로 던질 수는 없다고 생각했다. 이리하여 굴원은 회사부(懷沙賦 : 모래를 끌어안고 강물에 몸을 던지는 노래)를 지었다.

이 부(賦)의 전편에는 애상과 울분의 감정으로 가득 차 있다. 흰색이 흑색이 되고 상하(上下)가 도치되며 봉황이 조롱에 갇히고 잡새가 비상(飛上)하는 현실에 대한 원망이 담겨 있다. 짐은 무겁고 많은데 수레가 빠져서 갈 수 없는 자신의 불우함, 아름다운 옥을 품고 있어도 보아줄 사람 없는 답답함, 궁지에 몰린 자신에 대한 깊고도 깊은 개탄이 실려 있다. 또 진리를 견지하고 정도(正道)로 나아가는 자신의 행로를 결코 바꿀 수 없다는 굳은 의지의 표현도 나타나 있다. 굴원은 회사부를 이렇게 끝맺고 있다.

"백락이 죽었으니 누가 준마를 구분하겠는가.
삶은 천명(天命)이니 누구에게나 갈 길이 있도다.
마음을 정하고 뜻을 넓히니 다시는 두려움이 없도다.
마음의 슬픔을 끝없이 탄식해도
혼탁한 세상이 내 마음을 알지 못하도다.
죽음은 피할 길 없나니 삶에 매달릴 것 없도다.
후세의 군자에게 분명히 말하노니
나는 그대들의 본보기가 되리라."

이렇게 굴원은 스스로의 마음을 달래며 멱라수에 투신했다. 훗날 그 자리에 가의가 서서 굴원과 그의 죽음을 애도하는 조굴원부(弔屈原賦)를 지어 소인이 득의(得意)하고 군자가 낙심 몰락한 애절한 정상을 슬퍼했다.

백 년을 사이에 두고 똑같은 처지와 비슷한 정서를 지닌 두 사람을 사마천은 한 데 묶어 수록하여 찬탄하면서 그들의 불우한 일생을 추모했다.

진정한 의인(義人) : 형가(荊軻)

선비는 자기를 알아주는 사람을 위해 죽는다고 했다. 이런 점에서 형가
는 진정 의로운 협객이었다. 늠름, 침착했고 신의를 지켰던 큰 용기의 소
유자로서 진시황을 죽이진 못했지만 그 의기는 만고에 빛나고 있다.

1. 자객에 대한 평가

사마천의 사기(史記)에 열전(列傳) 부분이 없다면 아마 역사학자들에게
만 관심과 흥미가 있었을 것이다. 열전이 있기에 2천 년 이상 긴 세월 동
안 중국인들의 사랑을 받았다고 해도 과언이 아닐 것이다. 자객열전(刺客
列傳)은 열전 중에서도 특이한 광채를 발하는 부분이며 사마천의 문학적
재화(才華)가 아낌없이 발휘되었고 형가(荊軻)라는 인물의 형상을 만고의
영웅으로 만들어낸 예술적 가치가 뛰어난 작품이다. 자객열전의 내용을
좌전(左傳)과 전국책(戰國策)에서 취재한 것도 있고 사람들의 구술(口術)
을 옮겨 적은 것도 있지만 소설보다도 재미있고 짜임새있는 구성을 보여
주고 있다.

자객열전에는 5명의 자객 이야기가 실려 있다. 제(齊)나라 환공(桓公)을
비수 한 자루로 협박하여 잃은 땅을 되찾은 노나라의 조말(曹沫), 오(吳)
왕 합려(闔閭)를 위해 요(僚)를 죽인 전저(專諸), 상관인 지백(智伯)의 원
수를 갚으려 했던 예양(豫讓), 한(韓)의 엄중자(嚴仲子)를 위해 협루(俠累)
를 죽인 섭정(聶政), 그리고 연(燕)나라 태자 단(丹)을 위해 진왕(시황제)
을 죽이려다 실패한 형가 등 5명이 바로 그들이다.

조말에서부터 형가까지 시간적으로는 약 50년에 걸친 이야기인데 그 중에서 가장 중요하고 비중이 크며 빛나는 부분은 물론 형가에 대한 기록이다. 사마천은 이들 자객 5인의 의열(義烈)은 성취하기도 하고 실패하기도 했지만 그 의도는 명백하고 세운 뜻을 바꾸지 않았기에 그들의 명성이 후세에까지 전해진다고 평가했다. 여기서 그들의 '명성이 후세까지 전해진다'〔名垂後世〕란 말이 문제가 된다. 조말은 비수 한 자루를 들고 제환공을 협박했다. 상대가 제환공이라는 당시의 패자(覇者)였기에 그 행위가 사서에 기록됐지만 그런 행위는 어떻게 보면 당돌하고 치기(稚氣)섞인 형상으로 나타날 수도 있다. 그 밖에 전저와 예양, 섭정의 행위에 대해서도 결코 좋은 평가를 내릴 수 없다며 이의를 제기하는 사람도 있다.

협객들은 공통적으로 '자기를 알아주는 사람을 위해 죽는다'는 기본 철학을 갖고 있었다. 전저는 공자 광(光)의 대우와 인정을 받았다고 해서 그를 위해 왕을 죽였다. 예양은 자기를 알아준 지백의 원수를 갚기 위해 온갖 고초를 겪다가 죽었다. 섭정은 자객을 물색하러 온 엄중자의 환대에 자신의 몸을 바치기로 약조하고 노모가 죽은 뒤 실행했다. 말하자면 전저·예양·섭정 등은 지우(知遇)를 받았을 때, 사적(私的)인 원한을 풀어주기 위해 타인을 죽이는 일을 맡았다는 것이 너무 통속적이라 할 수 있다.

또 사안의 경중(輕重)과 시비(是非) 곡직(曲直)을 따지지 않았다는 점, 그리고 자신을 알아주는 사람을 위해서 죽는다는 원칙만을 고집했다는 점, 또 자신의 희생이 어떤 가치가 있고 어떤 결과를 초래할지 생각하지 않았다는 단순성에 비판을 가하는 사람이 많다. 그러나 형가에 대해서는 뭇사람들의 이의가 없다. 형가의 사상·포부·정조(情操)·수양 등은 모든 면에서 다른 네 명의 협객을 압도하는 기개와 도의가 있다.

자객들의 타고난 품성(稟性)·성격 등을 살펴볼 때 재지(才智)가 좀더 뛰어난 사람을 만나 다른 환경에 처해 있었다면 좀더 사려깊고 훌륭한 일을 했을지도 모른다. 그러나 그들은 자객이기 전에 한 인간으로서 기질이 강직하고 포학(暴虐)을 두려워하지 않았으며 험난을 피하지 않았다. 그들은 지기자(知己者)를 위해 죽는다는 신조를 견지하며 지우지은(知遇之恩)에 보답하기 위해 생사를 돌보지 않았고 자신의 희생을 감수했다. 그런 기개가 바로 국사의 풍모(國士之風)가 아니겠는가? 그들의 조우와 성취와 희생의 가치는 각기 달랐지만 그들은 절의(節義)와 지조(志操)가 있었고 그것을 끝까지 지켰으니 그 또한 장한 일이 아니겠는가? 따라서 사마천은 이들의 기개를 기리기 위해 자객열전을 기술했다. 이들은 심경이 명백하고 그 본성을 속이지 않았으니 이들의 이름이 후세에 남는 것도 허망한 일은 아닌 것이다.

2. 형가와 고점리(高漸離)의 만남

전국시대 최대의 협객 형가는 소국 위(衛)나라 사람이었는데 뒤에 연(燕)나라에 간 뒤 형경(荊卿)이라고도 불렸다. 형가는 독서와 검술을 좋아했는데 일찍이 위나라 원군(元君 : 기원전 251~230)에게 유세했으나 등용되지 않았다.

형가는 큰 용기의 소유자였다. 인격적 수양이 없는 소용(小勇)에서 볼 수 있는 치기와 만행이 없었다. 생각이 넓고 활달했으며 인간사 정리(情理)에 통달했다. 소소한 시비나 득실에 집착하지 않았고 타인을 능히 포용할 만한 품격을 갖춘 인물이었다. 기재(奇才)와 이능(異能)을 내세우지 않았으며 중대한 결정이 필요한 경우에는 충분히 사려한 뒤 혼신의 힘을 다해 일을 풀어나갔다.

여기서 작은 용기의 소유자(小勇者)에 대해서 생각해보자. 작은 용기의 소유자는 마음 바탕이 좁아 대세를 보지 못하여 작은 이익에 연연하고 사소한 일에 마음의 평정을 잃으며 목숨을 헛되이 한다. 따라서 행동을 해도 실익이 적으며 계책을 꾸며도 허황됨이 많다. 기회가 많아도 옳게 잡질 못하고 작은 실수 하나로 대의를 그르친다.

형가와 개섭(蓋聶)이 검술을 논하여 서로 고저(高低)를 비교하였다. 애기 도중에 개섭이 노하여 노려보았다. 형가는 그와 더 토론할 필요가 없다고 생각하고 곧 떠나버렸다. 어떤 사람이 다시 한 번 형가와 만날 것을 권유하자 개섭이 말하였다.

"전날 검술을 논하다가 의견이 맞지 않아 내가 노려보았더니 떠나버렸다. 아마 지금쯤 다른 곳으로 가버렸을 것이다."

그 사람이 형가가 묵고 있던 곳으로 가자 형가는 과연 떠나버리고 없었다. 하루는 형가가 노구천(魯句踐)이란 자와 장기를 두면서 그 묘리에 대해 서로 논하였다. 노구천이 노하여 형가를 꾸짖자 형가는 응대하지 않고 자리를 떠나 다시는 만나지 않았다. 소용(小勇)의 인물과는 다툴 가치도 없는 것이다. 형가가 검술이 개섭보다 못하거나 장기의 묘리를 논하는 데 역량이 부족했던 것은 물론 아니었다. 논쟁을 함께 할 만한 인물이 아니었기에 스스로 몸을 피했던 것이다. 용인숙자(庸人俗者)의 평범한 식견과 다투지 않는 대용(大勇)의 품격을 갖춘 형가로서는 굳이 논쟁할 필요가 없었다.

젊은 날의 형가는 얽매인 데가 없었다. 그물을 벗어난 토끼의 자유로움을 즐겼다. 각국을 돌아다니며 의인(義人)을 찾고 고사(高士)와 사귀었다. 형가는 연나라에 갔을 때 개백과도 사귀었고 고점리(高漸離)라고 하는 벼슬에 뜻을 두지 않고 축(筑 : 대나무로 만든 거문고와 비슷한 현악기의 일종)을 잘 타는, 후에 형가의 뒤를 따른 의인과도 교제했다. 형가는 개백정과 고점리와 어울려 시장바닥에서 마시고 노래했다. 때로는 큰소리로 웃기도 하고 땅바닥을 치며 통곡하기도 하는 등 행동거지가 예측불명이었다. 그러나 술꾼들과 같이 섞여 지냈으나 사람됨이 침착하여 독서를 즐겼다. 그는 또 방문한 여러 제후국 어디서나 현인·호걸들과 깊이 교류하였다. 형가의 성격엔 그만큼 호방한 일면이 있었다.

형가가 개백정과 널리 교우했다는 것은 그의 사상바탕이 세속에 물들지 않고 본성에 따랐으며 인물됨을 보는 안목이 탁월했다는 증빙이다. 이들 개백정과 고점리는 결코 녹록한 무리들은 아니었다. 이들은 서로 가슴이 넓은 사람이 갖는 울분을 때로는 술이나 노래 등 광기(狂氣)로 풀어버렸다. 마치 물의 흐름을 막고 있는 바위를 정으로 쳐서 깨뜨려 유통(流通)을 하는 것과 같았다. 범인이 술먹고 행동이 방약무인했다면 무례가 되지만 이들은 마음에 포부가 있었고 행동에 기개가 있었기에 시정잡배에서 벗어났다. 그리하여 이들은 평상심(平常心)으로 돌아올 수가 있었다. 따라서 형가가 비록 개백정과 함께 어울리고 술과 노래에 빠졌지만 본성이 사려 깊고 학문을 좋아하는 사람이었기에 제후들 사이에 이름이 알려져서 현사(賢士)와 장자(長者)들과 널리 교제할 수 있었다. 형가는 연나라의 전광(田光) 선생과도 교제했는데 전광은 형가가 평범한 사람이 아니라는 것을 알고 언제나 잘 대우하였다.

3. 연(燕)나라 태자 단(丹)

그 동안 진(秦)에 인질로 있던 연나라 태자 단(丹)이 도망쳐 고국으로 돌아왔다. 태자 단은 그 이전엔 조(趙)나라에 인질로 가 있었다. 진왕 정(政 : 후에 시황제가 됨)은 조(趙)에 인질로 있었던 자초(子楚 : 후에 장양왕)의 아들로서 조에서 출생했다. 따라서 정(政)은 단(丹)과 처지가 비슷했기에 단을 따르고 좋아했다. 그 뒤 자초가 귀국해 즉위했으나 곧 죽고 정이 진왕으로 즉위하니 이때 그의 나이 13세(기원전 247년)였다.

태자 단이 진에 인질로 간 것은 진왕 정이 즉위한 뒤였다. 그러나 진왕 정은 옛날의 정을 잊고 태자 단을 박대했다. 단은 진왕을 원망하고 도망쳐 본국으로 돌아왔다. 태자 단은 진왕에게 복수할 방법을 찾았으나 연(燕)의 미약한 국력으로선 어찌할 방법이 없었다. 그 뒤 진은 강력한 군사력을 바탕으로 제(齊)·초(楚)·삼진(三晉)을 치고 바야흐로 연나라에 육박해왔다.

연왕 희(喜)와 태자는 진의 침략이 임박한 것을 알고 두려워했다. 태자 단이 그의 태부(太傅)인 국무(鞠武)에게 방법을 물었으나 국무는 어찌할 방법이 없다며 진왕에 대해 한때의 박대를 이유로 복수하려는 것은 오히려 역린(逆鱗)을 건드리는 것과 같다고 말했다. 그때 마침 진의 장군 번어기(樊於期)가 죄를 짓고 연으로 도망왔다. 단은 번어기의 망명을 받아들이고 객사에 머물게 했다. 그러자 국무는 번어기를 수용하는 것은 진의 분노를 살 일이니 흉노족에게로 쫓아보내고 삼진(三晉)·제(齊)·초(楚)와 연합하여 진나라의 침략에 대비해야 한다고 건의하였다. 그러나 태자 단은 국무의 의견을 받아들이지 않았다.

"번어기는 천하에 몸둘 곳이 없어 나에게 몸을 의탁하여 찾아온 사람이오. 내가 아무리 진의 압력을 받고 있다 해도 어찌 노와의 애린지교(哀燐之交)를 버리고 그를 흉노로 보낼 수 있겠소. 그리고 그대는 여러 제후국과 연합정책을 펴서 진에 대응하라고 했으나 그것은 긴 시일을 요하는 것이고 진의 위협은 목전에 이르렀으니 나는 마음이 다급하여 잠시도 지체할 수 없소. 그대는 다른 방책을 강구해보시오."

국무는 이것은 한 사람의 목숨 때문에 국가의 위기를 자초하고 원한을 뿌리고 재앙을 돕는 일이라고 하면서도 태자에게 전광(田光) 선생을 추천했다.

4. 전광(田光)의 죽음

국무는 전광에게 태자가 국사(國事)를 함께 논의하고 싶다고 하는 뜻을 전했다. 전광은 곧 태자궁으로 찾아갔다. 태자는 뒷걸음으로 전광을 안내하고 무릎을 꿇어 전공을 위해 방석의 먼지를 털며 예(禮)를 다했다.

"연과 진은 양립할 수 없소. 선생께서 이 점을 배려해주시오."

전광은 태자의 정성에 감격해서 말하였다.

"천리마도 노쇠하면 둔한 말을 앞지르지 못합니다. 태자께서는 소인의 젊었을 적 이야기만 들었을 뿐이고 정력이 다 소모한 지금의 소인은 모르십니다. 그러나 국사를 논의하지 않겠다는 것은 아닙니다. 제가 형가라는 사람을 알고 있는데 쓸만한 인물입니다."

전광의 말에는 이 늙은 사람을 불러 논의하는 태자의 성의에 고마움을 표시하면서도 젊었을 적 등용되지 못한 탄식과 함께 준마도 늙으면 노새보다 못하다는 인생의 교훈이 담겨 있다. 소위 '사람을 알고 일을 맡기는〔知人善任〕' 것은 때가 있다는 것이다. 전광은 자신은 이미 늙어서 큰 일을 맡을 수 없었으므로 평소 깊이 교유했던 형가를 천거했다.

태자는 형가를 만나보고 싶다고 간절하게 말했다. 전광이 응낙하고 물러나오니 태자는 문에까지 나와 전송하면서,

"이는 국가의 중대사이니 누설하지 마시오."

하고 당부했다. 전광은 형가를 만나 태자의 뜻을 전해주고 태자를 만나보라고 권유하면서 말했다.

"장자(長者)는 자신의 행위에 대해 남이 의심을 품게 하지 않습니다. 무슨 일을 하든 남에게 의심을 받는 것은 장자의 도리가 아닙니다. 그런데 태자는 나에게 한 말을 누설하지 말라고 당부했소. 이것은 나를 의심하고 있다는 것이니 그대는 내가 이미 죽었다고 태자께 말씀드리고 일을 함께 도모하시오."

그리고 전광은 스스로 목숨을 끊었다.

전광의 죽음은 태자에게 일을 누설하지 않았다는 신의를 지킨 것이고, 형가에게는 태자를 위하여 죽음을 불사하고 큰 일을 해내라는 격려의 뜻이었다. 전광은 과연 용기와 지혜를 갖춘 인물이었다. 심오하지 않으면 지혜가 아니고 침착하지 않으면 참된 용기가 아니라는 말이 있다. 심오하다는 것은 지혜를 깊이 간직했다는 뜻이니 남이 예측할 수 없어야 하며, 침착하다는 것은 참된 용기이니 용기를 냈을 때는 틀림없이 이루는 바가 있어야 한다는 뜻이다. 전광의 심오한 지혜는 평소에 형가의 사람됨을 알아보고 잘 대우하여 결정적인 시점에서 추천한 것에서 드러나고, 침착한 용기는 태자를 안심시키고 형가를 격려·분발시키기 위하여 스스로 목숨을 끊은 데서 잘 드러나고 있다. 이와같이 전광과 형가 두 사람의 역할은 분명히 달랐다. 형가를 주인공으로 등장시키기 위하여 전광은 그 보조역할을 충실히 한 셈이다.

형가가 태자를 만나 전광의 죽음을 알리니 태자는 두 번 절하고 무릎을 꿇어 눈물을 흘리며 말했다.

"내가 전광 선생에게 말하지 말라고 한 것은 큰일을 성취하고자 하는 뜻이었소. 지금 전광 선생께서 발설하지 않았다는 뜻으로 스스로 숨을 끊었는데 이 어찌 나의 본심이겠소?"

전광의 죽음에 임한 태자의 태도가 너무 진실되고 엄숙하여 새로운 긴박감이 무겁게 드리워지는 것 같다. 전광의 죽음은 태자와 형가에게 나라의 위급을 구원하기 위해 무엇을 어떻게 해야 하는지 보여준 것이다.

5. 형가의 결심과 준비

태자 단은 형가에게 당시의 형세와 자신의 결심을 상세히 설명했다. 즉 진의 탐욕은 끝이 없고 약소한 연나라는 군사적 위협에 시달려왔으며 온 나라의 힘을 다 동원해도 막을 수 없다. 또 다른 나라들이 이미 진에 굴복하였으며 진에 항거할 의사도 없다는 것을 조리있게 설명했다. 그리고 이런 상황하에선 진과 강화할 수도 없고 홀로 싸울 수도 없으며, 다른 나라들을 설득해 합종 같은 동맹을 체결할 길도 없으니 나라를 잃지 않으려면 오직 진왕을 죽여 진의 힘을 약화시켜야 한다고 역설했다.

"이것이 나의 최상의 소원입니다만 이런 일을 맡길 만한 인물을 찾을 수 없었소. 오직 형경(荊卿)이 있을 뿐이오."

태자의 말을 들은 형가는 말없이 한참 있다가 입을 열었다.

"이는 국가의 중대사입니다. 저는 능력이 부족하여 감당하지 못할 것입니다."

태자는 형가의 말을 겸양으로 받아들여 가까이 다가와 머리 숙여 간청했고 결국 형가는 승낙했다. 그리하여 태자는 형가를 상경(上卿)으로 받들었고 가장 좋은 객사에 머물게 했다. 태자는 매일 형가의 숙소에 나가 좋은 음식을 대접하고 진기한 물건을 바치기도 했으며 수레와 말, 미녀

등 형가가 원하는 것은 무엇이든지 다 들어주었다. 그러는 동안에 진은 조를 공격하여 점령하고 조왕을 사로잡아 연나라의 남쪽 국경으로 밀어닥쳤다. 태자 단이 겁을 내어 말하였다.

 "진나라 군사가 역수(易水)를 건너면 때를 기다린들 무슨 소용이 있겠소?"

 사실 이때 연나라의 운명은 풍전등화였다. 국가의 운명이 경각에 달렸으니 태자의 심정은 다급했고 형가에 대한 의구심도 생겼을 것이다. 그러나 형가는 형가대로 일을 계획하고 준비하고 있었다. 형가는 당시 형세의 다급함과 임무의 막중함을 잘 알고 있었다. 진이 국경에서 압박을 가하고 있는 이 시점에서 진왕을 척살하는 일을 더 늦출 수 없다는 것을 모르는 사람이 아니었다. 그리고 그가 택할 방법은 오직 비수 한 자루에 의지하는 것이었다. 비수 한 자루를 가지고 진의 궁궐에 들어가야 한다. 어떻게 들어가고 어떻게 진왕을 만날 수 있는가가 선결문제였다. 형가는 순리대로 국경을 넘고 자연스럽게 진왕을 만날 수 있는 방법을 찾기 위해 고심하며 시일을 보내고 있었던 것이다. 태자가 베풀어주는 진수성찬과 여색에 현혹되어 허송세월하고 있지는 않았다. 그러나 태자는 다급한 나머지 형가의 고민에 대한 이해 없이 형가의 의지를 의심했다. 태자는 형가에게 공경과 예의를 다해 대우했지만 냉철하고 치밀한 계획은 없었다. 형가는 태자보다는 형세판단에 신중했고 지혜와 책략을 가지고 있었다. 곧 형가는 일시적 기분으로 서두르고 공명심에 허우적거리는 소용(小勇)이 아닌, 긴 안목을 가지고 침착하게 여건의 성숙을 기다렸다가 과감히 처리하려는 대용(大勇)의 인물이었다. 형가가 태자에게 말하였다.

 "지금 제가 진에 들어가더라도 나를 믿게 할 신표가 없어 진왕을 만날 수 없습니다. 그런데 듣자하니 진왕은 번어기 장군의 목에 천금(千金)과 만호(萬戶)의 식읍을 상으로 걸었다고 합니다. 번어기의 목과 우리 독항(督亢)지방의 지도를 가지고 가 진왕에게 바치면 틀림없이 기뻐하며 나를 만나볼 것이니 그때 태자의 은혜에 보답할 수 있을 것입니다."

 "번어기 장군은 어쩔 수 없는 곤궁에 처해 나에게 몸을 의탁한 사람이

오. 내 일 때문에 그의 마음을 아프게 할 수 없으니 다시 한 번 고려해주시오."

차마 그렇게 할 수 없는 마음을 불인지심(不忍之心)이라고 한다. 이것은 인자(仁者)의 마음씨, 아니 인간 모두가 가지고 있는 인(仁)의 실마리〔端緖〕이다. 누군들 자기를 믿고 찾아온 사람에게 목숨을 달라고 할 수 있겠는가? 그러나 형가에게는 일의 성사를 위해 번어기의 목이 꼭 필요했다. 그래서 형가는 직접 번어기를 찾아갔다. 부모와 일족이 모두 몰살당한 번어기의 처지를 생각할 때 범인은 동정심이 생길 수도 있으나 형가에게는 대의를 위해 사사로운 감정이 개입될 틈이 없었다. 형가는 의연히 번어기에게 말했다.

"장군의 목을 헌상한다면 진왕은 기뻐 나를 인견할 것입니다. 그때 신이 왼손으로 진왕의 소매를 잡고 오른손으로 가슴을 찌를 것입니다. 그렇게 되면 장군의 원수를 갚고 모욕을 당한 연나라의 수치도 풀 수 있습니다. 장군은 어떻게 생각하십니까?"

형가의 치밀한 계책과 확신에 찬 요구에 번어기도 흔쾌히 응했다.

"이는 내가 밤낮으로 절치부심하던 뜻입니다. 이제야 그대의 바른 가르침을 받고 내 뜻을 펼 수 있게 되었소."

그리고 마침내 스스로 목을 찔러 죽었다. 형가와 번어기는 진왕의 목숨을 얻기 위해 생명을 초개(草芥)와 같이 여겼던 것이다.

6. 역수(易水)에서의 이별

번어기가 죽었다는 말을 들은 태자는 급히 달려가 시체 위에 엎드려 통곡하였다. 그러나 이미 죽은 목숨은 어쩔 수 없어 일의 성사를 위해 번어기의 목을 소금에 절여 함에 넣고 봉한 다음 조나라 서부인(徐夫人)의 비수를 백 금을 주어 구한 뒤에 이름난 공인(工人)에게 명하여 날에 독약을 물들여 채비를 갖추어주었다.

한편 형가에게는 동행을 기대했던 사람이 있었다. 형가는 그를 데리고 갈 예정이었는데 그가 먼 곳에 일을 나갔다가 돌아오기 전에 이미 준비가 갖추어졌다. 그래도 형가가 얼른 출발하지 않자 태자는 형가의 변심을 의심하여 말했다.

"날짜가 이미 다하였소. 그대에게 다른 뜻이 있소? 그렇다면 진무양(秦舞陽)을 먼저 출발시켜도 되겠소?"

진무양은 열세 살에 사람을 죽인 적이 있는 흉악범이어서 연나라에선 감히 거역하는 자가 없었다. 태자는 형가와 의논하지 않고 스스로 진무양을 형가와 동행시키려 했다. 그러자 형가는 태자를 꾸짖으며 말했다.

"진무양을 동행시키다니 무슨 뜻입니까? 그가 진나라에 가면 사태는 돌이키지 못합니다. 내가 출발을 지연한 것은 친구를 기다려 동행하기 위해서였는데 태자께서 이렇듯 출발을 재촉하시니 지금 떠나겠습니다."

태자의 재촉에 형가는 일말의 불안감을 느꼈다. 그러나 지금은 그런 불안감을 마음에 담아둘 겨를이 없었다. 진무양은 이런 막중한 사명을 수행할 인물이 아니었다. 진정한 강자는 쉽게 주먹을 내밀지 않는다. 성격의 흉포함과 육체의 강인함을 갖추었다고 해서 대용(大勇)의 인물은 아닌 것이다. 그러나 형가는 태자의 조급한 재촉 때문에 길을 떠나게 되었다. 닭도 홰칠 때를 기다리는 법인데 형가는 막중한 소명이 무르익을 제 때를 기다리지 못하게 되었다. 어쨌든 떠나는 형가를 위해 태자 단과 고점리 등 형가의 사정을 아는 사람들이 역수(易水) 근방에서 도조신(道祖神 : 길의 신)께 제사를 지내고 여행의 무사를 기원했다. 사람들은 모두 상복을 입고 있었다. 고점리가 축(筑)을 올리고 형가는 여기에 맞추어 노래를 불렀다.

바람 소리 소슬하고
역수는 차가워라.
장사(壯士) 한번 떠나면
다시 돌아오지 않으리.

우성(羽聲 : 가락의 이름)의 분노를 띤 소리가 점점 높아지자 듣는 사람들은 같이 노기를 띠고 머리카락이 곤두서 관을 찌르는 것 같았다.

태자를 만나기 전에 형가·개백정·고점리가 함께 울부짖던 광기(狂氣)와 호기(豪氣)가 이제 역수가에서 소슬한 서북풍이나 역수의 차가운 강물보다 더 매섭게 비장한 울음으로 퍼졌다. 마침내 형가는 수레를 타고 떠나면서 뒤 한번 돌아보지 않은 채 사라져갔다. 남은 사람들의 흰 옷만이 펄럭일 뿐 형가는 긴 그림자를 드리우며 멀어져갔다. 떠나는 사람은 생사를 초월했기에 표표히 사라졌으나 정작 남은 사람들의 가슴은 비애로 가득 찼다. 이 정경은 오랜 세월이 흐른 지금도 뭇사람들의 심금을 울린다.

7. 활극의 끝 ─·─ 비장한 죽음

형가는 진나라의 수도 함양에 도착하자 진왕의 총신인 몽가(蒙嘉)에게 천 금의 뇌물을 바쳤다. 몽가가 진왕에게 연왕이 겁을 내어 번어기의 목과 독항의 지도를 보냈다고 보고하자 진왕은 매우 기뻐하며 구빈(九賓)의 예(禮 : 손님을 대우하는 최고의 예의)를 베풀어 형가를 인견했다. 형가는 번어기의 목이 든 함을 받들고, 진무양은 지도가 든 함을 받들고 앞으로 나아갔다. 계단에 이르자 진무양은 얼굴색이 변하고 두려움에 몸을 떨었다. 여러 신하들이 이것을 괴이하게 여기는 것을 보고 형가는 무양을 돌아보고 웃은 뒤에 앞으로 나아가 말했다.

"북방 오랑캐의 미천한 자가 천자께 배알한 적이 없어서 몸을 떠는 것입니다. 부디 대왕께서는 무례함을 용서해주십시오."

일촉즉발의 위기를 형가는 진정한 담력과 재치있는 언변으로 넘길 수 있었다. 형가의 신색(神色)은 조금도 변함이 없었다. 애초부터 진무양의 그릇됨이 대용(大勇)의 인물은 아니라는 것을 알고 있었으므로 이런 경우를 충분히 예측할 수도 있는 터였다. 이미 생사를 초월한 형가이기에 대사(大事)를 처리함에 조금도 두려움이 없었다.

이윽고 형가는 진왕에게 지도를 바쳤다. 진왕이 두루마리 지도를 다 펼

칠 즈음에 속에 숨겨두었던 비수가 나타났다. 그러자 형가는 재빨리 왼손으로 진왕의 소매를 잡고 오른손으로 비수를 움켜쥐며 진왕을 찔렀다. 진왕이 놀라 몸을 일으켰고 비수는 진왕의 소매를 끊었다. 진왕은 당황하여 달아나고 형가가 뒤쫓으니 여러 신하들은 넋을 잃었다. 그러나 진의 법률에는 전상(殿上)에는 진왕 외에 누구도 무기를 지니고 있을 수 없었다. 그래서 호위 낭중들은 칼을 들고 뜰 아래에 있었으나 왕의 명령이 없으므로 전상에 오를 수가 없었다. 진왕은 놀라 칼을 뽑으려 했다. 그러나 너무 당황한 나머지 칼집을 잡았을 뿐 칼을 한 번에 뽑지 못했다. 형가는 진왕을 쫓았다. 진왕은 형가를 피해 구리기둥을 싸고 돌았다. 이때 시의(侍醫) 하무저(夏無且)가 손에 있던 약주머니를 형가에게 던졌고 좌우에 있던 신하들이 외쳤다.

"대왕께서는 칼을 등에 지고 뽑으십시오."

진왕은 칼을 등에 지고 마침내 칼을 뽑아 형가의 왼쪽 다리를 베었다. 형가는 뒤로 넘어지면서 비수를 던졌다. 그러나 비수는 왕을 비켜나가 뒤의 구리기둥에 맞고 떨어졌다. 일이 틀린 것을 안 형가는 기둥을 잡고 웃으며 말했다.

"진왕을 사로잡아 위협하여 약속을 받아내 태자에게 보고하려 했기에 일이 성사되지 않았다."

그 전에 형가가 역수를 건너기 전에 태자 단이 형가에게 한 말이 있었다.

"조말이 제(齊) 환공(桓公)을 위협했듯 진왕을 위협하며 침략한 땅을 제후들에게 반환케만 한다면 그보다 더 좋은 것이 없소. 그것이 안 된다면 죽여버리시오."

형가는 우선 태자의 뜻대로 6국의 본래 영토를 수복하고 싶었을 뿐, 초지일관 진왕을 죽이려 하지는 않았다. 형가는 태자의 뜻대로 진왕을 추궁하여 확실한 보장을 얻어내고 싶었다. 그러나 이제 모든 것이 끝났다. 형가는 죽었다. 태자 단의 분노와 적개심, 형가의 비장한 각오와 용기, 지조와 충성심도 덧없어졌다. 그 뒤 진은 무섭게 연을 공격했다. 연왕 희와 태자 단은 사력을 다해 진에 맞섰지만 5년여 만에 연나라는 망하고(기원전 22년) 단은 어디론가 숨어버렸다. 역수의 강물은 그대로 흘렀고 강가의 소슬바람은 형가의 체취를 날려버렸다. 그러나 역수에 깃들여 있을 형가의 넋이야 어디를 가겠는가?

한편 형가를 위해 역수 강변에서 비장하게 축을 타던 형가의 지인(知人) 고점리는 변성명하고 남의 고용살이로서 송자(宋子)에 숨어서 노동을 하였다.

어느날 주인집의 손님이 축을 타는 것을 보고 고점리가 참지 못하여,

"이렇게 치는 것은 좋지 않다."

고 평을 하였다. 손님이 말을 듣고 주인에게 보고하니 주인은 고점리를 불러 축을 타게 하였다. 고점리가 용모를 고치고 여러 사람 앞에 나와 축을 타니 눈물을 흘리지 않는 사람이 없었다. 진시황이 이 소문을 듣고 마땅히 죽여야 하나 고점리의 재주를 애석히 생각하여 두 눈만 멀게 한 뒤 축을 타게 했다. 고점리는 축에 납을 부어 넣어 무겁게 만들어 황제를 가까이하는 기회에 번쩍 들어 내리쳤는데 맞지 않았다.

이렇게 해서 한점 부끄럼 없이 살고 싶었던 지사의 마지막 모습은 아침 이슬처럼 사라졌다. 형가와 고점리가 엮어낸 비장함만이 중국인들의 마음속에 지사의 정형으로 남아 오늘에 전한다.

분서갱유(焚書坑儒)의 주역 : 이사(李斯)

계획이 분명하고 시류(時流)에 편승하는 간계가 특출했다. 진의 통일제국 건설에 주역을 담당했지만 멸망의 주역이기도 했다. 통치자에 의한 사상·언론·탄압의 악례인 분서갱유를 단행하여 백성들을 곤궁과 파탄으로 이끌었다.

1. 진(秦) 멸망의 주역

진의 천하통일은 수백 년 동안 지속되었던 제후국가들의 힘의 균형이 무너져 한 국가로 집중된 것이다. 약육강식의 시대였고, 천하에 진정한 주인이 둘일 수 없다는 점에서 당연한 귀결이기도 하다. 결국 진나라의 시황제가 천하의 주인이 되었고 이사(李斯)는 그의 가장 충실한 조역이었다. 기원전 247년에 13세의 어린 나이로 즉위한 진왕 정(政)은 221년 천하통일을 이룩하며 시황제(始皇帝)가 되었고 210년 50세에 죽었다. 이어 2세 황제 호해(胡亥)가 즉위했으나 209년 진승 오광의 난, 항우·유방의 봉기로 말미암아 206년 멸망하였다. 시황제의 천하통일 후 불과 16년 만에 대제국은 무너지고 만 것이다. 진 멸망의 주된 원인으로 생각할 수 있는 것은 진시황의 전제정치와 우민화정책 그리고 인의를 베풀지 않는 포악한 정치를 꼽을 수 있다.

진의 천하통일 및 중앙집권 강화에 큰 역할을 했던 사람이 이사(李斯)였다. 또 분서갱유 등 사상과 학문을 통제하여 우민화정책을 실시했던 사람도 바로 이사였다. 이사의 확실한 계획과 실천은 진의 국가적 요청에 부응했고 당시 시대상황에 적합한 것처럼 생각될 수도 있다. 때문에 그

효과가 직접적으로 크게 나타났다.

시황제는 천하통일의 위업에 대한 긍지가 대단했고 득의만면했기에 자신의 과실(過失)에 대한 말을 듣는 것을 아주 싫어했다.

이사는 시황제에게 과거에 순자(荀子)에게 배운 시경·서경 등을 작위로 인용하여 시황제의 위업과 덕을 칭찬함으로써 시황제의 마음을 흡족케 하였다. 이처럼 이사가 시황제의 사고와 행동, 명령을 정당화시켜주고 예찬해주니 시황제는 자아도취와 자기과시, 과대망상에 흠뻑 젖어버렸다. 승상 위치에 있는 이사로서는 시황제 만년의 정치에 대해 책임있는 말을 했어야 하는데 이사는 전혀 그런 생각이 없었다. 바른말을 한다고 미워하여 태자인 부소(扶蘇)를 변방으로 내쫓은 시황제에게 부자유친(父子有親)에 대한 충언을 해야 할 책임도 있었지만 그는 이를 회피했으며 시황제가 갑자기 죽고 태자가 멀리 변방에 있었으니 나라의 위기를 대의와 정통의 원칙에 의거 처리해야 할 임무도 회피하였다.

시황제가 갑자기 죽은 권력의 공백기에 홀연히 등장한 사람이 환관 조고(趙高)였다. 이사나 진 시황제의 서자(庶子)인 호해는 약간의 대의를 지킬 의지도 없어 조고의 감언이설에 넘어가고 만다.

이사가 정도(正道)를 이탈하여 조고와 호해 편에 서게 된 근본을 생각해보면 권세와 재물에 대한 끊을 수 없는 미련 때문이었다. 조고의 음모와 간계를 간파하고서도 이사는 권력욕에 휩쓸려 조고와 영합하여 호해를 진의 2세 황제로 즉위시킨다. 그리고 후에 천하가 어지러워졌을 때 힘써 간쟁하려 했지만 때는 이미 늦었고 확신도 부족했다. 2세 황제 호해, 승상 이사, 환관 조고 이 세 사람은 진 멸망의 주역이라 할 수 있다. 우선 이 세 사람의 인물됨을 알아보기로 한다.

이사는 초(楚)나라 상제(上祭) 사람으로 일찍이 순자(荀子)의 문하에서 공부하였다. 천성이 재물과 권력을 좋아하여 초가 약소하여 뜻을 펼 기회가 적을 것이라고 판단하고 진나라로 들어가서 재상 여불위(呂不韋)의 사인(舍人)이 되었다가 여불위의 소개로 진왕을 배알할 기회를 얻자 간교한 언변으로 믿음을 얻었다. 그 후 20여 년 후에 마침내 진이 천하를 통일하자 승상이 되어 무릇 학문을 하는 사람들은 황제의 권위를 떨어뜨리고 법률과 제도를 비난하며, 스스로 자신을 높여 무리를 모아 비방하는 법이라고 왕을 현혹하여 모든 문학·시서(詩書)를 없애는 분서갱유를 단행하였다.

2세 황제 호해는 진시황이 죽자 처음엔 적자(嫡子) 부소(扶蘇)에게 왕위를 물려줘야 한다고 즉위를 거절하였다. 그러나 천성이 겁이 많고 어리석어 조고와 이사의 유혹을 뿌리치지 못하고 겁난에 뛰어들었다. 호해는 즉위한 뒤 이들의 간계로 점점 흉포해져 무고한 인명을 수없이 살해하여 흉군(凶君)의 전형이 되었다.

조고는 진시황의 환관이었다. 몸이 거세당하여 세속의 즐거움을 누리지 못하는 대신 권력에 대한 집착이 대단했다. 또한 심계(心計)에 능하고 언변이 좋아 진시황의 신임을 얻었다. 권세를 얻기 위해서는 수단방법을 가리지 않았고 진시황이 죽은 뒤 호해, 이사와 결탁하여 호해를 즉위시킨 후 무소불위(無所不爲)의 권력을 얻었다. 사람이 음험하고 간사하여 진의 멸망을 재촉하였다.

2. 이사의 인생관

이사는 젊을 때에 순자(荀子)의 문하에서 공부하여 고을의 관리가 되었다. 그의 일생을 훑어보면 작은 고을의 관리에서 시황제의 통일천하를 보좌하는 지체높은 재상으로 급상승하고 만년엔 오형(五刑)을 받아 처참하게 죽는다. 일찍이 권력에 뜻이 있어 진시황을 찾아가 득세하였으나 지나친 탐욕으로 말미암아 참혹한 죽음을 자초한 것이다.

이사는 어느날 뒷간에 있는 쥐가 개나 사람의 발소리에도 겁을 먹고 달아나는 것을 종종 보았는데 곡식창고의 쥐는 곡식을 먹어 살이 쪘고 사람이나 개가 다가가도 크게 놀라는 빛이 없고 또한 넓은 곳에서 살고 있는 것을 보았다. 이것을 보고 이사는 탄식하며 말했다.

　"인간의 현명함과 우매함은 쥐와 비유하면 스스로 어디에 있느냐가 가름하는구나."

　그리하여 이사는 약소국인 초왕은 섬길 만한 군주가 못 된다고 단정하고 서쪽의 진을 찾아가기를 결심한 후 스승인 순자에게 말했다.

　"누구든 때를 만나면 지체해선 안 된다고 저는 들었습니다.……지금이야말로 무위무관(無位無官)의 평민들이 동분서주할 때이며 유세자(遊說者)들에겐 다시없는 호기입니다. 비천(卑賤)한 것보다 부끄러운 것이 없으며 곤궁(困窮)한 것보다 심한 슬픔은 없습니다. 오랫동안 비천하고 곤궁한 처지에 있으면서 부귀영화를 비난하여 무위(無爲)의 생활을 하겠다는 것은 사(士)의 진정이 아닐 것입니다. 그래서 저는 서쪽으로 가서 진왕에게 유세해보겠습니다."

　이사의 인생관은 확실했다. 힘닿는 데까지 부귀영달을 얻어 비천과 곤궁에서 벗어나야 하며 그렇기 위해서는 온갖 수단과 방법을 가리지 않고 기회를 포착해야 한다는 것이다. 그리하여 창고 속의 쥐처럼 배부르고 여유가 있어야지 결코 뒷간의 쥐와 같이 세상의 제도를 두려워하는 신세가 되어서는 안 되며, 사람이 현명하고 우매한 것은 인품이 아니라 오직 어떤 자리에 있느냐에 달려 있다는 것이다. 높은 자리에 있으면 현명하고 유식한 것이며 아무리 현명하다 해도 하급관리로 머물러 있으면 춥고 배고프고 위세에 떨기만 할 뿐 어느 누구도 그 현명함을 모른다는 인생관이었다.

　이런 인생관을 가진 이사는 이제 그런 시운이 도래했다고 생각했고 관운이 형통하기만 하면 마음껏 권세를 누릴 것으로 생각했다. 과연 그 뒤 이사는 대국의 승상의 자리에 올랐고 아들들은 공주를 아내로 맞이했으며 딸들은 황족에게 시집갔다. 한번은 이사의 큰아들 이유(李由)가 삼천군(三川君) 태수로 있다가 휴가차 왔을 때 이사가 주연을 베풀었다. 그러자 백관들이 모두 와서 축수하였는데 뜰에는 그들이 타고 온 수레가 수천 대나 되었다. 그때 이사가 말했다.

　"지금 신하로서 나보다 위에 있는 사람이 없으며 부귀는 극에 도달

했다. 사물은 극에 달하면 쇠퇴하는 법이니 앞날의 길흉화복을 알 수 없
도다!"

이사는 사물이 지나치게 성대한 것을 경계해야 한다는 말을 스승에게서
들었다. 그렇지만 그는 가르침을 유념하여 실천하지는 못했다.

3. 출세의 시작

진에 들어간 이사는 처음엔 여불위의 사인(舍人)이 되었으며 여불위의
천거로 진왕에게 유세할 기회를 얻게 되자 다음과 같이 말하였다.

"틈을 잘 가누지 않고 때를 막연히 기다리는 것은 좋은 기회를 놓칩
니다. 지금 제후들이 진에 복종하기를 마치 진의 군현(郡縣)과도 같이 합
니다. 이러한 진나라의 강력한 국력과 대왕의 현명함을 볼 때 천하를 통
일하는 것은 마치 아낙네가 먼지를 쓸어내듯 쉬운 일로써 제후들을 물리
쳐 천하를 통일할 수 있는 만세에 한 번 있을 좋은 기회입니다. 만약 지금
의 좋은 기회를 놓치면 제후들은 다시 강대해져서 서로 합종이라도 맺으
면 비록 황제(黃帝)와 같이 현명하더라도 천하를 병탄(竝呑)하지 못할 것
입니다."

기회를 얻었다면 태만해서는 안 된다는 요지이다. 무릇 큰 공을 세우는
사람들은 틈을 보면 지체하지 않고 일의 성사를 위해 매진한다. 또 대의
를 위해서 사사로운 감정을 버리며 설혹 마음에 맞지 않은 데가 있어도
참고 기다린다. 그러나 다만 막연히 기다려서는 안 되고 지금은 제후 6국
이 약소하여 진의 위세에 눌려 있으니 6국의 세가 강대해지기 전에 공격
하여 천하를 통일할 때라고 이사는 주장했다.

천하통일의 야망을 숙원하고 있던 진왕은 곧 이 계략을 받아들여 이사
를 장사(長史)에 임명하고 모사(謀士)들에게 황금을 주어 몰래 제후국의
병사들에게 보내어 회유하였다. 또 임금과 신하의 사이를 이간시켜 스스
로 내분이 일어나게 하였다. 이런 계책이 성공하자 이사는 객경(客卿 : 외

국인의 대신(大臣))의 지위에 올랐다. 그러나 왕실 종친과 대신들 사이에 외국서 흘러들어온 사람은 믿을 수 없다는 여론이 일어나 진왕은 축객령(逐客令)을 내려 이사도 벼슬을 내놓고 쫓겨나게 되었다. 이에 이사는 간축객서(諫逐客書)를 올려 자신의 소견을 밝혔는데 합리적이고 문채있는 훌륭한 글로서 지금까지 전해지고 있다.

그 내용은 우선 역사적으로 볼 때 외국의 인재를 이용하여 부국강병을 이룩한 진의 전통은 매우 훌륭하다는 것과 과거의 외국의 인재들이 모두 진을 위해 큰 공을 세웠다는 것을 강조한 다음 현실적으로 지금 진의 보물과 문화가 모두 외국에서 흘러온 것이고 토착 문물은 볼만한 것이 없다는 것을 말하여 외국의 문화, 미인, 음악 등을 받아들이되 인재를 배척한다는 것은 옳지 않다는 것을 강조했다. 또 외국 인재라고 하여 모두 내쫓으면 그 인재들이 6국으로 흩어져 6국을 강하게 할 것이니 진에 이로울 것이 없다는 결론을 내렸다.

이 상서를 읽은 진왕은 즉각 축객령을 철회했고 이사를 복귀시켜 정위로 임명했다. 그 후 20여 년 동안에 진은 마침내 천하를 아우르고 진왕은 스스로 자신의 덕이 삼황(三皇)에 버금간다고 하여 시황제(始皇帝)로 즉위하였으며 이사를 승상으로 삼았다.

4. 분서갱유(焚書坑儒)

통일제국의 대업을 이룩한 이사의 정책은 가히 혁신적이었다. 이 때문에 이사는 보수적인 사람들의 비난을 받았다. 그들은 주(周)의 봉건의 예에 따라 황족 자제와 공신들을 제후로 삼아야 한다고 주장했다. 옛 법도를 본받지 않고서야 장구히 존속할 수 없다는 보수파의 논거에 대해 이사는 춘추전국시대의 그 많은 전쟁과 약육강식 쟁탈전의 근원은 바로 제후들 때문이라고 반박했다. 그러면서 나아가 옛 일을 근거로 현재의 일에 대한 시비를 근본적으로 봉쇄하기 위하여 소위 분서갱유라는 초강경책을 건의했다.

"지금 폐하께서는 천하를 병합하시고 사물의 흑백을 구별하였으며 유일한 존호(尊號 : 황제 칭호를 뜻함)를 결정지었습니다. 그러나 학문하는 자들은 서로 모여 폐하의 법제를 비난하고 새로운 법령이 제정될 때마다 각자가 배운 것만 가지고 집 안에선 혼자서 틀렸다고 생각하고 밖에 나와서는 여러 사람과 의논합니다. 또 주상에 대한 비난으로 자신의 명성을 얻으려 하고 이설(異說)을 내세워 고상한 척 하며, 아랫것들을 긁어모아 나라에 대한 비난을 일삼고 있습니다. 이와 같은 짓을 금하지 않으면 주상의 힘은 꺾여 실추되고 아래로는 당파세력이 형성됩니다. 원컨대 모든 문학·시경·서경·제자백가서를 폐기하시고 이런 금령이 하달된 지 한 달이 지나도 폐기하지 않는 자들은 먹실을 넣는 형을 가하여 축성(築城)하는 죄수로 만드십시오. 다만 의약·점복·농사에 관한 책들만 남겨둘 것이며 학문을 하겠다는 자는 관리를 스승으로 삼게 하면 될 것입니다."

이사는 국가시책에 대한 백성들의 일반적인 의견도 황제에 대한 비난이라고 생각하여 자연스럽게 여론을 압살하고 사상을 철저히 통제하는 정책을 실시했다. 그리하여 전제권 확립을 위한 우민화정책을 강력히 추진하였다.

제자백가의 사상은 학문의 자유를 바탕으로 꽃피웠고 오늘날까지도 중국의 모든 사상의 근원이 되었는데 그 제자백가서를 모두 없앤다는, 인류사상 초유의 분서(焚書)와 학자들을 묻어 죽였다는 갱유(坑儒)가 저질러졌다. 이러한 이사의 건의는 시황제의 뜻과 완전히 영합하여 이사의 지위는 이로써 더욱 공고해져서 시황제의 총애를 받았다. 이때부터 황실과 이사의 자녀들과의 혼인이 이루어지기 시작하였는데 황실과의 정략결혼으로 이사 일족의 부귀영화는 천하를 진동시켰다.

일반백성과 반대파에 대한 철저한 탄압과 포학정치를 계속하여 일신일문(一身一門)의 존귀·영화·호사를 누렸으니 이사는 자신의 평생의 뜻과 욕망을 모두 성취한 셈이다.

5. 몰락의 전주(前奏)

시황제 37년 10월, 지방을 순시하던 시황제는 낭야(琅邪 : 지금의 산동성(山東省))에 이르자 병세가 악화되더니 사구(沙邱)에서 죽었다. 당시 시황제에게는 20여 명의 아들이 있었는데 강직하고 굳센 성품으로 백성들의 신망을 얻고 있던 태자 부소(扶蘇)는 임금에게 바른말을 자주하여 왕의 미움을 받아 흉노족에 대비하여 상군(上郡)에 설치한 파병군의 감독으로 변방에 나가 있었다.

시황제는 죽기 전에 환관 조고에게 명하여 태자에게 편지를 보내게 했다. 그 편지에는 군사는 몽염(蒙恬)에게 맡기고 함양(咸陽)에 와서 황제의 운구를 맞이해 장례를 치르라는 내용이 들어 있었다. 그러나 그 편지가 발송되기 전에 이미 시황제는 죽었다. 그 편지와 옥새는 모두 환관 조고(수레를 관장하는 중거부령(中車府令)이란 직책에 있었다)의 손에 들어갔다. 이에 흑심이 생긴 조고는 장자를 폐하고 서자를 옹립하려는 엄청난 음모를 꾸몄다. 조고는 먼저 시황제를 따라온 유일한 왕자 호해(胡亥)와 이사를 회유하여 이사로 하여금 부소를 죽이는 일에 찬성하고 직접 참여케 한다. 그리고 자신의 뜻대로 호해를 황제로 옹립하였다. 이런 일련의 과정에서 이사는 여러 번 물러섰으나 결국 조고와 합류했다.

조고는 교활하고 노회(老獪)하며 또 악독한 본 모습을 진시황의 죽음을 계기로 서서히 드러냈다. 이사는 자신의 안일과 권세유지에 급급했고 겁쟁이의 나약한 모습으로 조고의 간계에 한 발짝씩 빠져들어갔다. 이사는 처음에는 승상으로서의 임무를 수행하려 했다. 그러나 교활한 조고는 황제가 호해를 태자로 삼으라고 했다고 거짓말을 했고 옥새는 자기 손에 있다는 말로 이사를 떠보았다.

이사는 이에 대해 '이런 일은 신하가 논의할 바 아니다.'고 하며 방관적인 태도를 취했다. 결국 이사의 이런 미온적인 태도는 조고에게 자기 계획이 성공할 수 있다는 확신을 주었다. 조고는 시황제의 옹립이야말로 절실한 이해관계가 따른다며 호해의 장점을 말하고 이사의 솔직하고 구체적인 의견을 요구했다.

"황제의 명을 따르는 것은 곧 천명에 순응하는 것이거늘 다른 무슨 생각이 있겠소?"

이사는 결코 자기 주관을 내세우지 않았다. 그렇다고 반대나 찬성도 없었다. 그러면서도 마음속으로 자신의 이해득실을 계산했고 의견의 유보에 의한 수동적 긍정을 내보이며 명분과 실리를 모두 취하려는 애매한 태도를 끝까지 견지했다. 이윽고 천하대권의 향방이 결정되었을 때 이사는 하늘을 보고 눈물을 흘리면서 탄식했다.

"난세를 만나 이제는 죽을 수도 없으니 내 목숨을 어디에 맡겨야 하나?"

일국의 재상이 나라와 자신의 목숨을 환관에게 넘겨주고 누구를 탓할 수 있겠는가? 스스로 난세에 처했고 스스로 험지를 만든 것은 이사의 욕망이었다. 이사는 재상이 될 만한 그릇이 아니었음에도 시운을 만나 일인지하 만인지상(一人之下 萬人之上)의 권세를 얻었으나 마침내 달이 차면 기울듯 이사의 권세에도 틈이 생기기 시작한 것이다. 이렇게 하여 호해와 조고, 이사는 공모하여 시황제의 친서를 거짓으로 작성하여 태자 부소를 자결하게 하였다.

함양에 돌아와서야 호해와 조고, 이사는 비로소 시황제의 죽음을 공포하고 호해는 2세 황제로 즉위했다. 이로써 실질적인 실권은 조고가 지니게 되었다. 조고는 2세 황제 호해에게 황족 중에 새 황제의 즉위를 의심하는 자가 많으니 제거하라고 주청했다. 2세 황제는 시황제의 여러 아들과 딸들을 조고에게 넘겨 몰살케 하고 재산을 국고로 환수했다.

6. 아부와 무치(無恥)의 극점

이사는 조고와 비교할 수도 없는 최고의 직위에 있었지만 조고의 뜻을 거역하지 않으려고 노력했다. 말하자면 조고에게 위탁한 셈이었다. 이것은 비단 직위의 문제가 아니었다. 조고가 호해를 2세 황제로 옹립시킨 일등공신임에 틀림없었고 황제 침소까지 직접 살피는 무형의 최상권력을 지니고 있었기 때문이다. 이사는 또 2세 황제의 뜻에 아부하고 영합하여 이지(理智)를 상실하고 맹종하였다.

진의 학정에 최초의 반기를 든 진승·오광의 무리들이 이사의 아들이 태수로 있는 삼천군을 휩쓸고 다니자 그를 진압 못 한 책임이 이사에게까지 비화되었다. 이에 이사는 자기의 벼슬이 떨어질까 두려워 조고를 통해 2세 황제에게 장문의 글을 올렸다.

이 글에서 이사의 추악함은 여지없이 폭로되었다. 이사는 2세 황제의 뜻에 영합했을 뿐만 아니라 더 나아가 폭정을 실행토록 부추겼다. 수많은 인명의 살상과 자신의 영달을 맞바꾸려는 행동에 대해 조금도 애석함이 없었으니 추악의 극치에 이른 글이었다. 무릇 천하를 소유한 자는 마음대로 생각을 펼칠 수 있으니 가벼운 죄도 중벌에 처하고 무거운 죄는 일족을 몰살시켜 백성들을 위협하고 박해하는 길이 곧 통치자의 지위를 공고히 하는 길이라고 주장했다. 또 이사는 정인군자(正人君子)의 제거와 보편적 관념의 배척이라는 일반상식에 어긋나는 역설을 늘어놓았다. 글의 내용은 대략 다음과 같다.

"제왕의 술책을 마음껏 써서 간언하는 신하를 억제하여 엄격하고 가혹한 법률을 제정해야 합니다. 이렇게 되면 황제는 존중되고 권위는 무거워집니다. 대체로 현명한 군주는 반드시 세속의 상식을 멀리하고 풍속을 고쳐나가면서 자신이 싫어하는 것을 없애고 좋아하는 것을 키워나가는 것입니다. 이렇게 되면 살아서는 존귀한 권세를 누리고 죽어서는 현명함을 칭송하는 시호를 받게 됩니다. 따라서 현명한 군주는 정치를 독단할 수 있고 신하에게는 권한이 없게 됩니다. 이리하여 인의(仁義)로의 길을 차단하고 이론가의 입을 막고 열사(烈士)의 행위를 누르고, 남의 언행을 무시하여 혼자 보고 혼자 들을 수가 있습니다. 밖으로는 인의열사(仁義烈士)의 행위에도 황제의 마음이 기울어지지 않고, 안으로는 신하의 바른말도 황제의 마음을 뺏을 수 없게 됩니다. 이렇게 하면 황제께서 혼자 초연하게 마음대로 행동하셔도 감히 거역하는 자가 없을 것입니다.”

　일반 상식을 가진 사람은 도저히 생각할 수 없는 글이다. 임금을 보좌하는 신하로서 염치와 상식을 모르는 후안무치의 궤변이요 어처구니없는 망언이라 아니 할 수 없다. 천하통일의 대업을 보좌한 이사가 이런 말을 했다는 자체는 사람의 본바탕에 가지고 있는 사상이 그 사람의 일생을 어떻게 결정할 수 있는가를 보여주는 실례라 할 수 있다. 진시황을 보좌한 본질은 출세욕이었고 2세 황제에게 이런 아부의 궤변을 늘어놓은 것도 기존의 부귀영화를 보존하려는 데에 그 본질이 있다. 일찍이 합리적이고 정확한 논리의 소유자가 이제는 자신의 학문과 지식을 총동원하여 아부에 급급하는 인물로 전락한 것이다.

7. 파멸 —— 누렁개를 끌고 사냥이나……

　이사는 파멸의 길목에 접어들었는데도 끝까지 어리석었다. 그는 자신의 부귀영화를 유지하려고 몸부림쳤기에 더욱더 어리석은 짓을 했다. 즉 자기의 지위만 유지된다면 조고한테 당하는 굴욕정도야 아무렇지도 않다고 생각했다. 그러면서 한편으로 2세 황제에게 일말의 희망을 걸고 있었다. 그러나 이사는 황제가 어리석고 우매한 사람인 줄 모르고 있었다. 2세 황제는 조고에 의해 외부와 완전히 차단되고 조종되고 있었기에 조고에 대한 이사의 비판은 아무 효과도 없었다.

　이사는 드디어 조고의 모략으로 황제의 미움을 받아 구속되었다.

 "아 ! 슬프도다. 부도(不道)한 군주에게 무슨 계책을 펼 수 있겠는가?
옛날 하(夏)의 걸왕(桀王)은 관용봉(關龍逢)을 죽였고 은의 주왕(紂王)은
왕자 비간(比干)을 죽였으며 오왕 부차(扶差)는 오자서를 죽였다. 이 신하
들은 결코 불충하지 않았지만 죽어야 했다. 그들이 죽은 것은 충성을 받
을 군주가 무도했기 때문이다. 지금 나의 지혜는 이들 신하보다 못하고
황제의 무도함은 이들 군주보다 심하다."

 이사는 감옥에 갇혀서 조고의 수없는 신문에 고통을 이기지 못하고 거
짓 자백을 하였다. 그러면서도 이사가 감옥에서 자결하지 않은 것은 자신
이 진나라에 큰 공로가 있고 사실 모반할 마음이 없었기 때문에 글을 올
리면 다행히 화를 면할 수도 있다고 생각한 까닭이다. 그래서 이사는 자
신이 세운 큰 공적 일곱 가지를 은연중에 내비치며 황제의 용서를 빌었지
만 황제의 손에 들어가기 전에 조고에 의해 갈기갈기 찢기고 말았다. 오
히려 조고는 자기의 빈객들을 어사(御士) 등의 직책으로 변장시켜 번갈아
가며 이사를 심문케 하였다. 이사는 이들이 임금이 보낸 사자인 줄로 생
각하고 사실대로 고백하였는데 그때마다 조고는 매질을 하였다. 이렇게
몇 번을 하고 나자 이사는 매질이 무서워 정작 황제의 사자가 왔을 때는
호소하려고도 않고 죄만 자백하였다. 마침내 이사는 2세 황제 즉위 2년
(기원전 208년) 7월에 오형(五刑 : 얼굴에 먹물을 들이고〔黑刑〕, 코를 베고
〔劓刑〕, 발꿈치를 자르고〔剕刑〕, 거세하고〔宮刑〕, 목을 자르고〔大辟〕)을 받았
고 시체는 함양 저자거리에 버려졌다.

 이사는 감옥을 나와 둘째 아들과 같은 밧줄에 묶여 형을 받으러 가면서
말했다.
 "난 너와 함께 누렁개를 데리고 고향 상채(上蔡)의 동문 밖을 나가 토끼
사냥이나 하고 싶었는데 이제는 틀렸구나."

 죽음은 사람을 제 자리, 제 모습으로 돌려놓고 태어날 때의 착한 마음
으로 돌아가게 하는가? 누렁개를 끌고 아들과 함께 동문을 나서는 이사
의 모습에서는 사악한 계책을 꾸미고 음험한 간계로 백성들을 현혹시키던
모습은 찾아볼 수 없을 것이다. 그러나 이미 때는 늦었고 이사는 아들과

함께 처형장으로 끌려가고 있다. 평생동안 공명(功名)과 재물에 심취한 결과는 자신의 몸과 마음을 더럽혀 끝내는 참혹하게 죽임을 당하는 운명이 된 것이다. 이사는 천하통일의 위업을 보좌한 공신으로서 모든 부귀영화와 권세의 중심에 서 있었다. 신하로서 누릴 수 있는 영달은 다 누리었다. 그러나 권력은 무상한 것이어서 어느덧 수형(受刑)의 몸이 되어버린 것이다.

사람이 기회를 포착하기는 매우 어려운 일이다. 자기도 모르는 사이에 기회는 지나쳐버리고 기다리면 쉽게 오지 않는다. 그런데 이사는 자신에게 주어진 기회를 놓치지 않았다. 바람을 보고 돛을 올렸고 시운에 맞춰 노를 저었다. 그러나 그것은 부귀와 권세만을 추구하는 사사로운 집착이어서 스스로 흐름을 바꾸지는 못했다. 그는 시황제의 권위에 편승하여 상승했다가 2세 황제의 우매함과 조고의 사악에 밀려 몰락해버렸다. 이사의 일생은 특별한 시대적 상황 속에서 오직 이기와 공명만을 추구한 인물의 부침(浮沈)을 여실히 보여주고 있다.

8. 환관 조고 —— 음모의 시발점

이사를 죽이고 나아가 진의 멸망을 촉진시킨 장본인 중 하나가 환관 조고였다.

조고는 교활·음흉·독살스러웠고 심계(心計)가 깊었다. 조고는 시황제의 죽음을 가장 측근에서 목격하며 대권을 수중에 넣을 수 있다는 생각을 했다. 그리하여 2세 황제와 이사를 회유했다. 조고는 내실에서 임금을 보필하는 환관의 신분이었으므로 손쉽게 왕이 죽기 직전에 태자 부소(扶蘇)에게 내리는 편지와 옥새를 손에 넣었다. 그 편지에는 진시황 자신의 관을 맞아 장례하라는, 부소에게 지시하는 글이 씌어져 있었다. 그러나 이 편지는 조고의 수중에 들어가고 말았다. 조고는 호해를 회유했다.

"남을 신하로 삼는 것과 신하로서 남을 섬기는 것, 또 남을 제압하는 것과 제압받는 것은 가는 길과 오는 길이 다르듯 전혀 다른 일입니다.”

조고는 호해에게 권위지상주의적 충동과 태자 부소가 즉위하면 아무것도 차지할 것이 없다는 현실과 비교시켜 호해의 욕망을 자극했다. 그러나 권세욕, 소유욕에 충동이 된다 하더라도 그럴 듯한 명분이 있어야 한다. 즉 이론적 근거를 마련 못 해 자기 합리화를 시키지 못하면 행동으로 옮기는 데 누구나 주저하게 된다. 조고는 궤변을 동원하여 호해의 결단을 촉구한다.

“큰 행동을 하는 사람은 작은 도의를 돌아보지 않고 큰 덕이 있는 사람은 일을 사양하지 않습니다. 그러므로 작은 일에 구애되어 일을 주저하면 나중에 큰 화를 입는 법입니다. 지금이야말로 공자께서 큰 덕을 쌓을 다시없는 기회이니 모쪼록 결단을 하시기 바랍니다.”

조고는 이와같이 천하대권을 인수할 사람은 호해밖에 없으며 이것은 하늘이 주신 기회이니 천자의 자리를 물려받으라고 설득하였고 호해는 결국 설복당하였다.

그러자 조고는,

“승상과 의논하지 않으면 일이 그릇될지 모릅니다.”

하고 말하며 이사를 공조자로 끌어들이면서 음모의 주도권을 놓치지 않았다. 조고는 이사에게,

“장자에게 내린 조서와 옥새는 호해 왕자의 손에 있습니다. 태자를 세우는 일은 이제 승상과 나의 손에 달렸습니다.”

라고 말하여 이사를 자기 편으로 끌어들이고 자신의 위치를 과시하는 것도 잊지 않았다. 조고는 이사가 현재의 지위를 놓치기 싫어한다는 사실을 알고 적자를 폐하고 서자를 세우는 데 따른 이해득실을 열거하며 이사의 동참을 확실하게 유도했다. 특히 장자인 부소가 황제가 되면 이사는 부소의 충실한 후원자인 몽염에게 밀려 승상의 자리에서 쫓겨날 것이라고 위협했다.

“승상은 몽염보다 재능이 낮다고 생각하십니까? 몽염보다 큰 공을 세웠습니까? 원대한 계획을 세우고 실수를 범하지 않는 면에서 몽염보다

낮습니까? 백성들로부터 원한을 사지 않는 사람은 누구이겠습니까? 또 장자 부소와 오랫동안 사귀며 신뢰를 두텁게 한 쪽은 어느 쪽입니까? 이 다섯 가지 면에서 승상이 몽염보다 나은 것이 있습니까?"

사실 이사는 장군 몽염을 당할 수가 없었다. 이사의 열세가 이미 조고에 의해 드러난 이상 이제는 막강한 승상이 아니었다. 부소가 즉위한다면 자신의 지위는 사실상 끝이라는 것을 헤아리는 순간 이사는 갑자기 조고의 기세와 음모에 압도당하면서 무너졌다.

조고의 정곡을 찌르는 변설에 이사는 한 걸음씩 후퇴했다. 이사가 당황하며 두려움을 느끼는 순간순간에 조고는 이사의 동정을 정확하게 읽어가면서 일이 성사되었을 때 이사에게 돌아갈 명성과 부귀영화를 들어 이사의 판단을 흐리게 했다.

"승상께서 저의 말을 듣는다면 오래도록 승상자리를 유지하실 수 있고 자손에게 그 영화를 물려줄 수 있을 것입니다. 또 교(喬 : 왕자의 이름)나 적송자(赤松子)같이 장수하며 공자(孔子) 묵자(墨子) 같은 지혜를 누릴 것입니다. 그러나 이 계책을 따르지 않는다면 화가 자손에게까지 미칠 것이니 어느 편에 몸을 두시겠습니까?"

결국 이사도 설복당하여 조고 음모의 제일막은 이렇듯 순탄하게 성사되었다. 조고의 교활함과 음험한 흉계가 구석구석 드러나는 장면이었다.

9. 지록위마(指鹿爲馬)

사구에서의 음모로 마침내 호해는 2세 황제로 즉위했고 조고는 낭중령(郎中令)이 되어 정권을 장악하여 황제의 다른 형제들과 대신들을 죽여 찬탈행위의 방해자들을 제거했다. 사기(史記)에는 이렇게 씌어 있다.

"……이에 뭇 신하들과 왕자들이 누명을 받아 조고에게 문초받았다. 조고는 여러 대신과 몽염 일가를 죽였고, 공자 열두 명을 함양 저자에서 살육하고 열 명의 공주는 장안 근교에서 거열형(車裂刑)에 처했다. 그들의 재산은 모두 국고에 몰수되었고 이에 연루되어 죽은 자는 이루 다 셀 수가 없었다.”

진나라 조정은 글자 그대로 쑥대밭이 되었고 조고의 잔인·흉폭함은 더욱 극악해졌다.

조고는 황제에게 올라오는 보고나 건의를 혼자 다 처리했다. 2세 황제는 깊은 궁궐에서 황음과 질탕한 놀음에 빠져 국정을 돌보지 않았고 그에 따라 조고의 위세는 높아져갔다.

“천자(天子)가 존귀하다는 것은 다만 음성만 들을 뿐 뭇 신하들이 용안을 볼 수 없기 때문입니다. 그래서 천자는 짐(朕)이라 부르는 것입니다. 그리고 폐하께서는 춘추가 젊으시어 아직 여러 정사에 능통하지 못하시니 조정에 나오셔서 혹 부당한 처사를 내리시면 폐하의 단점이 드러나게 되어 폐하의 영명하심이 손상을 받게 됩니다. 그러니 폐하께서는 다만 궁궐 깊은 곳에 계시면서 인생을 즐기시고 저나 법에 익숙한 시중이 안건을 기다렸다가 상주하면 같이 의논하여 처리하십시오.”

말 한마디 한마디가 충성스럽지만 그것은 권력을 장악하기 위한 조치였고 2세의 동의를 얻기 위한 흉계였다. 이제 황제는 조정에 나오지 않았고 모든 정사는 조고가 주재했다. 조고는 너무 쉽게 특전을 얻어냈고 천자의 위세를 끼고 대신들을 협박했다. 이제 승상 이사는 필요없는 존재였다. 조고의 간계에 의해 이사에 대한 황제의 분노는 폭발했고 이사는 점점 수렁에 빠져들었다. 이사에 대한 황제의 결심이 굳어지기를 기다려 조고는 결정적인 모함을 했다.

“이사의 큰아들이 삼천(三川) 태수로서 반도들과 내통하고 있으며 밖에서의 백성들에 대한 승상의 위세는 폐하보다 더합니다.”

이렇게 하여 이사가 죽자 조고는 중승상(中丞相)이 되어 크고 작은 일을 막론하고 모든 결재를 주관하니 조고의 권세는 천지를 진동하였다. 그러나 조고는 이에 만족하지 않았다. 마지막 지엄하고 숭고한 자리——황제의 자리를 탐했다. 조고는 자신의 권세와 지위가 황제 못지 않은 것을 알고 시험삼아 사슴을 바치면서 말했다.

“여기 폐하께 멋진 말을 한 필 드리겠습니다.”

왕이 깜짝 놀라서 좌우의 백관들에게 물었다.

“이것은 사슴이 아니오?”

그러자 모두 조고를 두려워하여 대답하였다.

“말입니다.”

2세는 자신의 정신착란을 의심하여 태복(太卜)에게 점을 치게 하였다. 태복이 말하였다.

“폐하께서 종묘에 제를 지낼 적에 목욕재계를 깨끗하게 하지 못하여 이런 지경에 이르렀으니 덕을 닦으시고 재계를 정히 하심이 상책이옵니다.”

이렇게 해서 왕은 상림원(上林苑)에서 매일 사냥을 하며 놀았다. 그러다가 조고의 간계로 망이궁(望夷宮)으로 옮겼을 때 조고는 수하들을 데리고 궁으로 쳐들어가서 왕을 위협하여 자살하게 하였다. 그런 다음 조고는 옥새를 몸에 지니고 스스로 천자가 되려고 하였으나 좌우 백관 중 누구도 복종하는 자가 없었다. 조고는 자신이 궁전에 올라가자 궁전이 깨질 듯 세 번 진동하는 것을 보고 왕이 되기를 단념하고 옥새를 자영에게 주었다. 그러나 자영은 즉위하자마자 조고의 반심을 두려워하여 죽이고 삼족을 멸하니 희대의 간신인 조고도 참혹한 종말을 맞이했다. 그러나 진나라도 이미 기울어 돌이킬 수 없는 지경에 이르러 있었으니 위정자들이 권세에 눈이 멀어 국정을 돌보지 않았던, 스스로 멸망을 자초한 것이었다.

10. 2세 황제 —— 혼군(昏君)의 전형

2세 황제 호해는 군주의 덕망과 인품을 갖추지 못한 우매한 임금, 혼군(昏君)의 전형이었다. 호해의 부화(腐化), 잔악, 폭거, 무지와 어리석음은 정도를 초월했다. 호해는 대제국을 멸망으로 이끌었고 서자의 신분으로 왕권을 강탈하여 군왕의 법도를 어지럽혔고 폭정을 일삼아 폭군의 전형이

132

되었다. 호해의 인물됨은 즉위 초에 조고에게 한 말에 나타나 있다.

"대체로 사람이 태어나 세상을 사는 것은 말 여섯 필이 끄는 수레를 문 틈으로 보는 것과 같이 빠르게 지나가오. 짐은 이제 천하를 얻었으니 사는 동안 즐거움을 누리고 천수를 다하고자 하는데 어떻게 하면 좋겠소?"

이미 이 말 속에는 일국의 군주로서의 덕망이 없다. 백성을 생각하고 걱정하는 대왕의 풍모는 어디에서도 찾을 수 없고 다만 짧은 인생을 어떤 쾌락을 맛보며 살까 하는 탐욕만 드러나 있을 뿐이다. 적자가 아닌 몸이 창졸간에 임금이 되었다고 하나 범인보다 못한 군주였다. 그리하여 즉위하여서도 일개 환관의 노리개로 전락하여 나라의 운명은 기울어가는데도 여색과 음주에 빠져 허울뿐인 왕이 되었다. 자고로 지혜가 부족하면 주먹을 쓴다는 말이 있다. 호해는 앞뒤 분별없이 무고한 사람을 죽였는데 그 당시 상황을 사기는 이렇게 기록하고 있다.

"길가는 사람의 절반은 수형자(受刑者)였다. 시체는 날마다 저자거리에 쌓였고 사람을 많이 죽이는 사람이 충신이었다."

호해는 또 사리를 분별하는 능력이 없어 간신과 충신을 가려서 등용하지 못했다. 언젠가 이사가 호해에게 조고를 비난하자 호해가 말하였다.

"무슨 소리요? 조고는 스스로 노력해서 현재의 지위를 얻은 것이오. 짐에게 충성을 다해 승진한 것이고 짐은 그를 어진 사람으로 생각하오. 짐이 그를 믿지 않으면 누구를 믿겠소? 그를 의심해서는 안 되오."

호해는 이처럼 조고를 믿었으나 결국 조고에 의해 죽었다. 무능한 집권자의 말로였다.

한편 진 왕조의 정치·경제 방면의 개혁은 발전적인 면도 있었다. 제후 국가들의 난립으로 문란했던 화폐제도와 도량형을 통일하여 중앙집권 국가로서의 기틀을 마련하였다. 그러나 시황제의 폭정과 뒤를 이은 호해의 무능으로 민심을 잃어 왕조로서의 기반을 잃고 결국 멸망하고 말았다. 이렇게 하여 중국 역사상 최초의 통일국가였던 진나라는 역사의 장막 속으로 사라지고 말았다.

저항의 깃발 : 진승(陳勝)

무식한 농부였으나 큰 기러기의 뜻을 품고 있었다. 진(秦)의 폭정에 최초로 저항의 깃발을 올렸고 여섯 달 동안 왕노릇을 했다. 그 봉화 아래 군웅들이 모여 진을 멸망시키는 초석이 되었다.

1. 참새가 어이 알랴?

진승(陳勝)의 자(字)는 섭(涉)이다.

진승은 자기 땅을 갖지 못한 소작농이었는데 일찍이 밭일을 하다가 한숨을 쉬면서 말했다.

"후에 부귀하더라도 우린 서로 잊지 말아야 한다."

그러자 다른 사람이 말했다.

"겨우 생계유지하면서 언제 무슨 부귀를 누리겠느냐?"

그러자 진섭은 더 큰 한숨을 내뱉으며 말했다.

"아! 제비나 참새가 어찌 큰 기러기의 뜻을 알겠는가!"

그때의 진승의 표정과 태도가 눈앞에 선하다. 그의 성격과 미래의 강렬한 희망도 엿보인다. 지금 우리가 비록 이런 처지지만 언젠가 부귀를 누릴 날이 있을 것이고 그때는 서로 고생했던 기억을 잊지 말자고 큰 뜻을 피력한 것이다.

고생을 같이 한 우리——대단한 동료의식이다. 희망을 가진 가난한 농부, 의리를 강조하는 젊은 일꾼의 모습이 선연하게 나타나는 장면이다. 그러나 이런 말이 가난한 농부의 입에서 나왔으니 그 앞날이 결코 순탄하

134

지는 않을 것이다.

그 말 속에 담긴 동료애 —— 친근감의 표시이다. 부귀해진 뒤에도 우애와 의리는 변치 않겠다지만 그게 쉬운 일은 아니다.

"제비나 참새가 어찌 큰 기러기의 뜻을 알겠느냐?"는 또 한 번의 탄식에 그의 의지와 바램이 결코 평범치 않음을 느끼게도 한다. 충만한 자신과 긍지를 갖고서 그렇지 못한 소인에게 대한 일종의 자부심이라 할까? 약간은 교만한 느낌까지 들 정도로 그때의 처지와 어울리지 않는 어투가 배어 있다. 그러나 사나이가 이 정도 큰소리도 못 쳐서야 어찌 사나이라고 할 수 있을까?

진승은 밭둑에 앉아 두 번이나 탄식을 했다. 사나이의 한숨과 탄식은 결코 좌절이 아니다. 거기에는 비장한 각오가 뒤따른다. 기어이 이루어야 한다는 비장함. 웃을 수 없기에 탄식을 하는데 그 탄식이 다른 사람의 웃음거리가 된다면 어찌하겠는가?

"겨우 날품팔이하면서."라고 옆에 있던 동료는 비웃는다. 자신은 큰 뜻도 없고 남의 큰 뜻을 알지도 못하면서 말한다. 일종의 자신에 대한 굴욕이고 체념에서 나오는 말일 수도 있다. 이들이 어떻게 진승의 가슴속에 부르짖는 함성을 들을 수 있겠는가? 자신은 큰 기러기〔鴻鳥〕였다. 수만 리를 날아왔다. 가야 할 큰 기러기의 뜻을 참새한테 설명한들 무엇하겠는가?

2. 저항의 깃발

한(漢)나라 가의(賈誼)의 〈과진론(過秦論)〉이란 글이 있는데 진나라 강성의 원인과 6국의 멸망과 천하통일, 그리고 통일 후의 진나라의 멸망까지 진나라의 과오를 논한 명문장으로 유명하다. 그 일부를 옮겨본다.

"……시황제가 죽은 뒤에도 남은 위세는 먼곳까지 떨쳤다. 진승은 가난하고 천한 농민이었고 수자리 사는 병졸이었다. 재능은 보통 사람에게도 미치지 못했고 공자나 묵자 같은 현명함도 없었고 도주공(陶朱公)이나 의돈 같은 부자도 아니었다. 행군대열에서 발맞춰 뛰다가 밭둑사이에서 일어나 지치고 흩어진 병졸들을 모아 겨우 수백 명을 거느리고 되돌아서 진을 공격했다. 나무를 깎아 병기를 삼고 장대 위에 깃발을 매달았다. 온 천하 사람들이 구름 모이듯 호응하며 양식을 싸들고 그림자처럼 따랐다. 산동(山東)의 호걸들도 때맞춰 일어나 진을 멸망시켰다……."

진나라에 처음으로 저항의 깃발을 올린 그들이었으니 그 성패여부를 떠나 의기는 높이 평가할 만하다.

진나라 멸망의 근본원인은 인의(仁義)를 베풀지 않았다는 점이다. 가혹한 형벌, 준엄한 법집행, 마주보고 이야기만 해도 저자에서 사형당하고, 모든 백성들은 그 해악을 감수해야만 했다. 민심을 잃은 까닭에 일찍이 그렇게 강한 국력을 보유했던 진나라는 급격한 몰락의 길로 치닫게 된다.

비오기 전, 산속 누각에 바람이 가득 차듯 혁명의 폭풍이 점차 고조되어 언제 어디서든 폭발하지 않을 수 없는 순간이었다. 때마침 장마비 속에 길이 막혔고, 대택향──이름 그대로 물이 많은 곳──에 갇혔던 물은 진나라의 둑을 터뜨렸다.

결코 우연일 수 없는 필연, 그 첫 봉화를 올린 사람은 유명한 장군도 지사(志士)도 아닌, 재주가 보통 사람보다도 못한 빈천한 농부였다.

우선 진승은 지치고 흩어진 수백 명의 병졸을 거느리고 모반의 큰 깃발을 내걸었으니 이는 죽음을 각오한 것이었다. 어차피 한 번은 죽어야 할 운명이니 진승은 생사의 관문을 한 번 치닫고자 했던 것이다.

진 시황제가 죽고 2세 황제가 즉위한 첫해 임진년(기원전 209년) 7월, 어양(漁陽)이란 곳에 수자리 살러 가는 빈민 900여 명이 패현의 대택향(大澤鄕)에 머물게 되었다. 진승과 오광(吳廣)은 그 무리들의 둔장(屯長)이었다. 때마침 큰 비를 만나 모든 길이 막혀서 기일 안에 도착하기는 불가능했다. 그때 법령에는 기일을 어기면 모두 참수형을 받게 되어 있었다.

그때 성난 무리들 앞에 진승이 나서서 연설했다.

"우리들은 큰 비를 만나서 기약된 날짜를 맞출 수 없다. 날짜를 어기면 모두 죽는다. 설령 죽음을 면하더라도 방수 자리에서 십중팔구는 죽는다. 장사가 죽지 않으면 그만이다. 그러나 기왕 죽는다면 대의명분이나 세워야 한다. 왕후장상이 본디 씨가 있는 것이냐?”

모두가 만세를 부르며 말했다.

“삼가 명령에 따르겠습니다.”

진승과 오광은 생사의 관문을 어떻게 생각했는가? 어차피 천한 목숨, 큰 일을 하다가 죽겠다는 생각뿐이었다. 그렇기에 그들은 구차한 생보다는 죽음을, 가만히 앉아서 죽기보다는 저항을 택했다. 또 그들은 자신을 희생할 수 있는 마음뿐 아니라 다른 사람으로 하여금 구호의 큰 깃발 아래 모여들게 할 희생을 각오하고 있었다.

죽음을 각오함으로써 대중들에게 희생을 두려워하지 않는 자신을 갖게 하였을 뿐 아니라 큰 공을 세울 수 있다는 열렬한 희망을 갖게 했다. 또 권세를 쥐고 있는 왕후장상을 멸시할 수 있는 기개를 갖게 했고 그것을 그들로부터 뺏을 수 있다는 인식을 심어주었다.

‘진승이 비록 공자나 묵자같이 현명하지 않았다’지만 그렇다고 해서 그들이 아무 식견도 없는 사람은 아니었다. 그들도 당시 정치형세에 대한 어느 정도의 인식은 갖고 있었다. 또 진왕조 내부의 모순이나 중앙과 지방세력간의 갈등을 알고 있었을 뿐 아니라 그것을 잡아 유리하게 이용하여 자신들 주장의 이론적 근거로 내세울 줄도 알고 있었다. 이러한 사실은 다음과 같은 진승의 연설에서 나타난다.

“온 천하가 너무 오랫동안 고통받아왔다. 내가 알기로는 2세는 적자가 아니며 황제로 즉위할 수 없는 인물이다. 당연히 태자 부소가 즉위했어야 한다. 부소는 시황제에게 바른말을 했기에 변경에 나가 군사를 거느리고 있다. 그런데 2세 황제가 아무 죄도 없이 죽여버렸다. 많은 백성들이 부소가 똑똑하다는 것만 알고 있지 그가 죽었다는 것을 모르고 있다……우리들은 태자 부소를 위하여 봉기해야 한다.”

진승과 오광은 무리들의 호응을 얻을 방안이 마련되자 곧바로 실행에 들어갔다. 그런데 내세울 기치와 명분이 있어야 했다. 누구를 위하여, 또는 무엇을 위하여 봉기하는 것인지 명확히 해야 무리들이 따를 것이기 때문이다.

진승은 스스로 장군이 되었고 오광은 도위가 되었다. 그런데 가난한 빈민이었던 진승과 오광이 스스로 장군이 되었을 때 그 권위를 어떻게 세워야 하는가도 중요했다. 민심이 떠나버린 진나라의 임명장을 받은 것도 아니고 그렇다고 이미 망한 초나라의 권위를 빌려올 수도 없다. 그 권위는 스스로 만들어야 한다. 그렇다면 어차피 스스로 차지한 장군이니 비정상적인 방법, 즉 어리숙한 대중을 현혹시켜야 한다. 그래서 그들은 의도된 속임수를 썼다.

진승과 오광은 점쟁이를 찾아갔다. 점쟁이는 두 사람의 의도를 헤아리고 나서 말했다.

"그대들의 일은 성공할 것이오. 그런데 점괘에 귀신이 보이는구려!"

진승·오광은 매우 기뻤다. 귀신이 보인다는 말에 대해선 신의 계시 정도로 생각했다. 그들은 곧 비단에 붉은 글씨로 '진승이 왕이다!'라고 써서 그물에 걸린 물고기 뱃속에 집어넣었고 그 물고기를 사먹은 사람이 괴이하게 여겨 소문을 냈다. 그러는 사이에 진승은 오광을 시켜 숲속에 있는 신당(神堂)에서 밤에 횃불을 들고 여우 울음소리를 내며 "대초(大楚)가 흥하고 진승이 왕이다."라고 말하게 했다. 무리들은 놀랍고 두려워하며 다음날 수군대면서 진승을 지목했다.

그 시절에는 이런 유치한 술수가 통할 수 있었다. 귀신, 그 얼마나 두려운 존재인가? 그러나 귀신을 이용해본다는 것은 그 당시 무식하고 가난한 사람들, 깨진 항아리로 창문을 내고 새끼줄로 문을 매단 사람들의 지혜였다.

그 무리들과 같이 생활하면서 터득한 군중의 심리와 습관이었고, 대중이 사고할 수 있는 테두리 안에서 찾아낸 방법이었으니 군중을 움직일 수 있었다. 이것은 가장 큰 효과를 낼 수 있는 확실한 방법이었다.

진승과 오광은 방수에 징집당한 비천한 농민으로 행군대열에서 뛰어다녔고 겨우 수십 명 무리의 우두머리였지만 그 점이 바로 맨 처음 기의(起

義)하는 임무를 걸머질 수 있는 좋은 조건이기도 했다.

그들은 대의(大義)의 깃발을 올리면서 단칼에 헝클어진 실날을 치듯, 적을 단숨에 공격하여 보루를 차지해야 하고 그곳을 자신들의 군사거점이나 정치의 중심으로 삼아 기선을 제압해야 한다는 전술전략도 잘 알고 있었다.

이들은 대택향을 차지한 뒤 인근 여러 고을을 항복시켰다. 이들이 진(陳)에 입성할 때는 병거 6~7백, 기병 천여 기와 수만 병졸을 거느렸다. 진을 접수한 며칠 뒤 고을의 삼로(三老)와 호걸들을 모두 불러모아 앞으로의 계획을 의논했다. 그때 삼로와 호걸들이 다같이 말했다.

"장군께선 전투를 몸소 겪었고 무도한 무리들을 치고 진(秦)의 포악을 제거하셨습니다. 그리하여 초(楚)의 사직을 다시 세우셨으니 당연히 왕이 되셔야 합니다."

이에 진승은 자립하여 왕이 되었고 국호를 장초(張楚)라고 했다.

위 인용에서 소소한 지명은 모두 생략했다. 진승은 대택향에서부터 주변 여러 고을들을 멍석말듯 휘몰아갔으나 사실 그 병력은 오합지졸이었다. 진(陳)에 입성하기 위한 싸움에서 이기지도 못했다가 마침 현승(縣丞)이 죽어 겨우 입성했다. 그러나 그 과정에서 보여준 진승의 계략과 지혜, 과감성은 농민봉기의 우두머리로서 전혀 손색이 없었다.

당시 민심이 이미 진나라에 이반했으니 격렬하게 일어나는 반진(反秦) 투쟁과 봉기는 피할 수 없었다. 다만 모든 일에 그 발단이 있어야 하고 돌파할 대상과 돌파하는 과정이 중요하다. 만약 진승의 봉기가 없었다면 반진 투쟁의 필연성은 어느 시점에 돌파점을 찾아 이루어질지 말하기 어려웠다.

진승의 봉기는 일반적으로 있을 수 있는 소규모의 소모사태가 아니었다. 그들이 장대를 세워 깃발을 내걸 때 그들의 목표는 분명히 진왕조의 타도였다. 이어서 그들의 정권을 수립코자 했으니 이는 진진정정(眞眞正正)한 혁명으로서 그들이 맨 처음 거둔 성공은 응당 긍정과 찬미를 받아야 하지 않겠는가?

3. 혁명의 소용돌이

　진승이 봉기한 뒤, 그들의 깃발엔 승리가 함께 했고, 진승은 자립하여 스스로 왕이 되었다.

　여기에서 최초의 항거, 누구보다도 먼저 혁명의 기치를 내건 의의를 다시 한 번 강조하지 않을 수 없다.

　맨 먼저 터진 함성이기에 그 메아리가 클 수밖에 없고 만인의 가슴을 울리기에 충분했다. 그 다음의 계속되는 포성――평지의 우레 소리 한 번에 그것을 신호로 온 천지가 깃발로 뒤덮였다.

　각처의 호걸들이 줄지어 일어나고 대규모의 반진투쟁은 격렬하게 전개되었으니 그 울림은 참으로 크고 힘찼다. 도도한 격랑이 절벽을 치고 더욱 세차게 흐르듯, 진승의 세력은 확대되어갔다.

　진승은 벌떼처럼 모여드는 장수와 병사들은 임무를 분담시켜 각지를 돌며 진의 군사를 타도케 했다. 그때의 진승은 분명히 반진세력의 상징이었고 수뇌였다. 그러나 진승보다 더 큰 세력을 가진 자도 많이 있었다.

　무신(武臣)은 자립하여 조왕(趙王)이 되었고 한광(韓廣)은 연왕(燕王), 전담은 제왕 등등 각지에서 6국의 후예들이 또는 자칭타칭 영웅들이 일어났으니 그들의 공동목표는 진왕조의 타도였다. 그러나 그들은 출신성분과 배경이 제각각이었고 이해가 달라 일치단결하지는 못했다.

　진승·오광의 난――역사책에 기록된 중국 최초의 농민반란에서, 반란의 성공을 가로막는 가장 중요한 요인은 계급의 한계성이었다. 이 한계성의 극복은 이후 중국의 모든 반란에서도 중요한 과제였으나 이를 넘어서 성공한 예는 극히 드물었다. 진승의 봉기 역시 진왕조 멸망의 한 요인이었으나 끝내 성공을 거두지 못하였다.

　계급의 한계성은 곧 우군의 분열로 표출된다.

　오광은 부장(副將)인 전장(田藏)에 의하여 살해되었다. 전장이 오광의 목을 바치자 진승은 전장을 승진시켜 상장군으로 임명했다. 바로 하극상이고 지독한 내부 분란이고 스스로 자기 세력을 깎아내는 조치였다.

진승이 거병한 초기의 상황은 계획적인 작전이나 전략을 세워 실행할 정도는 아니었다. 진나라 군사는 그 위력을 믿고 농민군을 오합지졸로 여기고 있었다. 사실 그때까지도 진의 위력은 대단했다.

반면에 진섭은 거병 초기의 열기를 지속적으로 주도하지 못했다. 또 각지의 세력과의 연계나 협력체제도 갖추지 못했다. 자기 휘하의 세력을 보다 조직화하고 또 지속적으로 증강시키지도 못했고 오히려 세력의 분산과 소멸을 자초하는 우를 범했다.

결국 진승은 진의 명장 장한(章邯)의 군사에게 대패하고 여음으로 도피하던 중 하성보에서 그의 마부에게 피살되었다. 마부 장가(張賈)는 진에 항복하고 진승은 탕(碭)이란 곳에 묻혔다.

진승이 죽은 뒤 진승을 섬기던 여신(呂信)은 푸른 수건을 쓴 창두군(倉頭軍)을 조직하고 신양에서 봉기하여 진(陳)을 공격, 함락시키고 장가를 죽였다. 여신의 의거는 진승의 죽음에 대한 애석함과 주군을 배신한 반도(叛徒)에 대한 의분이요 응징이었다.

4. 몰락 원인 분석

진승은 겨우 여섯 달 동안 왕노릇을 했다. 진승이 왕위에 오른 뒤 그 옛날 농사일을 같이 하던 친구가 진승을 찾아왔다.

"나는 진승을 만나러 왔습니다."

그러나 곧 문지기에게 포박당했다. 농부는 횡설수설 떠들며 풀어달라고 했으나 문지기는 진승에게 알리지도 않았다. 때마침, 진승이 나오는 것을 보고 길을 막으며 이름을 불렀다. 진승이 그를 알아보고 수레에 태워 데리고 들어갔다. 궁 안에 들어간 농부는 궁실 안의 가구, 휘장의 화려함에 놀라 입을 벌리며 말했다.

“대단하구나! 승이 왕이 되니 정말 멋지다.”

초나라 사람들은 많고 화려한 것을 과(夥)라고 말한다. 여기에서 “과섭(夥涉)이 왕이 되다”란 말이 나왔다.

그 농부는 궁중을 드나들며 마음이 들떠 멋대로 지난날의 이야기를 떠들어댔다. 한 측근이 진승에게 말했다.

“저 손님이 어리석고 무지하여 망언을 함부로 지껄여 대왕의 권위를 실추시키고 있습니다.”

이에 진승은 그를 죽여버렸다. 이 사실이 알려지자 진승의 친구들은 모두 떠나버려 남은 친구가 없었다. 또 진승은 중정(中正)이니 사과(司過)니 하는 직책을 두고 가혹하게 관리들을 규찰하고 백성들을 처단했다. 이에 여러 장수나 친구들이 더욱 진승에게서 멀어졌으니 이 점이 바로 진승이 몰락한 원인이다.

젊은날 진승은 밭고랑에서 쉬면서 부귀하더라도 서로 잊지 말자고 말했었다.

찾아온 친구는 다만 진승의 말만 생각했지 어찌 포박당할 줄 알았겠는가?

진승은 처음에는 그들을 환대했다. 옛 친구는 무식하고 빈천한 까닭에 화려한 궁궐을 보고 놀라 감탄사를 연발했다.

귀하고 부유해졌을 때, 자신의 옛날 모습을 지워버리고 싶은 것이 인간의 심리다. 그러나 진승이 그 친구를 죽인 처사는 지나쳤다. 옛 친구를 잃고 무엇을 새로 얻을 수 있겠는가.

중정, 사과라는 감찰직책을 두고 엄하게 감시하니 여러 장수나 친구들의 마음은 진승에게서 떠나갔고 남은 것은 오직 패망과 몰락뿐이었다.

본래 미천했고 무식하여 우직, 곤궁, 초조, 난마처럼 얽히는 정치현상 속에서 중요한 판단을 내려야 하는 지위는 애초부터 진승에게는 무리한 일이었다.

왕이 된 후의 진승의 교만, 사치, 전횡과 지난날의 초라함은 잊어버리고 싶었던 진승의 마음이 우리들에게 깊은 반성의 서단을 던져주기는 한다.

　과연 천명(天命)은 따로 있구나 하는 생각이 든다.

　그러나 진승은 죽고 없지만 진승에 의해 왕후장상이 된 사람들이 결국 진을 멸망시켰다.

　여하튼 진승의 공과(功過)가 서로 상쇄될 수도 없지만 맨 처음 혁명의 시초가 된 진승이기에 그 자체만으로도 과실과 허욕을 떠나 높이 평가해야 할 것이다.

비극의 영웅 : 항우(項羽)

한때 천하를 호령했었다. 비단옷 입고 밤길을 가면 누가 알아주랴! 우미인을 안고 눈물을 흘렸던, 강건너 고향을 바라보고 통곡했던 비극의 영웅이었다.

1. 그의 나이 서른둘

항왕(項王)은 동쪽으로 오강(烏江)을 건너려 했다. 오강의 정장(亭長)이 배를 대놓고 있다가 항왕에게 말했다.

"강동(江東)이 비록 작지만 그래도 사방 천 리이며 수십만 명의 백성이 있사오니 왕노릇할 만합니다. 대왕께서는 어서 건너십시오. 지금 오직 신(臣)만이 배를 갖고 있사오니 한(漢)의 군사가 오더라도 건널 수 없습니다."

항왕이 웃으며 말했다.

"하늘이 나를 멸망시켰는데 강을 건너 무얼 하겠는가? 나는 강동 자제 팔천 명과 같이 강을 건너 서쪽으로 진격했었다. 그러나 지금 아무도 살아 돌아오지 못했다. 설령 강동의 부형들이 나를 불쌍히 여겨 왕으로 삼는다 해도 내가 무슨 면목으로 그들을 보겠는가? 그들이 말을 않더라도 내 스스로 마음에 부끄럽지 않겠는가?"

그리고 다시 정장에게 말했다.

"그대가 좋은 사람인 줄 알겠노라. 나는 이 말을 오 년이나 타고 다녔다. 맞서 싸울 적이 없었고 하루 천 리를 달릴 수 있는 준마여서 차마

144

죽일 수 없으니 이 말을 그대에게 주노라.”

항왕은 부하들에게 모두 내려 칼을 잡고 접전하라고 명령했다. 항왕은 수백 명의 한군을 죽이고 자신도 십여 군데 부상을 당했다. 한군(漢軍)에는 항왕의 어렸을 적 친구인 여마동이 있었다. 항왕이 여마동을 보고 말했다.

“너는 내 친구가 아닌가?”

여마동은 급히 얼굴을 돌리며 장군 왕예에게 소리쳤다.

“이 사람이 항왕입니다.”

항왕이 여마동에게 소리쳤다.

“한나라에선 내 수급에 천금과 일만 호의 상이 걸렸다고 하니 나를 팔아서 상을 타라.”

항왕은 스스로 목을 찔러 죽었다. 왕예는 항왕의 목을 잘랐다. 다른 기병들이 항왕의 몸을 놓고 서로 싸워 죽은 자가 수십 명이었다. 마지막에 양희, 여마동, 여승, 양무 등이 항왕의 팔다리 하나씩을 차지했다. 시체는 다시 모아졌고 다섯 사람은 모두 제후에 봉해졌다.

이 글은 사마천(司馬遷) 사기(史記) 항우본기(項羽本紀)에 실린 항우의 최후 장면이다. 진(秦)이 망하고 한(漢)이 건국되는 시기를 배경으로 청년 영웅 항우의 사적과 비극적 운명이 마치 소설처럼 펼쳐진다.

출세해서 고향에 가지 않는다면 마치 비단옷 입고 밤길 가는 것 같다면서 그렇게 돌아가고 싶었던 고향을 눈앞에 두고 죽기 위한 싸움을 하는 장면이 선연히 떠오른다.

고향의 부형들을 볼 면목이 없다며 돌아선 영웅의 마지막 장면은 굉장히 인간적이다. 정장에게 애마인 오추마(烏騅馬)를 물려주고 부하 28명과 더불어 당당히 죽기 위한 싸움을 벌인 비극의 주인공은 어릴 적 소꿉동무에 의해 목숨을 빼앗긴다. 비극의 마지막 장면처럼 극적인 삶을 마쳤다. 이때, 그의 나이 불과 서른둘(기원전 202년 12월)이었다.

항왕은 힘과 무예, 저돌적인 용기를 갖추었고 무모할 정도로 단순하면서도 솔직했다. 그의 실수와 결점은 읽는 이에게 비장한 기분과 함께 세상을 뒤덮었던 젊은 영웅에 대한 연민과 동정으로 가슴을 채우게 한다.

항우가 천하를 호령한 것은 불과 몇 년이었다. 그의 아들에 관한 기록도 없다.

항우본기를 보면 그는 난폭성과 함께 우직하고 단순한 영웅이었으며 잔꾀가 없어 중원 통일에 실패했다고 씌어 있다. 형세를 분석하는 능력은 한왕 유방에 비하여 상대적으로 떨어졌으나 선천적인 힘과 무예만으로도 항왕은 영웅이 되기에 충분했다.

2. 천자(天子)의 꿈을 꾸다

항적(項籍)은 하상(下相) 출신으로 우(羽)는 그의 자(字)이다. 그의 집안은 대대로 초(楚)의 장군이었다. 그의 작은아버지 항량(項梁)과 함께 진을 멸망시키고자 기병했을 때 항우는 24세였다.

소년 시절 학문도 검술도 모두 도중에 그만두었다. 항량이 나무라자 항우가 말했다.

"글이야 이름자만 쓸 줄 알면 되고 검술이야 한 사람씩 대적하게 되니 배울 만한 것이 못 됩니다. 만인을 대적하는 것을 배우고 싶습니다."

항량이 병법을 가르치자 한때 기뻐하며 배웠지만 그것도 곧 그만두었다.

우리는 여기서 항우의 큰 뜻을 짐작할 수 있다. 그러나 그의 성질은 거칠었다. 스스로의 인격적 도야없이 대업을 성취하려 했던 모습도 보인다.

원래 항량은 사람을 죽이고 쫓기는 몸이 되어 항우와 함께 오중(吳中)에 숨어 살던 몸이었다. 어느날 진시황이 회계 땅에 유람하여 절강을 건널 때 항량과 항우는 그 장려한 광경을 구경하고 있었다. 그때 항우가 말했다.

"천자의 자리를 차지하고 말겠다."

그러자 항량이 급히 입을 막으며 말했다.

 "쓸데없는 말 마라. 일족이 몰살당한다."

 이렇게 항우는 진시황의 권세를 무시할 만한 담력이 있었고, 그런 일을 해내겠다는 강력한 소망과 확신을 가지고 있었다. 항우의 한마디는 야망의 자연스러운 독백이었다. 그때의 항우는 8척 거구였고 힘은 큰 솥을 들 수 있고 재기(才氣)는 남을 압도하고 있었다.

 진나라 2세 황제 원년(기원전 209년) 7월, 진승(陳勝) 오광(吳廣)이 처음으로 진에 반기를 들었다. 그 해 9월 항량은 항우와 함께 강동 자제 8천 명을 거느리고 진군(秦軍)을 치고 서진하였다. 나중에 초(楚) 왕실의 후예를 찾아 회왕(懷王)으로 옹립하고 옛날 초의 땅과 백성을 아우르며 세력을 확장해나갔다. 이렇게 세력을 확장해나가던 도중 항량은 장한이 거느린 진군에 대패하여 정도(定陶)란 곳에서 죽었다.

 어느날 항우는 자신의 상관인 송의(宋義)를 죽여 그 목을 쥐고 군사들에게 말했다.

 "송의는 적과 내통하며 모반을 꾀했다. 나는 초 회왕의 밀지를 받고 송의를 죽였다."

 물론 이것은 거짓말이었다. 그러나 항우의 당당한 위세에 누가 감히 대항하겠는가? 사졸들은 추위와 굶주림에 떨고 있는데 상장군 송의는 자기 아들을 위한 호화 송별잔치를 벌였기에 죽였을 뿐이었다. 춥고 배고픈 사졸들을 차마 그냥 두고 볼 수 없었던, 잔인하기도 했지만 잔정이 많은 항우였다.

 항우는 자신이 직접 전투의 최일선에서 싸웠으며 그의 병사들도 일당십(一當十)의 전투력을 갖추고 있었다. 항우가 거록(鉅鹿)이라는 곳에서 진군은 대파할 때, 다른 제후들이 모두 무릎으로 기어와 항우 앞에 머리를 조아렸다 하니 그의 용맹성을 가히 짐작할 만하다. 이때부터 진의 학정에 항거하며 일어났던 모든 세력들이 항우 앞에 굴복했다. 그러나 항우에 대항할 만한 사람이 딱 하나, 후에 천하의 패권을 놓고 자웅을 결했던 유방(劉邦)이 있었다. 당시 유방은 항우보다 좀 늦게 거병하였고 패공(沛公)이라 자처했다.

형식상의 군주인 초 회왕은 누구든 관중(關中)에 먼저 들어가 진(秦)을 항복시키는 사람을 왕으로 봉하겠다고 선포했었다. 관중이란 지금의 중국 섬서성(陝西省) 일대를 말하는데 사방이 험로로 에워싸인 천연의 요새지였다. 패공인 유방은 항우보다 먼저 관중에 들어가 진의 항복을 받아냈다. 항우는 지금의 산동성(山東省) 일대를 평정하느라고 유방보다 늦게 함곡관을 부수고 수도 함양에 입성했고 아방궁을 불태웠다.

3. 홍문의 잔치 —— 멋진 연극무대

진(秦)나라라는 엄청난 조직의 붕괴로 힘이 소멸한 중국은 무주공산(無主空山)이 되었다.

진이 놓친 사슴을 누가 잡아 천하를 차지하느냐 하는 엄청난 파워게임의 대결자는 항우와 유방이었다. 그 첫 대결은 진의 수도 함양 부근의 홍문(鴻門)에서였다. 이 장면을 보면 마치 연극의 잘 짜여진 대본을 읽는 것 같다.

처음 한 단락은 연극의 서막이다. 항우는 유방보다 늦게 관중에 도착했다. 그때 유방은 이미 진의 항복을 받았고 모든 악법을 폐지한 뒤였으며 약법삼장(約法三章)으로 민심을 얻었고 창고를 봉인하고 패상이란 곳에 주둔하여 함곡관을 막고 있었다. 때문에 항우는 함곡관을 부수고 입성한 뒤, 유방이 관중의 왕이 되려고 여러 조치를 취했다는 사실을 알고 화가 나 있었다. 또 항우의 군사(軍師) 범증도 급히 유방을 격파하여 기회를 놓치지 말라는 방책을 건의하고 있었다. 당시의 항우에겐 금방이라도 유방을 칠 힘이 있었다. 이렇게 해서 홍문에 주둔한 항우와 패상에 주둔한 유방과의 40리 사이에 전운이 짙게 깔렸고, 상황은 항우에게 유리했다.

그러나 상황의 진전은 언제나 한 가닥 외줄로만 전개되는 것은 아니다. 홍문의 잔치는 주연인 항우와 유방만의 무대가 아니었다. 여기에는 조연 배우들이 등장하며 그들에 의해 구성이 복잡해지고 미묘하게 얽혀 그 추이를 전혀 예상치 못하는 방향으로 이끌어갔다.

양 진영 사이에 긴장이 팽배해져 금방이라도 터질 듯한 순간 항백(項伯)이 등장한다. 항백은 항우의 숙부로서 유방의 모사 장량(張良)과도 절친한 사이였다. 항백은 항우가 유방을 공격할 경우 장량의 목숨을 보장할 수 없다고 생각하여 밤에 유방의 군영을 찾아가 장량과 만난다.

장량은 사태의 다급함을 알려 유방과 항백이 만나고, 이때 홍문의 잔치라는 멋진 무대가 구성된다. 즉 유방이 항우를 찾아 결코 딴 뜻이 없고 오해 때문이라는 해명의 자리를 항백이 주선키로 한 것이다.

항백은 장량과의 우정 때문에, 장량은 유방과의 의리 때문에 만났고 항백과 유방 사이엔 혼인 약속이 이루어지고 항백은 돌아와 항우를 설득했다.

다음 날, 유방은 부하 백여 기를 데리고 홍문으로 항우를 방문했다. 사실상 단신으로 호랑이 굴에 들어간 셈이었다.

"저와 장군은 서로 힘을 합쳐 진을 공격했습니다. 장군은 하북에서 저는 하남에서 싸웠습니다. 그런데 제 뜻과는 달리 제가 먼저 관중에 들어와 진을 격파하고 여기서 장군을 뵙게 되었습니다."

유방은 사전에 준비된 말을 조리있고 공손하게 말한다. 아울러 유방이 함곡관을 막았던 것은 도적들의 출입을 막으려는 뜻이었다는 변명도 빠뜨리지 않았다.

"내가 당신을 치려 했던 것은 당신의 좌사마인 조무상의 말 때문이었소."

항우도 응대를 하며 일단 감정을 푼 듯했지만 잔치가 시작되고 좌석은 무르익어가도 여전히 살기가 감돌고 있었다.

동석했던 범증은 항우에게 유방을 죽이라는 눈짓을 세 번이나 보냈지만 항우는 잠자코 앉아 있었다. 범증은 이런 천재일우의 기회를 놓쳐서는 안 되었기에 밖으로 나와 항우의 사촌 항장(項莊)에게 말했다.

"군왕이 모질지 못해 결행을 안 한다. 네가 들어가 검무를 추다가 유방을 격살하라."

이에 항장이 들어와 검무를 추자 그 뜻을 눈치챈 항백도 검무를 추며 유방을 보호했다.

한 편의 극이 진행되고 있다. 관객들은 숨을 죽이고 살기가 감도는 춤판을 보고 있다. 이때 무대에 새 인물이 등장하여 또 다른 긴장을 낳는다. 유방의 참승(參乘)인 번쾌(樊噲)가 수문장을 밀치고 들어와 유방의 뒤에 선다. 번쾌는 백정 출신으로 유방과 동향 사람이었고 유방과는 동서지간이었다. 번쾌의 성난 머리칼은 하늘로 치켜섰고 눈꼬리가 찢어지도록 항우를 노려본다.

항우는 새 인물의 등장에 놀라 칼을 잡고 한 무릎을 세우며 누구냐고 물었다. 번쾌의 대답을 듣고 항우가 말했다.

"장사로다. 말술을 주어라."

말술을 마신 번쾌에게 항우가 안주로써 돼지고기 어깻살 한 쪽을 주자 번쾌는 고기를 방패 위에 놓고 썰어 다 먹어치웠다.

항우·유방·장량·범증·항백·항장 모두가 번쾌를 주시한다. 관객도 숨을 죽이며 지켜보고 있다. 그런데 여기에서 피비린내나는 창칼의 싸움 아닌 번쾌의 웅변이 쏟아지면서 대결구도가 바뀐다.

"진의 학정에 시달렸던 모두가 힘을 합쳐 포악을 제거한 이 시점에 패공과 같이 큰 일을 해낸 사람에게 상을 주지는 못할망정 소인의 말을 듣고 죽이려 하는 것은 바로 망한 진나라의 형태를 답습하는 짓입니다."

이에 항우는 아무 대꾸도 못 하고 다만 앉으라고 한마디 던질 뿐이었다.

번쾌의 논리는 명백했고 언사는 씩씩했다. 범증의 계책은 끝내 실행될 수 없었다.

이때 유방은 용변을 보러 가는 척 하며 번쾌를 손짓해 부른 다음 장량에게 뒷일을 맡기고 자기 진영으로 떠났다.

유방은 항우와 범증에게 줄 선물을 남겨놓고 떠난다. 지름길로 돌아갈 테니 시간을 끌다가 예물을 주라고 말한다. 단신으로 호랑이굴에 들어왔던 유방은 새장을 벗어난 새가 되어 돌아갔다.

생각없는 항우는 술만 마시고, 범증은 계책을 성공시키지 못한 분을 삭이고 앉아 있다. 그러나 범증은 유방을 죽이지 못할 경우 다음에 어떻게 하겠다는 계략이 없었다. 인질로 잡아놓던지 아니면 다음에 어떻게 한다는 계획이 없었으니 이제 어찌하겠는가?

장량이 들어오자 항우가 물었다.

"패공은 어디 있는가?"

장량은 역시 일급 참모였다. 적당히 웃으면서 항우와 범증에게 선물을 내놓아 어색한 자리를 부드럽게 만든다. 항우에겐 흰구슬 한 쌍을 바치고 범증에겐 옥술잔을 바치며 유방은 술을 이길 수 없어 예를 갖추지 못하고 돌아갔다고 사과한다.

이제 홍문의 잔치는 끝난 셈이다. 그런데 관객이 일어서려 할 때 무대에서는 마지막 중요한 연기가 펼쳐진다. 흰구슬 한 쌍을 받아든 항우는 말이 없는데 범증이 옥술잔을 칼로 박살내며 한마디 내뱉는다.

"에이! 어린애들하고 무슨 일을 하겠는가! 항왕의 천하를 뺏을 자는 유방이 틀림없어! 우린 이제 모두 유방의 포로나 다름없다!"

그리고 무대의 막은 내린다.

항우는 자기가 주연한 무대에서 무엇이 중요했는가를 모르고 있었다. 범증이 유방을 죽이라고 했지만 꼭 죽일 뜻이 없었고 술취해 돌아갔다니 그만이라는 생각뿐이었다.

4. 항우와 유방의 비교

여기서 항우와 유방의 성격과 심리를 비교해보자.

유방은 사지(死地)에 들어온 만큼 자기의 겸양과 공손함을 보이면서 조리있고 노련하게 변명했다. 유방은 일단 항우의 의심을 풀게 하는 데 성공하여 무사히 호혈에서 탈출했다. 그런데 유방에 비해 항우는 단순하고 우발적이었다.

“당신의 좌사마 조무상이 당신이 왕이 되려 한다고 나에게 말해줬다.”

자신에게 정보를 제공해준 밀사의 정체를 그대로 말해준 항우는 거짓말을 못 한다는 평가를 넘어 미련하다고 말할 수밖에 없다. 정치가가 되기에는 그 자질이 너무 순박했으며 임자없는 천하를 놓고 경쟁하기에는 너무 세상물정을 몰랐다.

유방이 큰 야심을 품고 있으며 패권 다툼의 경쟁자라는 생각은 항우도 가지고 있었다. 그런 경쟁자를 제거해야 한다는 범증의 말을 듣고,

“내일 아침 병사들을 배불리 먹이고 패공을 치겠다.”

고 다짐도 했었다. 그러나 그날 밤 항우는 항백에게 설득당하고 만 것이다.

그 때문에 범증의 눈짓과 신호에도 항우는 머뭇거렸다. 항장이 검무를 추겠다고 했을 때 허락한 것도 항우였지만 항백이 같이 검무를 추면서 유방을 비호하는 것을 아무 생각 없이 바라본 항우였다. 번쾌가 들어와 자신을 책망하는 열변을 토할 때 그저 앉으라고 한마디 던졌을 뿐이다.

항우는 유방에 대한 불만과 경계심이 있었지만 죽인다는 것은 의롭지 못하다는 단순한 생각뿐이었다. 이처럼 용기와 맹렬한 잔인성을 갖고 있으면서도 한편으론 부녀자와 같은 약한 심성을 지니고 있었다.

그는 한때 천하를 차지했지만 결국 지키지 못하고 유방에게 져 해하(垓下)에서 사면초가(四面楚歌)의 곤란을 겪고, 오강(烏江)을 건너가지 못한 채 죽어야만 했던 비극의 주인공이었다.

겨우 진을 멸망시키고 6국의 후예들이 각자 세력을 키워 몇십만의 군사를 동원하며 좌충우돌 서로 치고 받는 상황이었다. 그런 때 유방을 죽여 제후들의 인심을 잃는 것은 결코 현명한 처사가 아니라고 항우는 생각했을지도 모른다.

이렇게 본다면 항우는 결코 무지하고 단순했다고 평가할 수는 없을 것이다. 다만 그 당시 항우의 생각으로는 유방이 자신의 위치를 위협할 강자가 되리라고 실감하지 못했고 주변상황이 유방 제거의 시기가 아니라고 판단했을 수도 있는 것이다. 그때 유방을 죽였다면 항우가 중원의 천자가

되었음은 불문가지이나 이것은 결과론일 따름이다. 사람에겐 선악과 영욕이 교차하게 마련인데 승자보다 패배하는 사람을 동정하는 인간의 마음으로 볼 때 이때의 항우의 결단성 부족이 새삼스럽게 안타깝다는 것이다.

5. 비단옷 입고 밤길 가기

홍문에서의 연회가 끝난 뒤, 항우는 회왕을 의제(義帝)로 승격시키고 자신은 의제의 명을 받는 형식을 취해 서초(西楚) 패왕(覇王)이 되었다. 또 항우는 진(秦)의 9군을 차지하고 팽성에 도읍하였으며 패공 유방을 한왕(漢王)에 봉하여 남정(南鄭)에 도읍을 정하게 하고 파촉(巴蜀)의 땅을 다스리게 하였다. 이때가 항우의 전성기로서 항우는 자기 마음대로 왕을 봉하고 제후를 정하여 봉토를 나누어주었다.

항우는 함곡관에 들어온 뒤 함양(진(秦)의 수도)에 입성하여 성내 사람들을 도륙하고 시가지를 불태웠다. 아방궁 불길이 석달 동안 꺼지지 않았다니 약간의 과장이 있다 하더라도 함양은 거의 쑥대밭이 된 것이다.

항우는 진의 보화와 미녀들을 거두어 동쪽 고향으로 돌아가려고 했다. 고향 팽성에 도읍하려는 항우에게 한생(韓生)이란 사람이 충고했다.

"관중 땅은 사방이 산과 강으로 막혀 있고 토지가 비옥하여 천하의 패권을 장악할 만합니다."

그러나 항우의 생각은 달랐다.

"부귀를 이루고 고향에 돌아가지 않는다면 비단옷 입고 밤길을 가는 것과 같으니 그 누가 알겠는가?"

천하를 차지한 항우는 자기의 성공을 하루라도 빨리 고향 사람들에게 자랑하고 싶었다. 천하를 얻은 것만 생각했고 지켜나갈 일은 생각하지 못한 것이다. 이때 항우가 좀더 신중했더라면 훗날 실패의 늪에 그토록 빨리 빠지지는 않았을 것이다. 항우가 유방과의 싸움에서 실패한 가장 큰 원인은 장량 같은 유능한 참모가 없기 때문이기도 하지만 항우 자신의 인간적인 약점 때문이라 해야 할 것이다. 즉 유방은 여리고 무능해보이는 반면 참모들의 조언에 충실히 따르는 대의적인 면모가 있어 유능한 인재들이 모여들었다. 그러나 항우는 독선적이고 배타적이어서 참모의 입지가 좁았다. 좁은 지역을 다투는 싸움에서는 혼자의 힘이 어느 정도 통했으나 중원을 놓고 자웅을 결하기에는 너무나 왜소한 것이었다.

한편 파촉땅으로 쫓겨간 유방은 소하·장량·한신 등 유능한 참모들을 거느리고 세력을 키워 동쪽으로 진출하여 관중을 장악하고 항우와 패권다툼을 벌이게 된다. 유방의 세력이 항우의 세력 못지 않게 커져서 둘의 싸움은 승부를 예측할 수 없게 되었다. 그때 항우는 한왕의 부친 태공(太公)을 포로로 잡아두고 있었으며 유방은 형양이란 곳에서 포위되었다가 겨우 탈출한 적도 있었다. 그러나 대세는 점차 유방 쪽으로 기울기 시작했다.

유방은 오창이란 곳의 군량을 취하고 광무에서 항우와 대치했다. 항우는 유방이 군사를 철수하지 않으면 포로인 태공을 삶아 죽이겠다고 위협했다. 그러자 유방의 대답이 걸작이다.

"그 전날, 우리는 회왕 앞에 나가 진을 치라는 명을 받으며 서로 형제가 되자고 약속했다. 내 아버지는 곧 네 아버지이다. 삶아 죽이게 되면 나에게도 국물 한 그릇 다오."

항우는 진노하여 정말로 태공을 삶아 죽이려 했다. 그러자 항백이 말렸다.

"천하를 누가 차지할지도 모르고 또 천하를 얻고자 하는 사람은 가족을 돌보지 않는다. 태공을 죽이더라도 득이 없고 오히려 화가 될지 모른다."

결국 항우는 태공을 살려둘 수밖에 없었다.

항우의 잔인포악성은 항복한 진의 병졸 이십만을 하룻저녁에 묻어 죽일 정도였다. 그러면서도 한 사람의 태공을 죽이지 못한 것은 항백의 설득 때문이기도 하지만 항우의 성격이 남의 말에 쉽게 동요되는 결함이 있는 까닭이었다. 이에 비해 유방은 아버지가 죽을지도 모르는데 그 삶은 국물 한 그릇 달라고 말할 수 있는 배짱이 있었다. 물론 유방의 노련한 술수와 계산이었다. 유방의 이런 계산과 노회함은 항우가 아무리 발버둥쳐도 따라갈 수 없는 것이었다.

초와 한의 대치 상태가 계속되면서 병졸과 노약자, 일반 백성들의 고통은 대단했다. 항우는 백성들의 이런 고통에 스스로 가슴아파하는 아녀자의 눈물 같은 인정이 있었다. 두 사람이 서로 맞섰을 때 항우가 말했다.

"이 몇 년간 온 천하가 전쟁으로 고통받고 있다. 이는 모두 우리 두 사람 때문이다. 단둘이 자웅을 겨루어 결판을 내자."

그러나 유방이 웃으며 말했다.

"나는 지혜를 겨루면 겨루었지 힘으로 싸우지는 않겠다."

투박하고 단순한 항우의 성격과 노련하고 음흉하면서도 내색 않는 유방의 극렬한 성격 대비라 할 수 있는 대목이다.

6. 패배의 늪——사면초가

이런 일이 있은 뒤 항우와 유방은 홍구(鴻溝)를 경계로 천하를 양분하고 휴전하기로 합의했다. 이 협정으로 항우는 유방의 가족을 돌려보내고 동쪽으로 군대를 철수했다. 이제 지겨운 전쟁은 끝나고 천하가 평온할 것으로 생각한 군사들은 집으로 돌아간다는 희망에 환호했다. 항우도 우선 군량을 보충하며 휴식을 취해 전력을 바로잡을 계획이었다. 그러나 그것은 수세에 몰리는 약자의 희망사항이었다. 항우는 약속이 지켜지리라 생각했지만 유방의 참모 장량과 진평은 항우를 추격해야 한다고 유방을 적극 설득했다.

"지금 한은 천하의 태반을 차지했고 제후들의 신임도 받고 있습니다. 초의 병사들은 지쳤고 군량도 바닥났습니다. 이는 하늘이 초를 멸망시키려는 때입니다. 바로 지금 항우를 풀어주고 치지 않는다면 호랑이를 키워 재앙을 심는 것과 같습니다."

이에 한군은 항우를 추격하여 결국 해하(垓下)에서 포위했다.

해하지곤(垓下之困), 사면초가(四面楚歌)라는 고사성어를 남긴 항우의 마지막 곤경은 하늘의 뜻이라는 교훈보다는 인정과 눈물을 생각케 한다.

　"힘은 산을 뽑고 기개는 세상을 덮었어도

　때가 불리하니 추(騅)도 달리질 못하네

　추가 달리질 못하니 어이하겠나?

　우(虞)여, 우여, 너를 어이하리!"

　파멸을 눈앞에 둔 영웅, 달밝은 밤에 듣는 고향의 노랫소리. 포위된 군사. 일편단심 자신만을 따라다닌 가냘픈 우미인(虞美人). 그리고 전장을 누비던 명마 추(騅).

　서른둘의 항우에게 패망의 그늘은 점점 짙어지고 항우의 마지막 밤의 서정어린 독백은 읽는 이의 눈물을 자아낸다.

　환상인가? 진실인가? 사태는 이렇듯 순식간에 변하는가? 유방과 단둘이서 승자를 겨루자던 기세와 교만이 이제 끝나려 하고 온몸을 휘감고 있던 호기와 영화도 끝나고 적막과 불안이 한 가닥 노래로 울려퍼진다. 사랑하는 우미인을 보며 사나이로서의 통한의 눈물을 흘릴 뿐이다. 최후의 순간에 자신이 가장 사랑하는 여인에게 주는 사랑과 안타까움뿐이었다. 우미인은 화답하는 노래를 불렀고, 항우는 커다란 얼굴에 가득 눈물을 흘렸다. 좌우의 부하들도 차마 주군을 보지 못하고 눈물을 흘렸다.

　우미인은 항우의 품에 안겨 흐느껴 운다. 작은 어깨가 들먹거리고 터져나오는 여인의 오열에 항우의 가슴은 더욱 미어졌으리라. 우미인이 항우의 칼을 빼서 자결한 그 자리에 가냘픈 풀꽃이 피었다는 윤색된 이야기는 항우와 우미인의 슬픔을 대변하고 있다.

　오추마를 탄 항우는, 그를 따르는 8백의 기병을 이끌고 포위망을 뚫고 동으로 도망쳤다. 날이 밝자 한군 5천 명이 추격했다. 회수를 건넜을 때 항우를 따르고 있는 병사는 겨우 백여 기였다. 음릉이란 곳에서 농부에게 길을 묻고 늪지대로 갔다가 다시 돌아오다 보니 추격대는 더욱 가까워졌다. 동성이란 곳에 이르렀을 때는 겨우 28명뿐이었다.

　항우는 여기에서 마지막 용맹을 보인다.

　"나는 기병한 지 팔 년 동안에 칠십여 번의 전투를 치르면서 패배한 적이 없었고 천하의 패권을 잡았었다. 이번 일도 하늘이 나를 망치는 것이지 내가 용병을 잘못하지는 않았다. 지금 여기서 세 번 싸워 이 포위를 풀고 제군들에게 내가 싸움을 잘못한 허물이 없다는 걸 보여주겠다."

자신의 패배원인은 하늘에 있다고 강변한 항우였다. 힘과 용기와 대담성 등 항우의 전투능력이나 자질 면에선 잘못이나 부족함이 없었다는 것은 인정할 수 있다. 하늘 탓, 남의 탓이라고만 강변하는 항우의 단순함과 저돌성이 더 마음에 드는 사람도 있을 것이다.

만약 항우가 훌륭한 군주 밑에서 충성을 다하는 유능한 무신(武臣)이었다면 손색없는 장군으로 기억될 수 있다. 그러나 항우는 한때나마 천하를 요리한 패왕(覇王)이었다. 그에게는 전투수행 능력보다 더 중요한 정치적 능력이 필요했다. 통치자로서의 포용력, 계획하고 조정하며 병졸들을 선도할 수 있는 능력이 더 중요했었다. 그러나 이런 능력에 대해선 사기에 거의 기록이 없다. 이것은 물론 항우에 대한 관점이 힘과 용기 포악성 쪽에 있었기에, 또 그가 실패한 영웅이었기에 그런 통치자로서의 능력을 세밀히 관찰하지 않았기 때문인지도 모른다. 그러나 항우에게는 사실 전쟁에서의 용병술이 아닌, 인간을 포용하여 그 사람의 능력을 최대한 발휘하게 하는 정치력이 부족했다.

7. 그의 실패와 그에 대한 평가

항우의 잔인포악한 성격은 좀 지나친 데가 있었다. 항우는 양성(襄城)을 차지한 뒤, 저항했던 그곳 사람들을 모두 도륙했다. 그는 가는 곳마다 무고한 백성들을 몰살했으며 백성들은 두려워 떨며 복속했다. 결국 항우는 그 포악성 때문에 민심을 잃었다.

항우는 현명하고 유능한 신하들을 질투했고 어떤 신하가 큰 공을 세웠더라도 의심하고 음해했다. 상을 주는 데도 인색했으니 항우의 인정은 부녀자의 인정이었다. 또 항우는 한신(韓信) 같은 유능한 전략가를 알아보

지도 등용하지도 못했다. 진평(陳平) 같은 모사(謀士)를 적당히 부릴 줄도
몰랐다. 한신과 진평은 결국 유방을 도와 항우를 패배의 수렁으로 몰아넣
었다.

구강왕(九江王) 영포(英布)가 항우를 배신하고 유방을 도운 것도 같은
맥락에서 파악할 수 있다.

항우에게 유일한 참모는 범증(范增) 한 사람뿐이었으나 끝내 활용하지
도 못했다. 일찍이 범증이 항량과 항우를 만날 때 나이가 70이었다. 항량
에게 초 회왕을 옹립해 명분을 세우라고 건의한 사람이 바로 범증이었다.

예부터 "초나라 백성 세 집〔三戶〕만 있어도 진을 멸망시킬 수 있다."는
속언이 있었다. 이 말엔 초나라 사람들이 그만큼 용감하고 사나웠다는 뜻
도 있다. 진나라에 처음 반기를 든 진승(陳勝)도 항우도 모두 초나라 사람
이었다.

항량이 죽은 뒤, 항우는 범증을 아부(亞父)라 부르며 존중했다. 그러나
홍문의 잔치에서 범증의 권고를 듣지 않고 유방을 죽이지 못한 게 결국
큰 한이었다.

항우가 유방을 형양에서 포위했을 때, 유방은 군량이 바닥나고 고립무
원의 상태에서 패망일보 직전의 상태였다. 그러자 유방은 강화를 제의하
면서 형양을 경계로 천하를 양분하자고 제의했다. 항우는 그 제의를 수락
하려고 했다. 그러자 범증이 적극적으로 반대했다.

"지금 유방을 죽이지 않고 풀어준다면 후에 크게 후회할 것입니다."

항우는 범증의 말대로 포위를 좁히며 맹렬히 공격했다. 이에 유방은 진
평의 계책을 받아들여 항우와 범증을 이간시켰다. 결국 이 계책에 항우는
걸려들어 범증이 한과 내통한다고 여기어 점차 범증의 권한을 축소시키며
건의를 묵살했다. 범증이 대노하면서 말했다.

"천하대사는 이제 결정이 난 것 같습니다. 마음대로 하십시오. 이제 이
늙은 몸은 고향에서 생을 마치고 싶습니다."

범증은 고향으로 돌아가는 도중에 등창이 나서 죽었다.

의심이란 파문과 같이 한번 들기 시작하면 걷잡을 수 없이 확산된다.

의심이 들면 쓰지 말아야 하고 사람을 썼다면 의심하지 말아야 했다. 항우의 시기심 때문에 범증과 같은 유능한 참모를 죽게 했고 자신은 천하를 놓쳐버렸다.

항우가 부하나 참모를 의심하고 건의를 수용하지 못한 이유는 천성 때문이라 생각할 수 있다. 사실 항우는 자신의 능력에 대단한 자부심을 갖고 있었다. 그는 당시의 제후 그 누구보다도 명문 출신이었다. 이런 자부심은 부하에 대한 불신이나 멸시하는 행위로 이어졌다.

유방도 본래 오만하고 다른 사람들을 자주 능멸했다. 유생(儒生)의 두건에 오줌을 싸기도 했다. 그러나 유방은 소하·장량·한신·진평은 물론 다른 신하들의 건의를 잘 수용했다. 이에 비해 항우는 측근에게 인정을 베풀 때도 있었지만 곧 베푼 것을 아까워하고 사람을 끝까지 믿질 못했다. 이렇게 볼 때 항우와 유방의 승패는 사람을 거느리는 통솔력에서 결정되었다고 말해도 크게 틀리지는 않을 것이다.

항우는 확실히 불세출의 영웅이었다. 그에겐 본래 손바닥만한 땅도 없었다. 옛 전국시대 6국의 후예들을 모두 장악해서 진을 멸망시켰고 천하를 쥐고 왕후(王侯)들을 봉했다. 한때나마 패왕의 자리에 올라 천하를 호령했다. 그러나 초 회왕을 옹립했다가 의제(義帝)라 높이고서 다시 죽였을 때 대의명분을 잃고 말았다. 천자가 될 명분을 잃었기에 제후들이 항우에게 등을 돌렸다. 그런데도 항우는 자신의 능력을 지나치게 과신했고 옛일을 거울삼지 못했으며 힘으로 천하를 얻었고 힘으로 천하를 다스리려 했다.

처음에 출정하여 공을 세우자 항우는 회왕에 의해 노공(魯公)에 봉해졌었다. 노나라는 공자의 탄생지이기 때문에 예의와 숭문(崇文)의 유품이 강하게 남아 있었다. 항우가 죽었는데도 노나라 지역은 유방에게 굴복하지 않았다고 한다. 항우가 노공이었기에 주군에 대한 충성과 의리 때문이었다. 후에 유방이 회유하여 겨우 한에 복속시켰지만 항우가 전혀 마음에도 두지 않았던 노의 백성이 항우에 대하여 의리를 지켰다는 것은 아이러니컬하다.

  항우는 죽음에 임박해서도 "하늘이 나를 망쳤지 내가 용병(用兵)을 잘
못한 것은 아니다."라고 강변했을 정도로 자신을 믿고 있었다. 다만 자신
의 능력을 하늘이 버렸을 뿐이라는 것이다. 이러한 우직함이 그의 비극적
인 종말과 연계되어 더욱 연민을 느끼게 한다.

  항우의 포악함과 무모함은 물론 엄중한 비판을 받아야 하지만 고난과
절망에 빠졌을 때 그가 보여준 인간으로서의 모습은 그도 역시 하나의 인
간이었다는 동정을 받기에 충분한 것이다.

천명을 받은 인물 : 유방(劉邦)

맨몸으로 시정(市井)에서 떠돌다가 삼척검 하나를 쥐고 천하를 차지했
으니 가히 천명을 받았다고 할 수 있다. 의리를 끝까지 지켰기에 인재를
모아 대제국을 이룩할 수 있었다.

1. 개국 시조에게 보내는 찬사

한(漢) 고조(高祖) 유방(劉邦)은 패읍(沛邑) 출신이다. 그의 부친은 태
공(太公)으로 기록되어 있지만 이름이 확실하지 않다. 모친은 성도 없는
미천한 사람으로서 연못가에서 잠깐 쉬던 중 신(神)과 만나는 꿈을 꾸고
유방을 잉태했다. 하늘이 캄캄해지고 우레가 요란해서 태공이 달려가보니
교룡(蛟龍)이 그녀를 휘어감고 있었는데 곧이어 임신해서 유방을 낳았다
고 한다. 역대의 개국 시조에 흔히 따라다니는 신비한 이야기의 기본틀
그대로이다. 고조가 나라를 세웠고 그 후손이 제왕으로 군림하고 있으니
이 정도의 윤색이야 수용할 만하다.

유방은 젊었을 때 일하지 않는다고 부친한테 꾸중을 듣는 건달이었다.
그러나 본래 가진 것이 없었음에도 남에게 베풀기를 좋아했다.

유방은 장년이 되자 사수정장(泗水亭長)이 되었다. 요즈음 농촌의 지서
장쯤 해당되는 자리이다. 영웅은 호주호색(好酒好色)한다는데 유방도 예
외가 아니었다. 늘 주막에서 외상술을 마셨는데 유방이 취해 누워 있으면
언제나 용이 나타나 지켜주었기 때문에 고을 하급관리들도 모두 유방을
기이하게 여겼다. 술집에서도 어차피 못 받을 술값이라 생각하여 금액을

올려 적어놨다가 연말에 인심쓰듯 보여주고 장부를 불태워버리곤 했다.
이렇듯 유방에게는 사람들이 호의를 갖고 모여들었다.

단보의 여공(呂公)이란 사람이 관상을 잘 보았다. 유방을 한 번 보고선 자기 딸 여치(呂稚)를 시집보냈는데 후에 여태후가 되어 부귀영화와 권세를 누린다.

유방은 정장으로 있을 때 인부들을 여산 진시황릉의 공사현장으로 인솔하는 책임을 맡고 있었다. 공사장에 부역들어가면 다시 돌아오기 힘들던 그 시절이니 도망가는 인부들이 속출했다. 호송 도중에 유방은 술을 마시다가 인부들을 모두 풀어주며 말했다.

"당신들 모두 돌아가시오. 나 역시 이곳에서 되돌아갈 것이오. 다만 갈 곳 없는 사람들은 나를 따라와도 좋소."

이렇게 하여 인부들 중 10여 명이 유방을 따랐고 이들은 후에 유방세력이 모체가 되었다. 그날 밤 술에 취해 누워 있는 유방에게 한 사람이 다가와 말했다.

"앞에 큰 뱀이 길을 막고 있으니 다른 길로 돌아가셔야 합니다."

유방이 칼을 잡고 일어서며 말했다.

"사나이 가는 길에 무엇이 두려우랴!"

유방은 큰 뱀을 두동강내고 앞으로 나아갔다. 얼마 후 뒤따라오던 무리들은 뱀이 잘린 곳에서 울고 있는 노파를 만났다. 노파는,

"내 아들은 백제(白帝)의 자식인데 뱀이 되어 나왔다가 적제(赤帝)의 아들에게 죽었다."

고 말하며 갑자기 사라졌다. 뒤따라온 사람들에게 이야기를 들은 유방은 홀로 기뻐하며 자신에 대한 자부심을 가졌다. 그 뒤 유방을 따르는 무리들이 더욱 많아졌다.

사회가 불안할수록 그럴싸한 소문이 한번 돌기 시작하면 점점 윤색되어 더 넓게 퍼지는 법이다. 희망과 기대를 줄 수 있는 그럴싸한 소문이 갖는 전파력은 대단했다.

유방은 진시황 치하를 겪은, 고통받은 백성들의 바람이 무엇인지 잘 알

고 있었다. 일찍이 유방이 함양에 갔을 때, 진시황의 행차를 구경한 적이 있었다. 그때 유방은 크게 탄식하며 말했다.

"아! 대장부가 마땅히 저 정도는 되어야지!"

유방이 이렇듯 선망했던 천자의 자리에 오를 수 있는 조짐은 그 뒤에도 한두 가지 더 있었다. 천자가 되는 꿈──드러낼 수 없지만 결코 버릴 수 없는 꿈이었다.

2. 천하를 잃고, 얻은 까닭

그 당시 진(秦)·한(漢) 교체기에 항우와 유방은 가장 중요한 역할을 담당했다. 항우는 진의 군사적 주력을 꺾었고 유방은 그 혼란을 수습하고 대통일제국을 이루었다.

두 사람은 서로 항쟁하는 과정에서 분명히 다른 개성과 성격 차이를 보였다. 항우는 잔인 포악하여 인심을 얻지 못한 행동과 정치력의 부족이 약점이었다. 이에 비해 유방은 시세에 잘 적응했고 음흉한 성격이었으나 관후한 일면이 있었고 사람을 알아 일을 잘 맡겼다. 따라서 유방은 사태에 따라 강하게 때로는 부드럽게 대처할 수 있었고 책략과 기지가 풍부했다. 그러나 때로는 교활하게 속마음을 내보이지 않고 술수를 쓰기도 했다.

항우가 괴력과 용기를 가진 천성적인 전투영웅형이라면 유방은 용병(用兵)에 과단성있는 군사가였고 전술가였다. 또 항우에게서 정치적인 능력을 찾아보기 어려운 반면 유방은 심계(心計)에 능한 정치가형이었다.

유방이 한(漢)제국의 황제로 즉위한 뒤, 낙양에서 잔치를 벌일 때 말했다.

"여러분은 나에게 허물없이 말해보시오. 내가 천하를 차지할 수 있는 까닭은 무엇이고 항우가 천하를 잃은 까닭은 무엇이오?"

그러자 고기와 왕릉 두 신하가 일어나서 말했다.

“폐하께서는 오만하시어 다른 사람을 잘 업신여깁니다. 그러나 항우는 인자하며 잔정이 많습니다. 폐하께선 장수를 파견하여 성을 빼앗고 땅을 얻으면 그 전리품을 장수들에게 나누어주시니 천하사람들과 그 이(利)를 같이 나눈다고 할 수 있습니다. 그러나 항우는 똑똑하고 능력있는 사람을 질투하고 공을 세운 자를 오히려 음해하고 현명한 사람을 더욱 의심합니다. 전투에서 이겨도 공을 부하에게 돌리지 않고 새 땅을 얻어도 나누지 않습니다. 이 점이 바로 항우가 천하를 잃은 까닭입니다.”

“그대는 하나만 알고 둘은 모른다. 나는 장막 안에서 계략을 세워 천 리 밖에서 승리를 쟁취하는 능력은 장량(張良)만 못하다. 나라를 편안케 하고 백성을 맡길 수 있으며 군량을 부족하지 않게 공급하는 일엔 내가 소하(蕭何)를 따라갈 수 없다. 다음으로 백만대군을 모아 전투에서 승리하며 성을 공격했다면 반드시 쟁취할 수 있는 재능엔 또한 한신(韓信)을 이길 수 없다. 장량·소하·한신 이 세 사람은 모두 인걸들이라 할 수 있는데 나는 이들을 등용할 수 있었다. 이 점이 바로 내가 천하를 소유할 수 있었던 까닭이다. 항우한테는 오직 범증만이 있었으나 그마저도 제대로 쓰질 못했다. 이 점이 바로 항우가 나한테 잡힌 까닭이다.”

고조 유방의 득의만면해하는 모습이 눈에 선하다. 그의 말대로 깊고 넓은 지혜와 책략을 가진 장량, 정무와 경제에 뛰어난 소하, 전술 전투에 모두 능했던 한신, 이 삼걸(三傑)을 모두 중용하여 쓸 수 있었던 점이 천하의 패자가 될 수 있었던 까닭이다.

유방의 사람을 알고 일을 맡기는〔知人善任〕 능력은 탁월했다. 또 그는 민심을 얻는 방법도 터득하고 있었다. 유방이 비록 젊은 시절에 건달이었고 학문을 배우지도 못한 미천한 가문의 출신이었으나 그는 천하 경영의 큰 뜻을 가지고 있었다.

젊은 시절 그의 의리를 내세운 모든 행동이 바로 천자(天子)의 토대가 되었고 이런 덕목은 유능한 인물들을 복속시켰다. 현의 하급 서리였던 소하, 밥을 빌어먹던 한신, 상가 일을 돌봐주던 진평, 개백정 번쾌, 상여 앞에서 피리를 불던 주발 등 모두 젊은 시절 하잘것없는 하층민이었다. 유방은 이들을 발굴하여 이들이 각자의 특기를 최대로 발휘할 수 있도록 적재적소에 배치할 수 있는 능력을 가지고 있었다.

반면 항우는 어떠했는가? 객관적인 조건과 능력은 항우가 우수했다. 초나라 대표적 장군 가문의 후예로서 명성도 있었다. 힘과 무예 면에서는 그 누구도 항우를 이길 수 없었다. 그러나 이러한 자부심이 그를 패배의 늪으로 빠지게 만들었다. 따라서 자신보다 우월한 능력을 가진 사람이 있다고 인정할 수 없었던 항우였기에 참모들의 건의를 묵살했고 범증마저도 충분히 활용 못 했다는 고조의 말은 정곡을 찌른 지적이다.

3. 정치가의 기질

유방은 개성이 다양한 사람으로 상황에 따라 임기응변으로 잘 대처해 나갔다. 그러나 성현의 말씀을 공부한 적이 없으니 학문과 교양을 갖춘 사람은 아니었다. 술과 여자를 좋아했고 천성이 약간 교만한 인물이었다. 유방의 참모 중에서도 장량만이 명문출신에 학문과 교양을 갖추고 있었고 나머지 대부분은 무식한 사람들이었다. 유방이 황제에 즉위한 뒤 연회를 베풀 때 신하들이 술에 취해 서로 자기 공적을 자랑하면서 어전에서 소리 지르고 칼로 기둥을 찍을 정도였다. 이에 숙손통(叔孫通)이 어전에서 지킬 의례를 가르쳤고 의례대로 조회를 실시하자 고조가 매우 기뻐하며 말했다.

"내 오늘에야 비로소 황제가 고귀하다는 것을 알았도다."

그렇다고 해서 고조가 갑자기 교양이 높아진 것은 아니었다. 그러나 그는 가끔 거칠고 천박한 습성이 나타나긴 했지만 천하를 경영하는 통치자로서 즉시 자기의 본성을 누르고 정인군자(正人君子)로 돌아갈 수 있는 사람이었다.

진 시황제가 죽고 2세 황제 호해가 즉위한 기원전 209년에 진승이 진에 반기를 들었고 9월에 항량과 항우가 봉기했다. 그 혼란의 소용돌이 속에서 패읍의 백성들이 패령을 죽인 뒤 성문을 열고 유방을 맞이하며 패공(沛公)으로 추대했다.

그때 유방이 패읍 사람들에게 말했다.

"바야흐로 천하가 소란하여 모든 제후들이 봉기하고 있습니다. 이런 때 훌륭한 장수를 내세우지 못하면 단 한 번 실패로 모두가 죽음을 당합니다. 제가 제 몸을 아끼는 것은 아니지만 다만 제 능력이 부족하여 부형의 자제들을 능히 지킬 수가 없습니다. 이런 중대한 일은 서로 잘 알아보고 좋은 사람을 추대해야 합니다."

우리는 여기서 유방의 능수능란한 정치적 역량과 숨겨진 속마음을 엿볼 수 있다.

항량과 항우는 처음 봉기할 때 수십 명을 몰살하고 힘에 의한 점유와 출발을 했다. 그러나 유방은 당시 상황에 근거하여 누군가를 대표로 내세워 다른 세력과 협력하며 조직적으로 항거해야 한다는 방향제시를 하고 있다. 그러면서도 자신은 능력이 부족하다는 이유로 사양하는 겸양을 내보였다. 말하자면 유방은 정치적 책략에 밝았다고 할 수 있다.

사실 그때 나이 39세면 출세가 늦어도 한참 늦었고 아무것도 가진 것이 없는 유방인 만큼 한 고을을 진정으로 사양할 처지가 아니었다. 그러나 두 번 세 번 사양이 곧 한 고을을 확실하게 차지하는 가장 모양새 좋은 방법이 되었다. 이런 겸양의 제스처는 황제로 즉위할 때 다시 한 번 나타난다. 바로 만인지상(萬人之上)의 황제의 자리를 사양한 것이다.

"제위는 현명한 사람이 앉아야 한다. 나처럼 허언하는 사람은 지킬 수 없는 자리이다. 나는 황제가 되기에 부족한 사람이다."

그러자 신하들은 고조의 공적을 찬양하며 충성의 말을 늘어놓았다. 그럴수록 고조는 거듭 사양하다가 나중에 마지못한 척 수락한다.

"여러분들이 그렇게 생각한다면 국가가 편안한 대로 하라."

마치 하고 싶지 않은데 부득이해서 제위에 오른다는 어투이다. 나라를 편안케 하기 위해 제위에 오르겠다는 이 말 속에는 고조의 야심이 담겨 있다. 절대로 놓치지 않을 제위였지만 겉으로는 짐짓 초연하게 사양한 것

이다. 이러한 사양함의 격식이 오히려 그의 제위를 확고히 하고 신하들의
존경을 받을 것임을 그는 깨닫고 있었다. 그토록 갈망했던 제왕의 보위를
눈앞에 두고도 태연히 사양할 수 있었던 점이 고조가 중원을 통일할 수
있는 기반이 되었음은 불문가지이다.

4. 교만, 무례, 위선

유방이 기병해서 겨우 1만 명 정도의 군사를 거느리고 있을 때였다. 고
양(高陽)의 성문지기인 역이기(酈食其)라는 노인이 유방을 찾아왔다. 유
방이 그때 각방으로 현사들을 모을 때였다. 역이기가 숙소에 들어가니 유
방은 침상에 걸터앉아 두 여인에게 발을 씻기면서 역이기를 맞이했다. 역
이기가 말했다.

"그대는 진을 도와 제후들을 치려는가? 아니면 제후들을 이끌고 진을
격파하려는가?"

평소 유생을 싫어하던 유방이 화가 나서 말했다.

"빌어먹을 선비같으니라구. 천하가 진의 압제에 고통받은 지 오래거늘
어찌하여 내가 진을 도와 제후를 친다고 지껄이는가?"

"그대의 뜻이 그러하다면 침상에 걸터앉아 연장자를 맞이하지 말게."

그러자 유방은 벌떡 일어나 옷깃을 바로하고 상좌로 모시면서 사과
했다.

여기에 자신의 잘못을 곧바로 인정하면서 즉시 시정할 수 있는 오만하
면서도 솔직한 유방의 모습이 잘 나타나 있다. 그러나 금방 겸허한 자세
로 돌아갈 수 있는 그의 태도는 계산된 결과였다. 즉 세력을 넓히기 위해
선 이렇게 해야 한다는 사고에서 나왔을 것이다. 본심에서 저절로 순간에
일어났다고는 보기 어렵다. 왜냐하면 본심이 진정 그러했다면 연장자가
온다는 것을 알고 그런 행동을 취할 수 없었을 것이다.

고조는 5일마다 부자지례(父子之禮)로 부친인 태공을 뵈었다. 태공의

가령(家令)이 말했다.

"하늘에 태양이 두 개 있을 수 없고 땅에 두 왕이 있을 수 없습니다. 황제 폐하는 비록 태공의 자식이나 모든 백성의 군주이십니다. 태공이 비록 부친이라지만 신하입니다. 어찌하여 황제가 신하에게 절을 하십니까? 그렇게 되면 황제의 권위가 지켜지지 못할 것입니다."

그 다음에 고조가 태공을 뵐 때 태공은 문에 나와 맞이했고 뒷걸음으로 물러났다. 고조가 깜짝 놀라자 태공이 말했다.

"폐하는 만백성의 군주이십니다. 어찌 천하의 대법을 어지럽히겠습니까?"

이 일이 있은 뒤 고조는 태공을 높여 태상황(太上皇)이라 했다. 고조는 가령의 말을 옳다고 여기어 황금(청동) 5백 근을 하사했다.

태공의 가령은 고조의 비위를 맞추고 허영심을 충족시켜주기 위해 재미있는 연출을 한 셈이다. 황제이기 전에 자식일진대 아버지에게 아들이 절을 한다고 천하의 대법이 왜 어지러워지겠는가? 봉건신분체제를 유지 강화시켜준다면 어떤 주장이나 논의라도 황제는 듣기 좋아한다. 스스로 높은 지위에 있다고 생각하는 사람들의 권위주의는 결국 일종의 허영심리이다.

유방은 함양에 처음 입성했을 때 아방궁의 장려함에 매혹되어 궁중에 가득 찬 미녀들 사이에 그대로 눌러앉으려고 했었다. 번쾌가 그의 심중을 읽고 다음과 같이 충고했다.

"패공께서는 천하를 차지하고 싶습니까? 아니면 그저 부잣집 늙은이가 되고 싶습니까? 화려하고 사치스런 이 모든 것들이 바로 진을 망치게 했습니다."

그러나 유방은 번쾌의 말을 듣지 않았다. 그 다음 장량의 따끔한 충언에야 겨우 군사를 패상으로 철수시켜 주둔했다.

승상 소하가 장안(長安)에 미앙궁(未央宮)을 지었는데 고조는 둘러보고 너무 크고 화려하다고 화를 냈다. 당시 한의 국력으로 볼 때 아방궁보다 규모나 화려함이 훨씬 못 미쳤을 텐데 화를 낸 것은 분명히 일부러 꾸며

낸 듯 부자연스럽다.

"궁궐이 장대하지 않으면 위엄을 세울 수 없고 다음 후손들이 증축하지 않도록 크게 지었다."

는 소하의 변명도 자연스럽지 않다.

소하가 고조의 성격이나 욕망을 몰랐겠는가? 고조의 허영심과 향락적인 사고를 빤히 들여다보고 그렇게 지었고 그렇게 말했을 뿐이다.

고조는 소하의 대답을 듣고 기뻐했다. 왜 처음에는 화를 내고 소하의 대답을 들은 후에 기뻐했는가? 소하의 변명이 자신에게 적합한 이론적 근거를 제시해주었고 궁궐이 크고 화려하니 황제로서의 자존심을 충족시켜주었는데 기쁘지 않겠는가?

미앙궁이 완공된 것은 그 다음 해였다. 낙성식 때 고조는 옥으로 만든 큰 술잔을 받들고 태상황에게 헌수한 뒤 물었다.

"그 전에 아버님께서는 제가 무뢰하며 가업을 돌보지 않아 형님들만 못하다고 말씀하셨습니다. 이제 제가 이루어놓은 재산과 형님들의 재산 중 어느 쪽이 더 많습니까?"

이 말에 그 자리에 있던 모든 신하들이 박장대소했다. 고조는 뭇 신하들 앞에서 아버지를 모욕했고 웃음거리로 만들었다. 고조의 무례와 교만이 극도에 이른 망언망동이었다. 궁궐의 낙성식이라는 공식 모임에서 아버지를 농담의 대상으로 삼은 것이다. 말하자면 고조는 젊었을 적 아버지로부터 들었던 싫은 소리에 대해 지금 부친을 난처하게 함으로써 보상받았다고나 할까? 이 말은 아무리 좋게 보아도 천진스런 어리광이라고 할 수 없다. 젊은 시절의 거칠고 무례했던 성격이 표출된 것이다. 가난하고 비천한 농부가 일하지 않는 아들을 어찌 꾸짖지 않을 수 있으랴.

지금 황제가 되었으니 온 천하가 그의 땅 아닌 곳이 없고 온 백성이 그의 신하 아닌 사람이 없으니 고조의 성취한 바가 태산이라면 그 형의 것은 티끌과 같다. 그렇지만 자신의 성공을 형과 비교하여 아버지에게 자랑한 것은 유방의 천성이 경박했다지만 심한 감이 있다.

5. 금의환향

한 고조 유방은 자신을 도와 대제국을 세우는 데 공을 세운 참모나 장
군들을 왕이나 후(侯)로 봉했는데 그들의 봉지(封地)는 크고 작은 것이 서
로 얽혀 있어 상호견제 역할을 했다. 그런데 고조는 자신의 왕권이 확고
해지자 그들의 권한과 봉지를 삭감하는 정책을 꾸준히 추진했으며 반란의
기미가 있으면 여지없이 봉토를 빼앗아 이성제후(異姓諸侯)들을 차츰 줄
여나갔다.

고조는 일부 신하들과 백마(白馬)를 잡아 피를 바르고 유(劉)씨가 아니
면서 왕이 되는 자 있으면 천하가 다함께 공격해 없애야 한다는 맹세를
하기도 했다. 고조가 큰 공을 세운 초왕(楚王) 한신을 제거하고 회남왕 경
포의 반란을 유도, 평정한 것도 같은 맥락에서 파악할 수 있다.

고조 유방은 경포의 반란을 진압하고 장안으로 돌아오는 길에 고향 패
(沛)에 들러 머물게 되었을 때 패궁(沛宮)에 옛 친구와 부로(父老) 및 자제
들을 모두 불러모아 술을 마시며 즐겼다.

또 고향의 소년 120명을 뽑아 노래를 가르쳤다. 술이 얼큰해진 고조는
축(枳)을 치며 노래를 불렀다.

큰 바람 일며 흰 구름 난다.
천하에 위세 떨치고 고향에 돌아왔네
어디서 사나운 용사를 얻어
사방을 지킬 것인가?

소년들이 노래를 따라 부르게 하여 익히게 한 다음 고조는 일어나 춤을
추며 북받쳐오르는 감회에 젖어 눈물을 흘리며 패의 부형들에게 말했다.
"떠도는 이 몸은 늘 고향을 그리워합니다. 내 비록 관중땅에 있지만 죽

은 뒤라도 나의 혼백은 고향마을을 즐겨 찾을 것입니다. 패공으로 출발한 나는 포악한 무리들을 죽이고 마침내 온 천하를 차지했습니다. 고향 패읍을 나의 탕목읍(湯沐邑)으로 정하여 고을 사람들의 세금을 면제하여 나라에 바치는 것이 없도록 하겠습니다.”

패의 사람들은, 모두 종일토록 마시고 즐기며 옛날을 이야기했다. 10여 일 후 고조가 떠나려 하자 패의 부형들이 고조를 만류했다.

“내가 데리고 온 사람들이 많아 부형들께서 대접하기 어렵습니다.”

온 고을 사람들이 모두 고을 서쪽까지 따라가 헌수하니 고조는 다시 머물러 장막을 치고 3일 동안 같이 마시며 즐겼다.

고조의 귀향은 감격적이었다. 글자 그대로 금의환향이었다. 여기에서 고조의 자가도취는 최고조에 이르렀다. 그러나 사람으로서는 더 이상 오를 수 없는 지존의 자리에 올랐으나 그도 이미 늙은이였다. 온갖 풍상을 겪었고 함께 고생한 사람들 대부분이 세상에 없었다. 고조는 그 자리에서 감격스럽고 감회에 젖어 눈물을 흘렸다. 그 눈물의 의미는 굴절 많았던 한 생애를 종결짓는 순수한 눈물이었는지도 모른다. 따라서 고조의 눈물은 황혼에 지는 영웅의 눈물이라고 믿어도 괜찮을 것이다. 같이 늙어버린 고향의 벗, 집안어른들, 일가친척의 부녀자들과 함께 옛날을 이야기하면서 즐기는 모습은 아름답고도 감격적이다.

누구의 아들이고 손자인지는 몰라도 어린 소년들을 뽑아 노래를 가르치고 같이 춤을 추었다. 또 그때의 고조의 머릿속에는 수성(守成)의 어려움을 생각하게 되었다.

〈대풍가(大風歌)〉라 불리는 위의 노래는 고조의 기개와 감격을 잘 표현하고 있다. 패공으로 입신하여 한왕이 되고 황제에 올랐지만 그 과정에서 한신·팽월·경포 등 여러 장수들을 제거해야만 했다. 돌아보면 마음에 스며드는 적막을 어찌하겠는가? 대풍가의 노랫말이 비록 씩씩하다지만 그 뜻엔 슬픔이 담겨 있다. 그 슬픔이 곧 뉘우침이나 아쉬움이 아닐까? 극도의 환락 뒤에 오는 공허한 슬픔은 고향 무대였기에 더욱 심했을 것이다. 그러나 고향에 왔으니 선물을 주어야 한다. 고조는 다만 황제의 목

욕비용만을 고향에서 부담하라는 뜻으로 고향을 탕목읍으로 지정했다. 그
리고는 모든 세금을 면제시켜주었다.

6. 임종과 뒷 이야기

고향을 떠나 장안에 돌아온 고조는 곧 임종을 맞이하게 된다.

임종을 눈앞에 둔 고조의 모습은 사뭇 비장하면서도 달관한 듯, 체념한
듯 담담하기만 하다.

고조 11년 7월, 회남왕 경포가 반란을 일으켰고 10월에 고조는 경포의
반군을 격파했다. 그때 고조는 유시(流矢)에 맞았는데 병이 깊어져서 황
후 여태후가 양의(良醫)를 불러 병을 치료하게 했다.

고조가 의원에게 병이 어떠냐고 묻자 의원은 치료할 수 있다고 대답
했다. 그러자 고조는 의원을 꾸짖으며 말했다.

"나는 포의(布衣)의 몸으로 삼척(三尺)의 칼 한 자루로 천하를 차지
했다. 이는 천명(天命)이 아니겠느냐? 명은 하늘에 달려 있는 것이니 비
록 편작(扁鵲) 같은 명의가 있다 한들 무슨 도움이 되겠느냐?"

고조는 치료를 거부하고 의원에겐 청동 50근을 상으로 주어 돌려보
냈다. 얼마 후 여태후가 물었다.

"폐하의 백세(百歲) 후(죽은 뒤)에 승상 소하도 죽을 것입니다. 그때 누
가 승상직을 맡을 수 있겠습니까?"

"조참(曹參)이 마땅하오."

"그 다음엔 누가 적당합니까?"

"왕릉(王陵)이 마땅하오. 허나 왕릉은 우직하니 진평(陳平)이 왕릉을 돕
게 하시오. 진평은 비록 지혜가 많지만 혼자 감당하기엔 어려울 것이오.
또 주발(周勃)은 중후하나 학식이 부족하오. 그러나 우리 유씨 황실을 지
켜줄 사람은 주발이 틀림없소. 주발을 군사권을 장악하는 태위(太尉)에
임명토록 하시오."

여태후가 다시 그 다음을 묻자 고조는 단호히 잘라 말했다.

"그 다음은 그대가 알 바 아니오."

고조는 곧 자기의 생명이 다한 것을 알고 있었다.

젊은 지난 날들을 생각해보면 한순간 한순간이 하늘 뜻대로, 이미 정해진 하늘의 각본대로 되었다고 생각했기 때문에 죽음조차도 각본의 일부라고 생각했었던 모양이다.

의원의 치료를 거부한 것은 천명을 따르겠다는 고조 자신의 의지인지 아니면 젊은 날의 오기가 다시 발동한 것인지 확실히 짐작할 수 없다. 어쩌면 반사된 빛에 비춰지는 그림자인양 감추고 감추어도 숨길 수 없는 본래의 습성을 그대로 드러냈다고 볼 수도 있다. 이제 곧 막이 내리면 관객들은 뿔뿔이 흩어질 것이다. 이미 도중에서 사라져간 사람도 많았다. 주인공이 떠난 무대, 그래도 계속되어야 할 종실이요 사직이기에 여태후는 그 다음 일을 걱정 안 할 수 없다.

고조 유방의 인물평은 정확해서 "유씨 황실을 분명히 지켜줄 충직한 사람은 주발뿐이다."라는 예견은 그 뒤 그대로 적중했다. 과연 지인선임(知人善任)의 유방이었다. 그 정도의 인물 평가능력이 있었기에 황제자리에 오를 수 있었을 것이다.

진평·주발 다음을 묻자 그 다음은 여태후 자신도 죽을 것이니 알 필요 없다는 거절에 여태후에 대한 약간의 불신(不信) 같은 것을 엿볼 수 있다. 실제로 고조가 죽은 뒤 한 나라는 여씨(呂氏) 천하였었다.

고조는 다음해 4월, 54세를 일기로 장락궁에서 죽었고 장릉(長陵)에 묻혔다. 고조가 운명했을 때 여태후는 곧 발상(發喪)하지 않았다. 고조의 개국공신들 중 몇이라도 우선 제거해볼 생각이었다. 그러나 어쩔 수 없어 4일 후 발상했다.

고조 유방에게는 8명의 아들이 있었다. 여태후를 맞이하여 아들(2대 혜제)을 얻기 전에 이미 다른 아들이 있었다. 따라서 2대 황제 혜제는 엄격히 말하면 고조의 둘째아들이었다. 셋째는 척부인(戚夫人) 소생의 여의(如意)였고 넷째가 박태후의 소생으로 후에 문제(文帝)로 즉위하게 된다.

질투와 여인천하 : 여태후(呂太后)

질투의 화신으로 고조가 죽은 뒤 고조의 총애를 받았던 척부인을 '인돼
지'로 만든다. 심약한 혜제가 죽자 정권을 독단했지만 죽음과 함께 여씨
일문의 권세는 종말을 고한다.

1. 질투의 화신(化身)

여태후는 한 고조의 황후였다. 고조가 죽은 뒤 아들 혜제를 허수아비로
만들고 섭정(攝政)하였다.

"혜제나 여태후 재위 시, 백성은 그간 수많은 전쟁의 고통을 받았기에
군신 모두가 그저 무사히 쉬고 싶었다. 그래서 혜제는 정치에서 손을 뗐
고, 고후(高后)는 여주(女主)로서 천자의 일을 대행했지만 정령(政令)이
백성들에게 하달되는 것도 없어 온 천하가 편안하였다. 형벌 집행도 없다
보니 수형자도 드물었다. 백성들은 농사에 힘쓰고 의식주는 더욱 윤택하
고 넉넉해졌다."

사기에 실린 여태후 치세에 대한 평가를 인용한 글이다. 얼핏 본다면
나라와 백성이 모두 평안하고 풍년에 물자도 넉넉한 태평성대를 구가했던
듯하다. 사실 혜제가 7년간 재위에 있었지만 하는 일도 할 일도 없었다.

혜제가 죽고 여태후가 천자역할을 대행할 때가 기원전 187년이었다. 문
제(文帝)가 즉의하는 기원전 179년까지 2명의 소제(少帝)가 있었지만 제왕
으로서 이름도 없는 허수아비였다. 즉 여태후가 살아 있는 동안 그야말로

무위지치(無爲之治)가 이루어지며 휴양하며 번성하는 시대라고 착각될 정도였다.

한 제국이 터전을 마련한 뒤 백성들의 고난은 점차 풀리기 시작하여 안정을 바라는 세대적 염원을 안고 백성들은 농사에 힘썼다. 이런 시대상황 속에서 지배층 또한 정권의 안정을 이룩해야 하고 인구와 물자를 늘려야 한다는 계산에서 백성에 대한 폭정과 수탈을 하지 않았다고 볼 수 있다. 그러나 여태후 치세하에 국정이 바른 방향으로 흘러갔던 것은 아니었다. 사기에는 여태후의 고약한 성격과 악행을 열거하여 냉정하게 서술했다. 그 다음에 당시의 시대적 배경과 추세를 빌어 천하가 태평했다고 여태후에게 좋은 말로 칭찬 한마디 던졌을 뿐이다.

한나라 초기 사회안정과 경제력의 회복과 발전은 절대로 여태후 한 사람의 공적일 수 없다. 그러나 여태후의 공과(功過)를 따질 때 그 공으로 인정해줄 수 있던 것은 그 시대의 경제력 회복뿐이었다.

여태후는 혜제 재위시부터 전권을 휘두르며 여씨들을 요직에 심으면서 여씨 천하를 꿈꾸었다. 그러나 그의 임종 때까지 궁정에는 크고 작은, 또 드러나지 않은 싸움이 계속되었고 원망과 억울함이 도처에 깔려 있었다. 도성 안에는 죄인을 처단하는 칼날이 번득였고 길흉화복은 곳곳에 서로 뒤엉켜 있었다.

많은 사람들이 독주(毒酒)를 마셔야 했고 혹형에 죽어갔다. 정의는 뒷전에 밀어두고 오직 아부와 굴종으로 권세에 영합하는 사람들이 득실거렸다. 옛날의 실날 같은 인연 하나에 고위관직을 차지한 사람도 있었고, 남의 아들을 뺏고 그 생모를 죽인 경우도 있었다. 참소와 무고 때문에 굶어 죽는 사람이 있었고, 감시 속에서 분을 참지 못하고 자살한 사람도 있었다.

이런 일들은 정의와 관계가 없었고 인도(人道)에 어긋나며 천리(天理)를 해치고 인간세상의 정(情)을 무참히 끊어버리는 일이었으니 이런 모든 사건에 여태후는 직접·간접으로 관련이 있었다.

여태후가 죽기를 기다려 고조의 원로 공신들은 정변을 일으켜 단숨에 모든 여씨 일족을 제거하였다. 이로써 여씨들 중 왕이나 후(侯)가 되었던 사람들은 모두 액운을 당해야만 했고 남녀노소를 불문하고 여씨들은 모두 비극적 종말을 맞았다.

2. 여태후의 결혼과 욕망

단보(單父) 사람인 여공(呂公)은 평소에 패(沛)의 현령과 친했다. 여공이 살인하고 패현에 숨어들었을 때 현령은 여공을 환대하는 잔치를 베풀며 현 안의 유지들을 모두 초청했다.

그때 소하는 문서를 맡은 관리로서 축의금 접수를 담당하고 있었는데 축의금 천전(千錢)이 못 되는 사람은 당하에(堂下)에 앉아야만 했다. 유방은 당시 정장(亭長)이면서 축의금 일만 전을 내겠다고 접수했지만 사실은 한 푼도 없었다.

유방이 당상(堂上)에 올라서자 여공은 유방을 보고 크게 놀라며 자리에서 일어나 유방을 맞이했다.

본래 여공은 관상을 잘 보는 사람이었다. 여공은 유방의 모습을 보더니 공경스럽게 상좌로 안내했다. 소하가 여공에게,

"유방은 본래 큰소리를 잘 치지만 이루는 바가 없다."

고 말했지만 여공은 극진히 대접하였고 유방은 아무 거리낌 없이 상좌에 앉아 좌중을 압도하며 담소하였다. 술자리가 파할 무렵 여공은 눈짓으로 유방을 만류하며 말했다.

"제가 관상을 좀 봅니다만 귀공 같은 분은 처음입니다. 바라옵건대 부디 자중자애하십시오. 제 딸자식 하나를 귀공에게 드리고 싶습니다."

그 후 여공의 아내가 이를 듣고 화를 내며 말했다.

"당신은 늘 이 애를 기특하게 여기면서 귀인에게 시집보낸다고 했습니다. 이곳 현령이 당신을 잘 대해주면서 딸을 데려간다 해도 주지 않더니 망령이 드신 겁니까? 어떻게 유방 같은 인물에게 딸을 준다고 했습니

까?"

그러자 여공이 단호하게 말했다.

"이런 일은 아녀자가 알 바 아니오."

이렇게 해서 유방에게 시집간 사람이 바로 여태후였다.

유방이 아직 미천했을 때 여태후가 어린 남매를 밭둑에 뉘여놓고 일을 하고 있을 때였다. 어떤 노인이 지나가다가 여태후와 자녀의 관상을 보더니 후에 아주 귀한 자리에 오를 것이라고 예언했다. 여태후에게는,

"당신은 본래 귀인이지만 이 아들 때문에 더욱 존귀해지실 겁니다."
라고 말했다.

유방도 여태후도 그런 날이 오기를 기다리고 있었다.

유방이 거병하고 통일대업을 완수할 때까지 여태후는 그의 역할을 성실히 해냈다. 여장부답게 참고 견디며 온갖 궂은 일을 했고 부녀자의 도리를 잘 지켜나갔다. 어떻게 본다면 인종(忍從)과 포용의 길고 긴 세월이었다.

고조가 죽자 인종의 고삐에서 풀려난 그녀에겐 헌신적으로 봉사할 대상이 없어졌고 남은 것은 늙음뿐이었다. 지난날의 청춘과 각고의 노력은 무엇으로 보상받을 수 있겠는가? 억눌림에 대한 반동은 크게 나타날 수밖에 없었다. 권력을 한손에 쥐게 되었으니 죽은 고조를 대신하여 일족의 뿌리를 심어주고 깊게 내리도록 도와주는 일이 여태후의 즐거움과 목표가 되었다. 그리고 그것을 위하여 원로공신들을 제거하기 시작했다. 일부 종실과 원로와 결탁하여 또 다른 종실과 공신들을 제거해나갔다.

여씨 일족을 왕이나 제후에 봉한 것은 여황제의 야심의 필연적 산물이었다. 그러나 또한 야심의 성공 때문에 여태후 사후에 여씨 일족의 몰락도 필연적이었다. 왜냐하면 여씨 일족의 뿌리가 내리고 굳어지는 과정에서 민심을 얻지 못했기 때문이다. 여태후의 야심이 본래 정도(正道)가 아니었기에 정도로 되돌아가기 위하여 그 야심의 뿌리는 뽑혀져야만 했다.

3. 질투·복수·잔혹의 극점

여러 기록을 종합해보면 여태후는 걸출한 여걸임에 틀림없었다. 고조가
전장(戰場)에 머무는 동안 여태후는 나라의 안주인으로서 그 역할을 다
했다. 전쟁터에는 젊고 예쁜 척부인(戚夫人)이 동행할 때가 많았기에 고
조의 사랑을 받을 기회가 거의 없었다. 고조는 척부인을 몹시 사랑했고
또 그 소생인 조왕(趙王) 여의(如意)를 귀여워했다. 고조는 여태후 소생의
혜제는 나약해서 자신을 닮지 않았다며 탐탁지 않게 여겼고 대신 자신을
닮았다고 생각되는 여의를 태자로 삼으려 했다. 그러나 혜제는 후에 장량
의 계책으로 태자의 지위를 유지하는 데 성공했다.

이것을 보면 여태후의 불안과 척부인에 대한 질투, 조왕 여의에 대한
증오가 어느 정도였을지 짐작할 만하다. 여태후는 고조가 세상을 뜨자마
자 독수(毒手)를 들어 복수를 시작했다. 여자의 질투가 분출한 첫번째 과
정이었다.

여태후는 궁중 감옥인 영항(永巷)에 척부인을 가두어놓고 조왕 여의를
소환했다. 그런데 부르러 간 사자가 세 번이나 되돌아왔다. 조의 재상인
건평후 주창(周昌)이 사자에게 말했다.

"고조께선 나에게 조왕을 부탁했고 조왕은 아직 연소하다. 태후께서 척
부인을 미워하고 조왕을 소환하여 죽이려 한다는 말을 들었기에 조왕을
보낼 수 없다. 게다가 대왕께선 지금 병중이시다."

여태후는 크게 노하여 주창을 소환하고 다시 사람을 보내 조왕을 소환
했다.

혜제는 본래 성품이 인자한 사람이었다. 혜제는 척부인과 이복형제인
여의에 대한 여태후의 미움을 잘 알고 있었다. 또 소환되면 어떻게 되는
지 짐작하고 있었기에 조왕이 장안에 도착하기 전 혜제는 직접 여의를 마
중했다. 여의를 데리고 온 혜제가 여의와 같이 생활했기 때문에 여태후는

178

여의를 죽이려 했지만 기회가 없었다.

어느날 혜제는 새벽에 사냥을 나갔다. 그러나 여의는 나이가 어려 일찍 일어나지 못했다. 태후는 여의가 혼자 있는 것을 알고 독약이 든 술을 먹여 죽였다. 혜제가 돌아왔을 때 이미 여의의 몸은 싸늘하게 식어 있었다.

다음은 척부인 차례였다. 여태후는 척부인의 손발을 자르고 눈을 파낸 다음 귀를 지지고 음약을 먹여 벙어리로 만들었다. 그리고 변소에 집어넣고 '인돼지'라고 부르며 증오했다. 그렇게 하고도 분이 안 풀린 태후는 얼마 뒤, 혜제를 불러 변소 안의 척부인을 보여주었다. 마침내 혜제도 누구인지 알 수 있었다. 충격에 쓰러진 혜제는 일 년이 넘도록 자리에서 일어나질 못했다.

혜제가 나중에 여태후에게 말했다.

"그런 일은 사람이 할 수 있는 것이 아닙니다. 제가 비록 어머니의 아들이지만 저는 이제 천하를 다스릴 수 없습니다."

혜제는 그날부터 술을 마시고 황음에 빠졌다.

이 부분은 인간이 얼마나 잔인할 수 있는지를 보여주는 대목이다. 질투에 몸부림치는 여인의 무서움의 끝은 알 수 없다. 오뉴월에도 서리가 내린다는 여인의 질투심에 그 아들조차도 '이는 사람이 할 짓이 아니라'고 절규하고 있지 않는가? 여태후의 비인간적 행위는 혜제의 인자한 마음씨를 배경으로 더욱 악랄하게 부각되고 있다.

여기까지 보면 여태후에겐 극도의 질투심만 남아 있고 정치적 야심은 나타나지 않는 것처럼 보인다. 그러나 정치적 권력의 핵심부에 자리할 수 있는 사람이 어찌 야망이 없겠는가? 여태후는 이미 회음후 한신을 죽였고 일부 공신들을 제거하는 데 수완을 발휘했다.

혜제의 이복형인 제(齊)의 도혜왕이 내조(來朝)했을 때, 혜제는 비록 황제였지만 아우로서 형에게 공손히 대했다. 그런데 여태후는 기분이 매우 언짢아서 도혜왕을 죽이려 했다. 이를 눈치챈 한 사람이 도혜왕에게 여태후의 의중을 암시했다. 도혜왕은 자기의 봉지(封地)를 여태후 소생의 노원공주(魯元公主)에게 바치며 태후를 정성껏 섬기겠다는 뜻을 표시했다.

그러자 여태후는 도혜왕을 임지로 돌려보냈다.

여태후는 정치적 야심과 함께 고조의 여러 아들들의 세력을 누르겠다는 뜻을 세우지만 여태후 자신의 세력기반이 아직은 약하다는 점을 절감한다. 그렇기 때문에 여태후는 비록 작은 땅이라 할지라도 사양하지 않고 뺏어가며 자신의 세력을 키우기에 진력하였다.

혜제는 17세에 즉위하여 23세에 죽었다. 혜제에게는 후궁 소생의 어린 아들 하나뿐이었다.

이런 상황은 큰 변화를 일으키기에 충분했다. 여태후는 이런 점을 노려 황제의 권한을 대행할 뿐만 아니라 자신의 세력을 공고히 하려고 노력했다.

그런데 여기에 장벽으로 나타나는 것이 원로공신들이었다. 그들은 통일의 대업을 보좌한 공로로 고위직을 차지하고 있었으며 영향력도 컸다. 그러나 여태후의 목적달성이 전혀 불가능하지는 않았다. 중요한 것은 자신을 지지하는 세력을 만들면 되는 일이었다. 여태후의 이런 야심을 아는 일부의 세력들이 더 큰 권력을 얻고자 모여들었다.

벼슬길에 있는 사람들은 언제나 상황변화에 관심을 갖고 있다. 그들은 상황에 적절히 대응하는 탄력성도 있고 흐름을 따라 순응하는 일종의 관성을 가지고 있다. 급변하는 상황에 처해 대국(大局)을 통찰하고 공심(公心)을 발휘하는 사람이 있으면, 시비를 분명히 가려 의를 지키고 명분을 중시하는 사람도 있는 법이다. 그런가 하면 윗사람의 뜻을 따르고 받들며 세태와 사리에 밝아 능란한 수완으로 자신의 몸과 지위를 잘 보존하는 사람도 있다. 또 한 수 더 떠서 풍랑을 일으켜 남을 해치며 이익을 챙기는 사람도 있게 마련이다.

이상과 같은 분류는 변화하는 상황에 따라 금방 나타나게 마련이다. 따라서 우리는 점점 강대해지는 여태후의 세력에 대하여 원로공신들이 어떤 반응을 일으키는지 주목해볼 필요가 있다.

4. 뿌리내리는 여씨 세력

장량의 아들 장벽강은 나이 열다섯에 시중(侍中)의 직책에 있었다. 그러나 그는 현명하여 여태후가 혜제의 죽음에도 울기만 하고 진정으로 슬퍼하지 않자 여태후의 심사를 헤아렸고 곧 원로대신들에게 화가 미칠 것을 간파했다.

장벽강은 곧 좌승상 진평에게 여태후의 일족인 여태(呂台)·여산(呂産) 여록(呂祿)을 장군에 임명하여 남북군을 거느리게 하고 기타 다른 여씨들에게 여러 직책을 맡기라고 건의했다. 진평은 그 건의를 받아들여 곧 조치를 취했다. 이에 여태후는 자신의 입지 강화에 안심했고 대신들은 화를 면할 수 있었다. 그런데 이런 계책이 여태후의 눈치를 파악하고 기민하게 그 뜻을 받든 것이며, 장량의 아들한테서 나왔고, 고조의 원로대신 진평에 의해 집행되었다는 점에 유의하여야 한다.

여태후가 기뻐하고 안심한 것은 바로 원로대신들이 자기 심중을 헤아려 미리 조치해주었기 때문이다. 그 뒤 여태후는 가슴이 미어지듯 아들의 죽음을 슬퍼했다고 한다. 어린 황제의 죽음으로 자신의 위치가 흔들릴 것을 근심하여 아들의 죽음에도 진정으로 슬퍼하지 못했다가 자신의 입지가 오히려 강화되는 듯싶자 울음을 터뜨린 것이었다. 모정이 아니라 사욕에 의한 하잘것없는 정이었다.

여태후는 한편으로 누구를 왕에 옹립할 것인가를 논의하기 위해 우승상 왕릉에게 묻자 왕릉이 대답했다.

"고조께서 백마를 잡아 맹세하기를 유씨가 아니면서 왕이 된 자 있으면 모두 힘을 합쳐 치기로 했었습니다. 여씨 일족을 왕으로 봉하는 일은 선왕(先王)과의 약속에 어긋납니다."

여태후는 불쾌했다. 다시 좌승상 진평과 강후 주발에게 물으니 주발이 대답했다.

“고조께서 천하를 평정하신 후 그 자제들을 왕으로 삼으셨습니다. 그러나 지금 태후께서 천자를 대행하시니 형제와 일족을 왕으로 삼으신다 해도 안 될 것은 없습니다.”

태후는 이 말에 매우 기뻐하며 의논을 종결지었다. 왕릉은 어이가 없어서 진평과 주발을 힐책했다.

“일찍이 선왕께 맹세할 때 당신들은 그 자리에 없었소? 당신들은 사욕으로 태후에게 아부하며 약속을 어기니 지하에서 무슨 면목으로 선왕을 뵙겠소?”

그러자 진평과 주발이 대답했다.

“태후 면전에서 거절하며 논쟁하는 데는 우리가 당신만 못합니다. 그러나 사직을 보존하고 유씨 후손을 지켜주고 안정시키는 데에 대해선 그대가 우리만 못할 것입니다.”

그럴 듯한 명분이었다. 왕릉은 이 말에 더 이상 반박하지 못했다.

며칠 후 태후는 왕릉을 황제의 태부(太傅)로 임명하여 재상권을 박탈했다. 왕릉은 칭병하여 사직한 뒤 고향으로 돌아갔다.

진평과 주발은 여태후의 의도가 종실에게도 좋은 일이고 원로공신에게도 좋은 일이라고 여겨 어찌보면 지조도 없이 계산된 사심(私心)대로 국가 중대사를 처리했다.

진평과 주발은 후에 여씨 일족을 제거하고 유씨 종실을 지켰으니 그 공적 또한 적지 않다. 그러나 여태후의 위세 앞에 뜻을 굽혀 아부하며 개인의 영화를 얻으려 했던 점에서 이들에 대한 평가는 희석된다. 이들이 내세운 명분은 사직보존과 황실의 안정이었다. 그른 것은 당당히 그르다고 하며 조정회의에서 맞서지도 못하는 것을 부끄럽게 생각하기는커녕 자기들 생각만이 합당하며 결코 아부하지 않는 듯 왕릉의 힐책을 모면하며 역공했으니 그들에겐 일생의 오욕이 아니겠는가?

왕릉은 정직한 사람이었다. 가슴엔 충성심이 가득했고 여태후에게 당당히 맞서긴 했으나 진평과 주발의 사심(私心)을 완전히 들추어 폭로하지는 못했다. 또 보다 정확한 형세분석으로 진평과 주발의 논리적 오류를 반박하지도 못했다. 그래서 왕릉은 그들의 대답에 반박하지 못하고 묵묵히 물러나야만 했다. 그러나 승상까지 역임했고 무사히 귀향할 수 있었으니 그것만도 복이라고 생각할 수도 있다. 어쨌든 이런 과정을 거치면서 강직했던 원로대신들은 하나씩 사라졌다. 한 사람의 은퇴는 곧 전례가 되었으며 직접·간접으로 보이지 않는 파급효과를 낳아 다른 신하로 하여금 여태후에게 맞설 생각을 갖지 못하게 하였다.

이런 과정에서 여씨들의 세력은 자연스럽게 자리를 잡았고 그 다음부터는 아무 장애물 없이 성장하여 평탄대로를 치달릴 수 있었다.

여태후는 자기 세력의 울타리를 심는 일을 조정내부의 장애물과 세인들의 불만을 무마시키면서 용의주도하고 신중하게 처리해나갔다. 먼저 혜제의 후궁 소생 아들들을 왕이나 제후로 봉하여 유씨 황실을 존중한다는 태도를 보였다. 또한 자신을 지지하는 대신들에게 여태(呂台)를 여왕(呂王)으로 세우자는 건의를 하게 했다. 그런 다음 6~7명의 여씨 일족을 왕이나 후(侯)로 삼아 여씨 세력을 심는 첫 작업을 완료하였다.

5. 허수아비 황제

혜제의 황후는 아들을 낳지 못했다. 그러나 여태후는 황후가 임신했다고 소문을 퍼뜨린 뒤, 다른 후궁이 낳은 아들을 데려다가 이름을 지어주고 태자로 키웠다. 그리고 그 생모를 죽여버렸다. 혜제가 죽은 뒤 태자가 자리에 오르니 이를 소제(少帝)라 하였다. 소제가 점점 자라면서 생모가 죽음을 당한 것을 알고 주변 사람에게 말했다.

"태황후께서 어찌 내 어머니를 죽일 수 있단 말인가. 내가 아직 어리지만 크면 반드시 복수하리라."

여태후는 이 말을 전해듣고 왕을 궁중감옥 영항에 가두고 황제가 위독하여 아무도 만날 수 없다고 주위에 말하였다.

"지금 황제의 병이 오래 되었고 또 나을 가망도 없다. 제정신이 아니어서 황통을 이어갈 수도 없고 종묘 제사를 받들 수도, 통치할 수도 없다.
그러니 황제 자리를 내가 대신하겠다.”

대신들은 다만 머리를 조아리며 명령을 받들 뿐이었다. 이렇게 불쌍한
어린 소제는 명백한 이유도 없이 죽어가야만 했고 여태후는 또 다른 후궁
소생인 상산왕(常山王) 의(義)를 황제로 앉히면서 이름을 홍(弘)으로 바꾸
어주나 역시 허수아비만도 못한 존재였다.

여태후가 좌우에 자기 세력의 안배를 끝낸 뒤, 그 세력유지의 방법으로
생각한 것은 여씨 일족의 여자들을 황족에 출가시키는 일이었다. 말하자
면 치마끈으로 정국을 얽어매자는 의도였다. 여태후의 의도는 너무 철저
했기에 그런 결혼관계에서 많은 문제가 발생했고 비극적 종말이 있었다.
여태후는 그런 비극 창조의 주역이었다.

여태후 7년 정월, 태후는 조왕 우(友)를 소환했다. 조왕은 여씨 문중의
여자를 왕비로 맞이했으나 애정이 없었고 다른 여인을 사랑했다. 여(呂)
왕비는 이에 질투하여 여태후에게 남편을 무고했다. 소환된 조왕은 장안
에 도착하였으나 궁중에 들어가지도 못하고 여염집에 머물러야 했으며 여
태후는 군사를 풀어 조왕을 감시케 하며 음식을 보내주지도 않았다. 가끔
신하들이 몰래 음식을 보내주면 곧 체포하여 죄를 문책하였다. 조왕은 굶
주림 속에 노래를 지어 불렀다.

“여씨 권세에 유씨가 위태롭고
협박 속에 아내를 맞이했네.
아내는 질투하며 무고하고
여인이 나라를 흔들어도
황상은 알지 못하네.
충신이 없다고 어찌 종사를 버리랴.
들에서 죽어도 하늘이 알아주겠지.
아! 후회한들 어이하리
차라리 빨리 죽으리라.

왕이 굶어죽었다면
누가 가련타 하리 !
여씨들이 인륜을 버렸으니
하늘이 원수를 갚아주겠지 ! ”

조왕이 죽자 여태후는 양왕(梁王)인 회(恢)를 조왕으로 옮겼으나 마음이 놓이질 않아 여산(呂産)의 딸을 조왕의 비로 삼았다. 그런 다음 왕후 이하 중요 직책을 여씨 일파로 채우고 왕을 감시하게 하니 조왕은 마음대로 할 수 있는 일이 하나도 없었다. 그리고 조왕이 한 여자를 사랑하자 곧 독살해버렸다. 조왕은 슬픔 속에서 끝내 자결해버렸고 태후는 여인 때문에 종묘를 버렸다며 왕의 사당조차 없애버렸다.

6. 여씨 일족의 종말

위에서 말한 것을 종합할 때 여태후는 조정을 제압하고 종실을 잔인하게 억누르며 전횡을 일삼았다. 여태후에게 순종하면 번창했지만 뜻을 거스르면 없애버렸다. 그러나 이렇게 여태후는 교만과 방자 그리고 무소불위의 권력을 마음껏 휘둘렀지만 그녀의 항로가 결코 순탄했던 것은 아니었다. 아직은 근심 걱정 없이 높은 베개를 베고 누워 있을 정도가 아니라는 것은 여태후 자신도 알고 있었다. 꿈틀대는 저항의 몸짓이 아무리 작다하더라도, 또 반항의 소리가 비록 백성들 마음속에서만 메아리친다 하여도 반항은 역시 반항인 것이다.

조왕 우가 굶어 죽으면서 읊은 노래가 어떻게 해서 기록으로 남을 수 있겠는가? 조왕 회가 자결하면서 품은 원한은 흔적없이 사라졌을까? 여태후의 반대세력이 어찌 원로대신과 유씨 황족뿐이었겠는가?

여씨 일족의 번영을 가로막는 가장 큰 장애는 세월이었다. 세월이 지나면서 태후는 더욱 늙어갔고 죽음을 피할 수 없었다. 그 일족 중에 여태후가 이룩한 번영을 계속 다지면서 계승할 인재가 없는 것도 여태후를 괴롭혔다. 다가오는 위기의 징조는 너무 뚜렷했고 여씨 집안을 이끌 조카들의 무능 또한 눈에 선하였다.

여태후는 병이 위독해지자 여록을 상장군으로 삼아 북군을 거느리게 하고 여산은 남군을 거느리게 했다. 그리고 조카들에게 병권을 장악하고 궁을 호위하되 장례식에도 참석하지 말라고 했다. 병권을 잃어 대신들에게 제압당하지 말 것을 신신당부하며 죽었다. 죽음이 눈앞에서 어른거려도 걱정되는 것은 여씨 천하를 유지하는 일이었다. 병권을 장악하게 조치해 놓고도 마음이 놓이질 않았다. 그 동안 순종해온 종실과 원로대신들도 믿을 수 없었고 정변이 일어난다면 자신의 시신도 안전하지 못할 것을 알고 있었던 까닭이었다. 장례에 불참하더라도 병권을 놓치지 말라는 부탁은 차라리 절규였다.

여태후는 여씨 일문의 모든 것이었다. 처음부터 끝까지 여씨 일족을 지휘했고 그들에게 지위와 권세와 재물을 준 근원이었다. 여태후는 그 일족에게 너무 밝고 크고 뜨거운 태양이었다. 그런데 태양을 보좌할 인물들이 너무 무능했다.

여태후가 죽자 그 일족은 곧 몰락해버렸다. 태양이 서산에 기울면 어두운 밤이 오는 것처럼 그 일족의 권세는 여태후의 죽음을 계기로 삽시간에 무너져버렸다.

여태후는 여산과 여록에게 병권을 잃지 말라는 당부를 한 뒤 조서를 내려 여산을 상국(相國)으로 삼아 국정을 도맡게 했고 여록의 딸을 소제 홍(弘)의 황후로 삼았다. 죽기 전 최후까지 여씨들을 위한 만반의 조치를 다 했으나 그것이 지켜지지 못하고 몰락했으니 하늘이 버린 여인의 권력욕이었다.

하늘이 낸 전략가 : 장량(張良)

장막 안에서 전략을 세워 천 리 밖에서 승리를 쟁취할 수 있었으니 고조
의 3걸 중 으뜸이었다. 용모도 빼어났던 장량은 신선술을 체득하여 명철보
신(明哲保身)할 수 있었다.

1. 아름다운 만남

한(漢) 고조 유방이 황제로 즉위한 뒤 낙양의 남궁에서 잔치를 벌이며
천하의 득실을 논했다는 이야기는 한 고조 유방 편에서 전기(前記)한 바
있다. 그때 고조는 "장막 안에서 전략을 짜고 천 리 밖에서 승리를 쟁취하
는 능력은 자방(子房 : 장량의 자)만 못하다."며 장량의 공을 가장 높게 평
가했다.

고조가 무명의 촌부에서 거병(擧兵)하여 항우와 천하를 놓고 싸울 때
세력판도는 수시로 변하고 미묘하게 뒤엉켜 그 변화를 예측할 수 없는 복
잡한 상황에 자주 처했었다. 만약 삼걸(三傑) 같은 인재를 중용하지 못
했다면 고조의 식견과 재능만으론 상황변화에 따른 능동적인 대처나 군사
정치상의 승리를 차지하지 못했을 것이다. 그런 점에서 고조에게는 형세
를 분석하고 변화를 예측하여 단안을 내리고 문제의 핵심을 파악하며 그
해결방안을 찾을 수 있는 전략가가 꼭 필요했다. 사실 주인없는 천하를
놓고 그 패권을 다투는 정세 속에서 뛰어난 전략가는 절대적으로 필요한
존재이다. 피아간의 세력이 대등하거나 또는 자신의 세력이 약세일 때 전
략가의 지모는 더욱 드러나게 된다. 상대의 세력을 약화시킬 묘책을 강구

하고 병졸들을 순유하여 사기를 드높이고 전투 시에는 진퇴를 건의하여야 하는 군사(軍師)의 위치는 그만큼 절대적이다. 고조는 유능한 전략가 겸 참모로 장량을 중용했고 장량 또한 자신의 재능을 가일층 발휘하여 고조를 위해 '천 리 밖에서 승리를 쟁취하는' 역할을 다했다.

이렇게 고조와 장량은 서로 믿고 의지하며 평생 서로 존중했다는 점에서 그 둘의 만남은 하나의 '아름다운 만남'이었다.

유방과 항우의 다툼은 건곤일척(乾坤一擲)이란 말로 표현하기도 하지만 그 과정을 볼 때 유방의 군사력이 대체로 열세여서 곤경의 위기에 자주 몰렸었다. 이런 상황 하에서 단 한 번의 패착 또는 책략의 실수는 언제나 총체적 실패로 연결될 수 있었다. 그러나 장량은 절묘한 계책으로 위기를 타개하며 고조를 끊임없이 계발시켜 중원통일의 일등공신이 되었다.

후세의 많은 사람들은 장량의 모든 지모와 책략이 한의 득실과 안위에 관계되지 않은 것이 없었고 그 공은 삼걸 중의 으뜸이라고 말한다. 이 점에 대해 반론을 제기할 사람은 별로 많지 않을 것이다.

장량의 모든 지모와 책략은 고조의 신임을 받았을 뿐만 아니라 장량의 처세 철학과 고상한 인격, 기품있는 행동은 고조로부터 언제나 최상의 예우를 받았다. 사실 고조의 성격은 우쭐하는 기색이 많았고 때와 장소에 따라, 또는 대세의 흐름에 따라 감정적으로 처리하는 즉흥적인 일면이 있었다. 이러한 성격으로 인해 고조의 오랜 지기(知己)였으며 노련한 수완가였던 소하나, 고조의 전군(全軍)을 지휘했던 대장군 한신도 고조의 의심과 시기에서 벗어나지 못했다. 경포 같은 용장이나 역이기 같은 분별력있는 사람도 처음에는 고조로부터 모욕을 당해야만 했었다. 그러나 고조는 장량에게만은 처음부터 끝까지 결례되는 행동을 하지 않았고 장량의 충성심을 의심하지도 않았다. 이 점을 고려해본다면 장량은 결코 단순한 전략가만은 아니었다.

사마천은 사기의 〈태사공자서〉에서,

"그는 명성을 떨치려 하지도 않았고 어려운 일을 다 해냈다. 미세한 단서를 잡아 큰 일을 이루어냈다."라고 평했다.

장량의 지략이 진정 그러할진대 고조가 어찌 내심으로 굽히지 않을 수 있겠는가? 장량의 지모와 책략은 가히 하늘이 내려준 은총이었다.

유가(儒家)에서도 장량은 인(仁)을 구하고자 했고 또 인을 얻었던 사람이라고 높이 평가하고 있다. 이런 장량을 한눈에 알아보고 믿고 일을 맡긴 고조 역시 하늘이 낸 인물이라 아니할 수 없다. 그렇다면 두 사람의 만남은 운명론적으로 생각하지 않더라도 참으로 아름다운 만남이었다. 두 사람이 만나고 결합할 수 있었기에 한 사람은 천하를 얻었고 또 한 사람은 그 명성을 후세에 전할 수 있었다. 장량은 신하로서 군주로부터 최상의 예우를 받았고 조용히 천수를 다 누렸다는 점을 생각해봐도 그는 능력과 함께 일을 끝낸 뒤에 자족할 줄 아는 인품도 갖추고 있었다.

장량의 능력을 하늘이 주었다면 그런 사람에게 그런 인생을 걸게 한 두 가지 결정적인 만남이 있었다. 지금까지 이야기한 고조와의 만남이 그 하나이고 또 다른 만남 즉 아주 기이한 만남〔奇遇〕이 있었다.

이와 같은 장량의 기이한 만남과 하늘이 준 재능은 천기(天機)를 터득한 초인(超人)의 형상을 연상케 한다. 때문에 그의 인생이 곧 신비의 연속이었고 그에 관한 이야기는 마치 신화처럼 윤색되어 더 많은 일화를 탄생케 하였다.

2. 기이한 만남

장량의 조상은 전국시대의 한(韓)나라 사람이었다. 그의 조부 개지(開地)는 한의 소후 선혜왕·양애왕을 섬긴 재상이었고 아버지 평(平)도 이왕·도혜왕 아래서 재상을 지냈다.

한 도혜왕 23년에 장량의 부친이 죽었고 그 20년 뒤 진은 한을 멸망시켰다. 따라서 장량은 한에서 벼슬을 하지는 않았지만 한을 멸망시킨 진에 대한 복수심은 대단했었다. 장량은 하인 300명을 거느리는 부자였는데 아우가 죽었을 때 예장을 치르지 않고 그 비용을 절약하여 가산을 털어 진왕을 죽일 자객을 구했다고 하니 그의 복수심이 어느 정도였는지 알 수 있다. 또 이런 이야기는 장량이 비범한 기질과 남다른 식견이 있었음을 말해준다.

장량은 귀공자였지만 결코 나약하지 않았다. 오히려 씩씩한 기상과 패기를 지닌 야심있는 젊은이였다. 장량은 집을 떠나 강호를 유람하면서 당시의 현자들을 만나 예(禮)를 배우고 지식을 넓혀 세상을 보는 안목을 키웠다. 방랑하면서도 진나라에 대한 복수의 뜻을 잃지 않은 장량은 동해 바닷가에서 120근 철퇴를 휘두르는 장사를 구했다. 그리하여 진시황이 동유(東遊)할 때 장량과 장사는 박랑사에서 진시황을 습격했으나 불행히도 진시황이 탄 수레를 맞추지 못하고 말았다. 그 당시 진시황의 권세는 가히 절대적이었다. 그런 황제를 단독으로 죽이려 했으니 장량의 담력과 의지는 이미 범인(凡人)의 그것이 아니었다. 진시황은 진노하여 자객을 찾으려 했으나 장량은 이름을 바꾸고 하비(下邳)에 숨어버려 끝내 찾지 못했다.

하비에 숨어 지내던 어느날, 장량은 산책하다가 다리 위에서 이상한 노인을 만난다. 그 노인은 거친 털옷을 입고 있었다. 노인은 장량이 있는 곳에 이르러 일부러 다리 아래로 신발을 떨어뜨리며 말했다.

"젊은이! 내려가서 신발을 주워오게나."

장량은 크게 놀랐지만 신발을 주워왔다. 그러자 노인은 신발을 신겨달라고 요구했다. 그래도 장량은 무릎을 꿇고 공손히 신겨주었다. 노인은 웃으면서 떠나갔고 장량은 놀람 속에 그 노인을 바라보고 서 있었다. 한참을 가던 노인은 다시 돌아와 말했다.

"젊은이는 가르칠만 하구먼. 5일 뒤 새벽에 여기서 나를 기다리게나."

노인은 장량이 일시적 기분에 따라 행동하는 젊은이인지 아니면 심모원려(深謀遠慮)로 큰 일을 할 수 있는 젊은이인지 시험해본 것이다. 물론 장량도 마음속으로 범상한 노인이 아님을 깨달았을지도 모른다.

노인은 장량의 마음을 읽고 있었을 것이다. 다시 돌아온 것도 장량의 속마음의 변화를 포착하려 했을 것이다. 장량의 성품이 정말로 끝까지 참고 견딜 수 있는지, 다리 아래로 내려갈 때의 심정이 변화하지 않았는지, 마지막 단계의 시험을 거치고 마음이 바뀌지 않는 젊은이라는 확신을 하고 2차시험을 예고하고 떠나갔다.

장량은 당황과 확신의 교차 속에 5일 뒤 새벽에 다리 위로 나갔다. 노인은 벌써 나와 있었다. 장량을 보자마자 노인은 기다리게 했다고 꾸중하며 5일 후에 다시 오라고 한 다음 사라졌다. 다시 5일 뒤 장량은 더 일찍 나갔지만 노인은 벌써 나와 있었다. 노인은 다시 꾸중하며 5일 후에 나오라고 말하고는 사라졌다. 장량은 다음에는 초저녁부터 노인을 기다려서 비로소 노인으로부터 태공병법(太公兵法)이란 책을 건네받았다.

"이 책을 잘 읽으면 왕자(王者)의 스승이 될 수 있다. 십 년 뒤에 크게 명성은 얻을 것이고, 다시 십삼 년 뒤 젊은이는 제북(齊北)에서 나를 만날 것이다. 곡성산 아래 있는 누런 돌이 바로 나다."

장량의 기이한 만남의 전반은 이렇게 끝났다.

장량은 그 병법서를 숙독하며 병법을 익혔고 한편으론 협객의 의리를 지키며 살았다. 후에 장량은 살인하고 하비로 피해온 항백을 도와주게 되는데 이런 인연이 뒷날 홍문의 잔치에서 고조의 생명을 구하는 계기가 된다.

장량은 하비에서 10년간 더 머물렀는데 그 동안 그의 지모와 책략은 성숙했고 정치적 식견도 넓어졌으며 심사숙고와 과단성, 신중하면서도 빠른 두뇌회전 등 모신책사(謀臣策士)로서의 자질을 완비할 수 있었다.

이윽고 진나라 말기의 상황이 장량을 은신처를 떠나 움직이게 한다. 진시황 만년 진승 등이 진나라에 반기를 들었을 때 장량은 장정 백여 명을 거느리고 있었다.

그때 경구란 사람이 자립하여 초(楚) 가왕(假王)을 자처하면서 유(留)땅에 머물고 있었다. 장량은 부하를 거느리고 경구를 찾아가다가 도중에 유방을 만났다. 유방은 그때 수천 명을 거느리고 하비의 서쪽을 공략하고 있었다. 이렇게 해서 유방은 장량을 수하로 거두어들였다.

장량은 태공병법서의 계책을 유방에게 자주 진언했고 유방도 장량을 잘 대우하고 계책을 수용하며 조금도 의심하지 않았다. 장량도 유방이야말로 하늘이 낸 인물이라 생각하고 끝까지 신의를 지켰다.

훗날 장량이 한 제북의 곡성산 아래를 지나다가 거기서 우연히 크고 누런 돌을 발견한다. 하비에서 병법서를 전해준 노인이 죽어 돌로 변했다고 생각한 장량은 그 돌을 집으로 가져와 제사지낸다. 이리하여 사람들은 그 노인을 황석공(黃石公)이라고 기록했다.

기이한 만남의 두 번째 장면. 신비하게 윤색된 이야기다.

3. 진(秦) 멸망의 현장에서

장량은 유방을 따라 군사를 거느리고 한(韓)땅의 10여 성을 점령하고 진의 장군 양웅의 군사를 격파하기도 했다.

유방은 장량과 더불어 하완을 격파하고 함곡관으로 진격할 계획하에 2만의 군사로 진과 맞섰다. 이때 장량이 말했다.

"진의 군사는 아직도 강대하여 쉽게 칠 수 없습니다. 제가 듣기로는 진의 장수는 본래 백정의 자식이랍니다. 그런 부류는 이(利)로써 쉽게 유혹할 수 있습니다. 바라옵건대 공께선 진지에 머물면서 사람을 보내 더 많은 군량을 준비케 하시고 산 위에는 더 많은 깃발을 꽂아 적을 현혹케 하십시오. 그러면서 역이기를 시켜 많은 보화를 가지고 가 적장을 설득케 하십시오."

장량의 예상대로 진의 장수는 진을 배반하고 투항했다. 그리고 한 술 더 떠서 같이 함양을 공격하자고 제의해왔다. 유방이 적장의 제의를 받아들이려 하자 장량이 만류하여 말했다.

"이번 일은 적장이 혼자 배반했을 뿐이어서 사졸들은 아마 따르지 않을 것입니다. 때문에 아직도 적의 세력은 강합니다. 시기를 늦춰 그들이 해이해지면 그때 그들을 치는 것이 좋겠습니다."

유방이 거병한 뒤 패공이라 칭했던 그 당시 전체 국면을 본다면 패공의 군사력은 극히 미미했고 진의 군사력은 아직도 막강했으므로 진이 쉽게 멸망하리라고 기대할 수 없었다. 장량은 그런 형세를 정확히 파악했고 피아간 실력을 비교하며 힘으로만 돌파하려고도 하지 않았다. 적장의 출신을 알아내서 그런 부류에 알맞은 대응 즉 이로써 유인하는 계책을 건의했다. 또 그 계책이 주효했지만 적의 군사력이 와해되지 않았기에 신중하게 그들 내부의 변화를 기다렸다.

장량은 '비교 열세'와 '비교 우세'의 대치상황에서 힘의 역전을 기다린 것이다.

결국 태공은 함곡관을 격파하고 함양에 입성했다. 그리고 진왕 자영의 항복을 받고 진나라 폭정에 종지부를 찍었다. 가장 먼저 수도에 들어왔으므로 태공의 승리는 확실했다. 그리고 그 승리는 적은 희생, 짧은 시간 그리고 확실한 명분을 세우면서 얻어진 것이다.

수도 함양에 입성한 패공은 아방궁의 화려함에 놀랄 뿐이었다. 궁궐의 장려함은 그만두고서라도 마구간에 가득 찬 좋은 말, 수천의 궁녀들, 각종 진기한 보물들에 눈이 휘둥그래졌다. 패공은 아방궁에 머물고 싶었다. 그러나 장군 번쾌는 태공의 뜻을 알아채고 아방궁에 머물지 말 것과 군사 철수를 건의했다. 그러나 패공은 전혀 그럴 생각이 없었다.

이때 장량이 다시 패공에게 충고했다.

"공께서 함양에 입성할 수 있었던 것은 진이 무도(無道)했기 때문입니다. 천하 백성들을 위하여 잔악한 무리들을 제거하시려면 마땅히 사치를 멀리하고 검소한 생활을 바탕으로 삼아야 합니다. 이제 겨우 진의 궁궐을 차지했다고 이에 안주하여 즐긴다면 이야말로 폭군을 도와 잔악한 일을 저지르는 것과 같습니다. 본래 바른말은 귀에 거슬리지만 행실에 도움이 되고 좋은 약은 입에 쓰지만 병에는 이롭습니다. 공께서는 번쾌 장군의 진언에 따르셔야 합니다."

패공은 본래 미색을 좋아한 사람이었다. 또 가난한 농부의 아들이었으니 아방궁의 화려함에 마음이 끌릴 수밖에 없었다. 그런 점에서는 부하 장수나 병졸들도 마찬가지였다. 그러나 화려함과 사치, 미인과 가무를 즐기기엔 너무 일렀다. 아직 천하는 평정되지 않았고 그 소유의 행방도 알 수 없는 상황이었다.

화려한 궁궐에서 황금 속에 파묻혀 여인의 가무와 미색만 탐한다면 어떻게 민심을 얻을 수 있겠는가? 민심을 잃는 날, 그날이 바로 천하를 잃는 날이라는 것을 장량은 잘 알고 있었다. 더군다나 항우의 군사들이 함양으로 진격중인 상황에서, 장졸들이 금은 보화와 미색에 빠진다면 그 결과는 너무 뻔하다는 것도 장량은 깨닫고 있었다.

패공은 장량의 충고를 받아들여 패상으로 군사를 철수시키고 아방궁 및 모든 창고들을 봉했다. 이렇게 하여 비록 홍문에서 죽을 고비를 넘겼지만 그 때문에 막강한 항우 군사력의 예봉을 피할 수 있었다.

4. 장량의 지혜

패공이 호구(虎口)에 들어갔다가 빠져나온 것이 바로 홍문의 잔치였다. 물론 여기서도 장량은 중요한 역할을 했고 패공에 대한 의리를 지켰다. 장량은 극한 상황 속에서도 침착과 평정을 잃지 않았기에 패공을 탈출시킬 수 있었다.

패공은 장량의 노고에 감사하는 뜻으로 황금과 구슬 두 말을 하사했는데 장량은 그것을 모두 항백에게 보내 우의를 다진다.

장량은 항백을 통해 초(楚) 패왕 항우에게 한중땅을 패공에게 주라고 요청하여 패공은 한왕에 봉해지고 파촉의 땅을 봉지(封地)로 받는다.

장량은 한왕에게 파촉으로 들어갈 수 있는 유일한 길, 잔도(棧道)를 불사르라고 건의한다. 한왕이 다시는 동쪽으로 진출할 의도가 없음을 항우에게 알리는 방법, 그리하여 항우의 관심 밖으로 벗어나서 국력을 키울 시간을 벌기 위한 방법으로, 또 산동성 출신이 많은 군사들에게 고향에 돌아갈 생각을 버리게 하기 위해 장량은 잔도를 불태우게 한 것이다. 이리하여 항우는 한왕 유방에게 대한 경계를 풀고 군사를 거느리고 제(齊)

나라를 공격한다.

　한편 파촉의 벽지로 들어간 한왕은 항우의 관심 밖에서 군사를 훈련시켜 힘을 비축했다. 장량의 계책대로 항우를 속였고 천하 제후들의 시야에서 벗어나 마음껏 세력을 키울 수 있었다. 하기야 한왕도 처음엔 그 뜻을 몰랐으니 장량이 아니고선 생각해낼 수 없는 최상의 책략이었다.

　항우가 장량의 심모원려를 어찌 간파하겠는가? 결국 항우는 혼자서 천하는 평정한다고 하다 스스로 지칠 것이고 그 사이에 한왕은 힘을 길러 관중(關中)으로 다시 진출하여 승패를 겨룬다는 것이 장량의 의중이었다. 이렇게 한왕 천하는 장량에 의해 면밀하게 준비되고 진행되었다.

　한왕 2년(기원전 205년), 한왕은 동쪽으로 진출하여 삼진(三秦)을 평정하고 초땅을 공격했지만 팽성(彭城)에서 대패했다.

　하읍(下邑)을 탈출한 한왕은 말안장을 내려놓고 한숨쉬며 장수들에게 말했다.

　"나는 함곡관 동쪽의 땅을 나와 같이 공을 세운 사람들에게 나누어주려 한다. 이 땅을 나누어 가지고 나를 도와 공을 세울 사람은 없는가?"

　그러자 장량이 앞으로 나가 말했다.

　"구강왕(九江王) 경포(黥布)는 초의 용장이지만 지금은 한왕과 사이가 좋지 않습니다. 또 팽월은 제왕 전영과 함께 초에 반기를 들었습니다. 이 경포와 팽월을 우선 급한 대로 이용해야만 합니다. 그리고 대왕의 장수 중에선 오직 한신만이 큰 일을 맡을 수 있습니다. 만약 땅을 내놓으시겠다면 이 세 사람에게 나누어주셔야 합니다. 그렇게만 된다면 초를 격파할 수 있습니다."

　한왕으로서는 자신의 통치하에 있는 땅을 신하들에게 나누어주고서라도 당장의 위기에서 벗어나야만 했다. 그런 땅을 받고 공을 세울 수 있는 인물을 찾는다면 적어도 한왕 휘하에서 찾아야 할 것이다. 그러나 장량은 전혀 의외의 인물 즉 항우 휘하의 인물을 천거했다. 경포와 팽월은 누구나 다 아는 초의 맹장으로 이미 넓은 지역을 점유하고 있었다. 그러나 그들은 항우와 틈이 벌어져 있었다. 적의 내부를 분열시키고 약화시킨다는 것은 곧 자신의 힘을 키우는 것과 같은 것이다. 또 그들이 이미 갈라섰기 때문에 자기 진영으로 끌어들이기도 쉬울 것이다.

한왕은 적의 내부 모순을 이용하는 이 계책을 곧 실천에 옮겼다. 그 결과 경포와 팽월은 큰 공을 세우며 한왕의 신하가 된다.

다음으로 한신에 대한 문제가 남아 있다. 대장군 한신의 군사적 능력에 대해서는 한왕이나 장량 모두가 인정하고 있었다. 그런 한신의 마음이 어느날 갑자기 한왕을 떠난다면 그것은 경포와 팽월이 초를 배신한 것보다 더 영향이 클 것이다. 그렇기 때문에 장량은 한신에게 큰 땅을 떼어주라고 건의한 것이다. 배반하지 않게 미리 은혜를 베풀어 진무하라는 뜻이었다. 이러한 조치에 한신은 자신의 능력에 대한 보상이라고 생각했겠지만, 그것은 그만큼 의심받고 있다는 뜻이기도 했다. 가장 유능했기에 가장 먼저 경계당하는 것이었다. 그러나 한신은 거기까지는 생각이 미치지 못했다. 군사적 재능은 누구보다 뛰어났지만 계책을 꾸미고 앞으로의 정세를 예측하는 능력에서는 장량의 상대가 되지 못했다. 장량의 혜안(慧眼)은 멀리 보면서도 정확했다.

그런데 여기서 장량이 직접 군사를 이끌고 전투를 했으면 어떤 결과가 나타났을지 가정해보는 것도 흥미있을 것이다. 그러나 장량은 군사를 직접 지휘한다는 생각조차 없었을 것이다.

우선 장량은 잔병이 많았다. 그의 다병(多病)에 대해선 단지 보신(保身)을 위한 핑계였다고 보는 견해도 있고 실제로 잔병치레가 잦았던 귀공자였다고 보는 사람도 많다. 하여튼 장량은 군사를 거느리는 번잡하고 육체적인 활동이 많은 일을 좋아하는 천성이 아니었다.

그는 사람마다 특기와 재주있는 영역이 있음을 잘 알고 있었다. 설령 군사적 전투에 재능과 관심이 있다 하더라도 천 리 밖에 앉아 전략을 세우고 그 결과를 예상해보면, 그것이 적중했을 때 느끼는 희열은 천군만마를 거느리고 개선하는 장군의 희열 못지 않으리라.

전투가 육체적·기술적이라면 전략과 계책은 두뇌 싸움이라 할 수 있다. 장량은 명석한 두뇌와 지략을 품은 유능한 참모로 만족했고 실전은 그런 일에 능숙한 장수들의 영역으로 남겨주었다.

5. 장량의 역사인식

한 3년(기원전 204년), 항우는 형양성에서 한왕을 포위했다. 이때가 한왕 유방의 최대 역경이었으며 이 포위에서 탈출하여 재기하면서 초와 한의 전세는 역전된다.

한왕이 어떻게 이 포위에서 벗어날까 걱정하고 있을 때 세객(說客)으로 한왕을 돕고 있던 역이기는 진에 의해 멸망된 6국(韓·魏·趙·齊·燕·楚)의 후예를 찾아내 제후로 다시 봉하자는 건의를 올렸다. 말하자면 6국의 후예들에게 은혜를 베풀어주고 그들의 도움을 받아 초를 격파하자는 뜻이었다. 책봉을 받은 6국의 후예나 그 백성들이 한왕의 은덕을 사모하여 한의 신하가 될 것이니 그렇게 되면 초의 주도권을 꺾을 수 있다는 계교였다. 한왕은 즉시 봉인을 만들라고 명했고 그것이 완성되는 대로 역이기가 6국의 후예들을 찾아가기로 했다.

역이기가 출발하기 전 장량이 한왕을 만났다. 한왕은 마침 식사 중이었다.

"자방, 이리 오시오. 어떤 사람이 나에게 초나라의 주도권을 꺾을 방책을 건의했소."

한왕은 역이기의 건의내용을 말해주며 의견을 물었다.

"누가 그런 방책을 건의했습니까? 폐하의 일은 이제 다 틀렸습니다."

"어째서 그렇소?"

"제가 폐하의 젓가락을 빌려 설명드리겠습니다."

장량은 8가지 이유를 들어 그 불가함을 설명했다. 여기서의 장량의 설득은 한왕이 항우를 꺾고 통일천하를 이룩하느냐 못 하느냐는 중요한 전환점이 되었다.

"폐하의 일은 이제 다 틀렸습니다."라는 한마디는 한왕에게 던지는 대갈일성(大喝一聲)과 다름없었고 한왕을 크게 깨우치는 말이었다.

역이기의 건의는 그 주장이 비록 역사적 근거가 있지만 목전에 닥친 현실을 고려할 때, 특히 중요한 정책을 결정하는 근거로서는 지극히 형식주의적 발상이다. 그런 근거에 의한 중요정책의 결정은 곧 엄청난 착오와 실패를 초래하며 그 책임을 면할 수 없다. 이 점이 장량의 주장이며 설득의 요점이라 할 수 있다. 장량의 주장은 이러하였다.

우선 하(夏)의 폭군 걸왕(桀王)을 정벌하고 은(殷)을 세운 탕왕(湯王)이 하왕조(夏王朝)의 후손을 봉한 것은 사실이며 나쁘지도 않다. 또 주(周) 무왕(武王)이 은나라 폭군 주왕(紂王)을 치고 은의 왕손들을 송(宋)에 봉하여 그들의 제사를 받들게 한 것 역시 좋다. 그러나 그때는 상대의 세력을 완전히 제거해 아무런 반발이 있을 수 없는 때였다. 그렇지만 현재 항우의 세력은 너무 강대하여 한왕의 존재를 위협하고 있는 실정이다. 역사의 교훈을 받아들인다는 것은 실제의 상황을 인식하는 데에서 출발해야 한다. 현실인식에 어두우면서 역사적 경험을 수용해야 한다는 주장은 보수적이고 완고하며 융통성없는 썩은 선비의 주장일 수도 있다고 주장한 것이다.

다음으로 장량은 역사적 사실을 현실문제 타결에 참고하더라도 역사적 사실의 전체를 보아야지 일부분의 사실만을 취할 수 없다고 하였다. 다시 말해 무왕이 은의 후손을 봉한 사실은 무왕이 취한 여러 조치 중 그 일부분이라는 점이다.

무왕은 폭군 주왕에게 직간하다가 내쫓긴 은의 대부 상용(商容)이 살던 마을에 정표를 세워주었다. 또 감옥에 갇힌 현인 기자(箕子)의 구금을 풀어주었으며, 주왕에 의해 배를 갈리고 죽음을 당한 비간(比干)의 무덤을 만들어주는 등 앞선 왕조의 성현에게 존경을 표시하는 많은 일들을 했다.

또 무왕은 나라의 모든 재물을 풀어 빈민을 구제하고 민심을 얻었다. 그리하여 은을 정벌한 다음에는 군비와 무기를 녹였고 예악(禮樂)을 일으키며 다시는 용병하지 않겠다는 뜻을 천하에 밝혔었다. 이러한 사실들은 현인을 존중하고 애민하여 문민정치 내지 예악정치를 하겠다는 무왕의 뜻을 천하에 공표한 것이다.

그러나 지금 한왕의 경우, 항우와 승패를 예측할 수 없는 전쟁을 치르고 있는 상황에서 무왕과 같은 정책을 펼 수 없는 상황이었다. 이 점은 한왕 자신도 알고 있는 실정이다. 그 옛날 무왕이 그렇게 했다고 지금 그 일을 답습할 수 없는 일이다. 그런 일들을 7백 년이나 지난 지금 다시 본받자고 주장하는 것은 마치 대롱으로 하늘을 보는 편협한 견해이다.

장량이 볼 때 무왕이 주왕을 치던 그 시절엔 그런 일들이 그런대로 통했고 또 의의가 있었기에 은나라의 백성이 주나라의 새로운 통치체제 속에 흡수되었던 것이다. 그러나 전국시대와 진나라의 정치를 겪고난 지금, 6국의 멸망자체가 역사발전의 필연적 귀결이며, 사회 구조적 변화가 이렇듯 빠른 이 시점에 역이기의 주장은 시대발전을 이해 못 하는 복고주의자의 이상적인 희망이라 볼 수밖에 없다. 여기에서 우리는 소박하면서도 실사구시를 추구하며 현실에 바탕을 둔 장량의 역사인식을 엿볼 수 있다.

장량은 한왕에게 6국의 후예를 다시 세울 수 없는 이유를 역사경험의 변증에 의해 설명하며 마지막으로 눈앞의 형세 변화와 진행을 종합적으로 분석한 의견을 제시한다.

역이기는 6국의 후예를 책봉하면 그들의 후원을 얻을 수 있다고 예상했지만 장량은 그 반대로 6국의 향방을 예측할 수 없다는 결론을 내렸다.

"지금 많은 사람들이 친척과 헤어져 조상의 묘를 버리고 옛집을 떠나 떠돌면서 폐하를 따르며 섬기는 까닭은 조그만 봉지(封地)라도 받고 싶은 까닭입니다. 그런데 지금 옛날의 6국을 다시 세우면 온 천하의 유사(遊士)들은 모두 자기 고향으로 돌아가 각각 6국을 섬길 것이며 친척을 따라갈 것이니 폐하는 누구의 도움으로 천하를 차지하겠습니까? 6국을 세워 항우의 초를 약화시킨다지만 만약 초나라가 여전히 강대하면 약한 6국은 초를 따를 것이거늘 폐하는 누구를 신하로 거느릴 수 있겠습니까?"

장량의 분석은 역시 정확했다. 한왕은 즉시 6국 제후를 봉한다는 방책을 취소했다. 한왕이 장량의 말을 듣기 전에는 역이기의 주장을 믿었다. 아니 어쩌면 그것은 한왕의 강렬한 희망사항이었다.

6국의 후예들이 심복할 것이고 자신은 남향(南向)하며 패자(覇者)를 칭하고 초는 틀림없이 옷깃을 여미고 입조(入朝)할 것이라는 예상은 얼마나 휘황찬란한 꿈인가?

역이기의 말은 교언화어(巧言華語)의 말장난이며, 거울 속의 꽃처럼, 또 물 속에 잠긴 달처럼 아름답기만 할 뿐, 실제가 없는 공허한 것이었다. 정치는 현실이고 군사작전도 외교도 모두 현실이다. 정치적 꿈과 이상은 현실을 점차 개선할 때 이상에 접근하는 것이지 말로써 이루어지는 것은 아니다.

장량은 이처럼 역사적 지식과 교훈을 현실에 비춰 이해하고 적용하는 데도 뛰어났다.

6. 장량의 의리

한의 천하통일 뒤 필연적으로 논공행상 문제가 일어났다.

고조는 장량이 비록 전투에서의 공은 없었지만 천 리 밖에서 승리를 쟁취하게 한 공을 높이 평가하여 제(齊) 땅에서 3만 호의 봉지를 선택하라고 말했다. 그러나 장량의 생각은 달랐다.

"저는 하비에서 일어나 유(留)에서 폐하를 뵈었습니다. 이는 하늘이 저를 폐하께 보낸 것입니다. 폐하께서 저의 헌책을 받아들였고 다행히도 그 계책이 가끔 적중하였습니다. 유후(留侯)로 봉해지길 바랄 뿐 삼만 호의 봉지는 받을 수 없습니다."

이렇게 해서 장량은 유후에 봉해졌다. 다른 공신보다 작은 땅, 적은 호수였다. 장량으로선 한신의 경우를 똑똑히 보았기 때문에 과다한 욕심의 결과가 어떤 것인지 잘 알고 있었다.

고조의 추억에 오래오래 강렬하게 남아 있는 작은 고을 유를 선택한 장량의 지혜가 돋보인다. 아울러 이 선택은 고조에게 보상을 기대하지 않고 끝까지 충성하겠다는 의리의 표현이라고 볼 수도 있다.

하나의 나라를 이루었다고 하지만 건국의 주체세력은 유방을 거두로 하는 의리집단이 천하를 차지한 것인데, 장량은 야심있는 실력자로서 자신의 세력을 키우겠다는 욕심보다 사심이 없음을 보여줌으로써 안온한 노후를 보낼 수 있었다. 또 고난을 같이 겪은 의리집단이지만 세대가 지나면 의리는 사라지고 일방적인 지배와 예속이 이루어진다는 전제정치의 속성도 고려했는지도 모른다. 따라서 장량의 충성심——어찌보면 보신의 방법이기도 하지만——은 곧 의리에 바탕을 두었다고 생각해야 한다.

고조는 대신 20여 명을 제후로 봉했지만 다른 사람들에 대해서는 논공행상이 쉽게 결정되지 않았다. 어느날 고조는 낙양의 남궁에서 여러 장수들이 군데군데 땅바닥에 둘러앉아 웅성대고 있는 것을 보았다. 고조가 장량에게 무슨 일이냐고 물었다.

"폐하께선 아직 모르셨습니까? 지금 저들은 모반을 꾀하고 있습니다."

고조는 신하들을 신뢰하기도 했지만 평소 미워하는 사람들을 많이 죽이기도 했다. 천하가 평정된 뒤 책봉받지 못한 장수들은 고조가 자신들을 미워하고 있다고 생각하였다. 고조와 조그마한 틈이라도 있었다면 언제 무슨 벌을 받고 쫓겨날지, 언제 죽음을 당할지 모르는 상황이었다. 더군다나 이제 천하가 안정되면 장수들은 그 효용가치가 없어질 것이니 그들이 모여 웅성대며 자구책을 강구하려는 것은 당연한 이치였다.

"천하가 이제 안정이 되었는데 무엇 때문에 모반을 꾀하는가?"

고조가 묻자 장량은 저들이 아직 책봉받지 못하여 희망이 없다고 생각하거나 지난 한때의 잘못이 두려워 떨고 있는 것이라고 설명했다.

고조는 어떻게 해야 하느냐고 물었다.

"폐하께서 평소에 가장 미워하시고 또 그 사실이 여러 신하들에게 다 알려져 있는 사람은 누구입니까?"

"옹치는 나와 어렸을 적 친구지만 나를 자주 골탕먹였소. 죽이고 싶었지만 한때 공도 있어 차마 죽이지 못하고 있소."

"그러면 지금 당장 옹치를 책봉하여 뭇 신하들이 다 알도록 조치하십시오. 장수들이 옹치가 책봉받은 것을 알면 모두 안심할 것입니다."

고조는 곧 주석을 마련하고 여러 장수를 초대했다. 그리고 옹치를 십방후(什方侯)에 봉했다. 또 승상과 어사를 불러 논공행상을 마무리짓도록 명했다. 여러 장수들은 술자리가 끝나자 모두 웃으면서 말했다.

"옹치도 제후가 되었으니 우리들이야 아무 걱정도 없다."

논공행상 여부에 불안했던, 죽기 전에 모반이라도 하겠다고 할 정도로 불안해했던 장수들을 무마시킨다는 것은 코앞에 닥친 문제가 아니라 바로 눈썹에 매달린 화급한 문제였다. 그러나 그들 내심의 불안을 덜어주는 일은 고조에게 가장 미움을 받는 자에게 상을 주는 것으로 간단하게 해결되었다.

이런 식의 논공행상이 아무런 모순이 없으리라고는 할 수 없지만 당시 상황으로서는 가장 적절하고 현명하게 해결했다고 볼 수 있다. 천성적으로 타고난 장량의 지모와 신속하게 따라주는 고조의 신뢰와 감응이 상당히 인상적이다.

7. 후계 구도에 관여하다

한의 천하통일 후 고조가 결정해야 할 중대사는 수도를 정하는 문제였다. 많은 신하들이 낙양(洛陽)에 그대로 있자고 했지만 장안(長安 : 지금의 서안(西安))에 도읍해야 한다는 건의도 많았다.

이 문제에 대하여 장량은 장안에 도읍하자는 의견을 지지했다.

"낙양은 지역이 좁아 수백 리에 불과하고 토지가 척박하고 사방에서 적의 침입을 받을 수 있어 용병에 어려움이 많습니다. 관중(關中)의 장안은 좌로 효산과 함곡관이 있고 우로는 농·촉의 험지에 둘러싸인 천 리에 걸친 옥야가 펼쳐 있습니다. 남으로는 풍요로운 파·촉의 땅과 접하고 북으론 호지(胡地)와 접해 말을 쉽게 얻을 수 있는 이점이 있습니다. 또한 삼면이 막혀 있어 수비에 용이하고 오직 동쪽으로 제후들을 견제하면 됩니다. 제후들이 안정되어 있으면 황하와 위수의 조운을 이용하며 천하의 곡식을 서쪽 수도에 공급하고 제후들에게 변란이 일어나면 물길을 따라가면 되니 수송에 편리합니다. 이곳이 바로 금성천리(金城千里)의 땅이며 이곳에 도읍해야만 풍요로운 나라를 이룩할 수 있습니다.”

장량은 낙양과 장안을 전시와 평시의 이점으로서 비교했다. 또 정치·경제적으로도 정확한 비교를 했다.

고조 이하 대부분의 장졸이 산동성 방면 출신들이 많은 한나라였기에 고향에서 조금이라도 가까운 낙양을 더 선호했다. 낙양도 그 나름의 이점이 있었지만 경제적으로 불리하고 사면으로 적을 안고 싸워야 한다는 지리적 결함이 있었다. 장량은 객관적 사실을 가지고 정밀한 분석을 했고 깊은 통찰의 결과이기에 설득력을 갖고 있었다.

그러나 이 세상에 순금이 없는 것처럼 완전한 사람은 있을 수 없다. 비록 천부적 재능이 많았지만 장량에게도 성격상의 결함이나 단점이 있다는 것을 생각해야 한다.

사기의 〈유후세가(留侯世家)〉에는 장량의 신기묘산(神機妙算)의 이야기를 열거한 말미에 고조가 여태후 소생의 태자를 폐하고 척부인 소생의 여의를 태자로 세우려 했던 일을 상세히 기록하고 있다. 이 과정에서 장량의 애매모호한 태도는 그 본래의 광채를 상당부분 가리게 한다.

폐위될 위기에 처한 태자, 안절부절못하는 여태후, 여씨 일문의 구원요청, 보신(保身)을 위한 장량의 소극적 대처, 고조의 병환, 상산사호(常山四皓)의 등장에 의한 태자의 지위보전, 척부인의 울음 등 사건의 연속은 한편의 연극이었고, 격렬한 승부와 반전을 거듭하면서 전개된다. 이 과정에서 장량은 상산사호에게 능력껏 조치하라는 계략을 말해주고 이 계략 하나로 태자의 지위는 보전된다.

고조 사후 전개되는 여씨 천하와 척부인과 조왕 여의의 죽음, 여씨 일문의 횡포 등 그 발단은 장량의 말 한마디에서 시작되었다.

당시 고조의 태자를 바꾸고 싶은 욕망은 매우 간절했다. 척부인에 대한 애정, 늦게 얻은 조왕 여의에 쏠리는 내리사랑, 본부인 여태후에서 멀어지는 중노(中老)의 감정과 큰아들에게 가진 기대가 충족되지 못한 데서 오는 실망감 등이 복합적으로 작용했다.

태자는 장성했지만 여의는 아직 어렸다. 태후는 본부인이고 척부인은 황제의 사랑을 받고 있다. 그러나 황제의 건강은 좋지 않고 여태후의 세력은 어느 정도 기반을 가지고 있었다. 이런 제반 상황 속에서 장량은 누구의 편을 들어야 하나?

애정문제, 골육간의 문제에 정의(正義)가 있는가? 올바른 도리야 있겠지만 정(情)에는 정의가 없다. 태자를 폐위시키는 데 찬성한다면 곧바로 여태후의 미움을 받게 되고 반대한다면 황제의 뜻을 거스르는 것이다.

여태후 동생으로부터 비난과 함께 대답을 강요받을 때, 장량은 모서리 이쪽저쪽을 만지작거리는 애매모호한 대답을 한다. 우선 이런 애정과 연결된 골육지간의 문제에 신하가 끼어들 게 아니라는 점, 그리고 이런 문제는 말로써 해결되지 않는다고 말한다.

장량은 황제가 초치하지 못한 상산사호를 모셔올 수 있다면 그들이 태자를 위해 힘써 줄 것이며 그러면 태자의 지위가 유지될 것이라는 계략만을 말해준다. 즉 여씨들에게 상산사호를 초빙하라는 어려운 배역을 떠넘긴 것이다. 가장 어려운 노래를 불러야 할 고비에 가장 쉽고도 짧은 노래를 부르고 장량은 무대에서 사라졌다. 그러나 장량의 태도를 세밀히 분석해보면 결코 중립적 위치에 서 있었다고 볼 수 없고 어느 정도 여씨 일파에게 치우쳤다고 볼 수 있다. 왜냐하면 상산사호를 초치하라는 충고는 여태후 일파에게 유리한 조언임에 틀림없기 때문이다.

장양 자신이 봐도 고조의 임종은 멀지 않았고 임종의 그날이 바로 여태후가 세력을 잡는 날이라는 윤곽이 잡혀 있기에 후일을 위해 여태후의 입장을 지지했을 것이다.

이런 상황에서 경포의 반란이 일어나고 병중의 황제는 태자에게 진압을 맡길 수 없어 직접 군사를 거느리고 출정했다.

장량은 병중이어서 출정하지 못하고 배웅하며 충성의 인사를 올렸다.

"저도 마땅히 폐하를 수행해야 하나 병이 심합니다. 반군이 매우 사납다 하오니 폐하께선 구태여 반군의 예봉과는 다투진 마십시오."

경포의 반란을 진압하고 돌아온 고조는 병이 더욱 위중해졌다. 그러나 그럴수록 태자를 바꾸려는 욕망은 강렬해졌다. 그러던 어느날 궁중 잔치가 있고 태자가 고조를 모시게 되었는데 그때 태자를 따라 상산(常山)의 사호(四皓)가 출현했다. 그들은 고조에게 태자의 초빙에 의해 궁에 들어왔다고 말했다.

황제 자신이 그렇게 초치했어도 오지 않던 네 사람이 어느새 태자를 보좌하게 되었는가? 태자에게 그런 능력이 있다면 더 이상 어떻게 하겠는가? 결국 고조는 태자를 바꾸려는 생각을 포기할 수밖에 없었다.

고조는 그들에게 태자를 부탁한다고 명하고 상산사호는 황제에게 헌수하고 흰머리를 날리면서 물러갔다. 물러가는 상산사호를 보면서 고조는 척부인을 불러 말했다.

"내가 태자를 바꾸려 했지만 저 네 사람이 태자를 보좌한다니 벌써 날개를 단 셈이다. 이제 여태후가 너의 주인이다."

척부인은 울음을 터뜨리고 고조는 척부인을 달랜다.

"나를 위해 춤을 춰다오. 내 너를 위해 노래를 부르리라."

척부인은 통곡한다. 자신의 죽음이 선하기에 터져나오는 설움을 어이하겠는가?

8. 신선을 따라가려고

이제 장량의 역할은 끝났다. 고조가 죽기 전 고조와 함께 천하대사에 관한 많은 이야기를 했다지만 저술로 남기지는 않았다.

장량은 벼슬을 내놓겠다고 간청한다.

"저의 집안은 대대로 한(韓)을 섬겼고 한이 멸망한 뒤 만금을 아끼지 않고 진에 복수하려 했습니다. 이제 세 치의 혀를 가지고 폐하의 은총을 입었고 만호의 제후가 되었으니 포의(布衣)로서는 최고의 지위에 오른 것이며 만족할 만한 결과를 얻은 것입니다. 저는 이제 인간사 모든 것을 잊고 적송자(赤松子 : 神仙名)를 따라가고 싶습니다. 또 벽곡(辟穀 : 生食術)을 배우고 도인(導引 : 道家의 養生法)을 익혀 몸을 가볍게 하고자 합니다.”

벽곡이니 도인술 등 신선술에 관심을 가지고 심취하여 험난한 세상사에서 떠나려 했던 것은 어찌보면 그의 명철한 보신책의 일환이었다.

장량은 정치 일선에서 손을 뗀 지 8년 만에 한 왕조를 세운 공적을 남긴 채 죽었다. 그의 아들 불의(不疑)가 대를 이었지만 문제(文帝) 때 대(代)가 끊겼다.

책략이 풍부했던 모사 : 진평(陳平)

가난했지만 포부가 있었고 남달리 출세욕이 강했다. 기이한 계책을 폈다
지만 사실은 음모에 가까웠다. 그러나 능란한 변신을 거듭하여 최고 지위
에 올라 영광 속에 죽었다.

1. 장량과의 비교

장량과 진평 두 사람 모두 한(漢) 고조 유방을 도와 한 제국의 통일천하
에 큰 공을 세운 인물들이다. 또 두 사람 모두 도가(道家) 사상의 영향을
받았으며 지모가 뛰어나고 후세 사람들로부터 현상(賢相)이요, 명신(名
臣)이라는 칭송을 듣고 있다.

사마천은 장량에 대하여 박식하며 기지가 많고 책략에 뛰어난 모신(謀
臣)으로 서술하였으며 진평에 대해서는 그의 지모와 책략에 대한 서술도
있지만 담담한 듯 객관적 필치로 그 일생의 전 과정을 서술하고 있다.

진평이 기계(奇計)를 여섯 번이나 냈고 그때마다 상을 받아 봉토가 늘
어났으며 명예와 함께 실리를 챙겼고 자신의 뜻을 펴가며 시류(時流)에
잘 영합했다고 서술하고 있다. 그러나 진평의 기이한 계책에 대하여는
'세상에 알려지지 않았다.' 또는 '비밀에 부쳐졌기에 아는 사람이 없
었다.'며 더 이상 언급하지 않았다. 그러나 그 뒤에 숨은 뜻을 깊이 탐색
해보면 신비하고 기이하기보다는 세상에 공개할 수 없는 음모(陰謀)라고
여긴 듯하다.

이렇게 본다면 장량과 진평이 뚜렷이 대비가 된다. 장량은 대국(大局) 전체를 통찰하는 전략가로서 지략의 전개는 공개적이며 정당한 것이었고 또 한 왕조라는 국가를 위한 책략을 폈다고 볼 수 있다. 그러나 진평은 잔재주를 많이 부렸고 보이지 않는 계산에 빨랐던 지략, 다시 말해 음모에 능했으며 매사에 자신을 위하는 개인적·타산적 지략가였다고 볼 수 있다.

물론 진평이 적극적으로 남에게 가해하는 음모는 아니었다지만 전체적으로 볼 때 그 업적의 배경은 별로 보기에 좋은 것은 아니었다.

아무튼 장량과 진평은 그 성장 환경이나 행동, 의리, 지략의 전개 등에 있어 서로 많이 대조된다고 말할 수 있다.

2. 잘생긴 가난한 청년

진평은 젊은 시절 가난했지만 독서를 좋아했다. 그의 형과 같이 살았는데 농사일에 관심이 없었고 각지를 떠돌며 학문을 배웠으며 키가 크고 몸집이 좋은 미남자였다. 그의 형수는 일하지 않는 시동생에게 "차라리 없는 게 낫겠다."고 말했다가 도리어 형에게 쫓겨났다.

가난한 미남, 농사일보다 떠돌며 교제하고 배우기를 좋아한 진평이었으니 앞으로 전개될 그의 행적은 '가난에서의 탈출'과 관련이 있을 것이다. 빈농 출신의 진평은, 명문 출신이었고 부자였던 장량과 우선 비교가 된다.

진평이 결혼을 하려 하는데 인근의 부자들은 가난한 진평에게 딸을 주려 하지 않았다. 진평도 가난한 집 처녀와의 혼인은 싫어했다. 그의 고향 호유향에 장부(張負)란 부자가 있었다. 그의 손녀는 다섯 번이나 시집을 갔는데 그때마다 남편이 죽었다. 때문에 그녀와 결혼하려는 사람이 없었다. 그러나 진평은 그녀와 결혼하고 싶었다.

장부가 진평의 집에 가보니 성벽에 달라붙은, 막다른 골목에 있었는데 헌자리로 문을 달은 가난한 집이었다. 그러나 문 밖에는 벼슬아치들의 수레자국이 많았다. 장부는 아들에게 손녀딸을 진평에게 시집보내겠다고 말했다. 그 아들이 반대하자 장부가 말했다.

"진평처럼 잘생긴 사람이 내내 가난하고 천하겠느냐?"

장씨를 얻은 진평은 재용이 넉넉해지자 행동 반경이 더욱 넓어졌다.

시집을 다섯 번이나 갔던 돈많은 과부와 결혼을 원할 만큼 진평은 가난에서 벗어나고 싶었다. 아니면 활동의 폭을 넓히기 위해 일부러 돈있는 여자를 맞이하려 했는지도 모른다. 어쨌든 우리는 여기서 가난한 진평이었지만 벼슬아치나 부자들과 널리 교제했다는 데 유의해야 한다. 진평은 벼슬아치들과 교제를 통해 상층 사람들의 생활과 처세 욕망에 대해 점차 익숙해졌을 것이고 그런 지위에 걸맞는 이익의 추구와 방법 등에 대해서도 잘 알게 되었을 것이다.

출세하기 전의 이런 성장과정은 그의 인품 그리고 인생역정과 깊은 관계가 있는 것이다.

3.욕망, 그리고 출세의 시작

진평이 고향마을 사(社 : 마을의 토지신에 대한 봄·가을의 제사)의 재(宰 : 祭肉 분배를 맡은 사람)가 되었을 때 아주 공평하게 분배하자 마을의 부로(父老)들이 칭찬했다.

"잘했다. 젊은 진평이 고기 분배하는 일을!"

그러자 진평이 탄식했다.

"아! 나로 하여금 천하의 일을 주재케 한다면 이 제육을 나누듯 하리라!"

진평의 탄식에는 천하를 고기자르듯 주무르고 싶다는, 강력한 희망이 담겨 있다.

진평의 탄식어린 한마디에서 강렬한 감정이나 멋스러운 운치가 느껴지지 않는 것은 아마도 진평의 세속적인 욕망이 그의 생활에 깊은 그림자를 드리웠기 때문인지도 모른다. 사람이 어떤 일을 겪느냐에 따라 그의 말도 그러해지고 또 그런 인생을 살아가는 것이 아닐까?

한편 진한 교체기에 각지에서 영웅호걸이나 6국의 후예들이 봉기할 때 진평은 위구를 섬기다가 참소를 입어 쫓겨나자 항우를 섬겼다. 항우 밑에서 도위(都尉)까지 승진했다가 초·한이 한참 세력을 다툴 때, 항우의 미움을 받자 죽음을 당할까 두려워 한으로 도망쳐나왔다.

진평이 초에서 탈출하여 단신으로 강을 건널 때였다. 뱃사공은 비단옷에 칼을 찬 미남자가 혼자 배를 타는 것을 보고 틀림없이 도망치는 장수요 또 금은 보화를 지녔으리라 생각하고 강가운데서 죽이려 했다. 뱃사공의 태도를 눈치챈 진평은 얼른 옷을 벗어던지고 알몸으로 사공과 같이 노를 저었다. 이렇게 해서 진평은 죽음을 모면했다. 그의 총명과 기지가 자신의 목숨을 건진 셈이었다.

그런데 진평이 총명했기에 위에서 초, 그리고 초에서 한으로 옮겨 다녔다고 할 순 없다. 다 그럴 만한 형편이었기에 옮겨 다녔을 뿐이다. 그러나 그 때문에 진평은 반복난신(反覆亂臣)이라는 비난을 감수해야만 했다. 심지어 한 고조도 진평의 사람됨을 의심했고 이를 눈치챈 다른 장수들도 진평에게 불복했다. 그러나 진평은 총명과 기지로 윗사람의 생각과 특징 그리고 감정변화를 잘 읽고 대응하여 적극적으로 그들의 환심을 얻었으며 출세할 수 있는 기회를 놓치지 않았다. 후에 고조는 물론 여태후와 문제 때에도 역시 신임을 얻었던 것이다.

진평이 한에 투항한 뒤 위무지라는 사람을 통해서 투항해온 7인과 함께 식사하며 한왕을 알현했다. 한왕이 식사를 마치자 말했다.

"이제 됐어. 모두 돌아가 쉬시오."

진평은 내심으로 크게 실망했지만 앞으로 나서며 말했다.

"저는 아뢸 말씀이 있습니다. 오늘을 넘길 수 없습니다."

이렇게 해서 한왕은 진평과 더불어 이야기를 나누었고 한왕은 진평을 좋아하게 되었다. 한왕이 물었다.

"그대는 초에서 무슨 직위에 있었는가?"

"도위였습니다."

한왕은 그날로 진평을 도위에 임명하며 동시에 참승(參乘) 겸 전호군(典護軍)의 직책을 수여했다. 그러자 여러 장수들이 불만을 터뜨렸다.

"왕은 어느날 갑자기 도망나온 병졸을 데려다가 고하(高下)를 알아보지도 않고 수레에 같이 태우고 다니며 우리들을 감독하게 한다."

한왕도 직접 이런 말을 들었지만 그럴수록 더욱 진평을 신임했다.

적국에서 도망나온 장수가 왕을 배알하고 식사를 같이 했다면 일단 그것만으로도 성공한 셈이다. 다른 사람들은 그냥 나가야 한다고 생각했지만 진평은 단독면담의 기회를 스스로 만들었다. 과연 그때 '오늘을 넘길 수 없는 일'이 무엇이겠는가? 제3자가 전혀 알 수 없지만 진평은 총명과 기지로 기회를 잡았고 왕과 밀착할 수 있었다. 그 결과 왕과 수레를 같이 탈 수 있는 부관이 되었고 군 감독관까지 되었으며 다른 신하들이 진평을 비난해도 더욱 신임했다니 대단한 성공이었다. 일단은 진평의 언변과 박식함이 한왕을 완전히 사로잡았다고 생각된다.

이후 한왕은 주발이나 관영 등 중신들로부터 진평의 나쁜 행실에 대한 말을 듣게 된다. 예를 들면 진평이 형수와 사통했으며 뇌물을 챙기고 신의가 없어 언제 배신할지 모르며 외모는 그럴 듯하지만 속마음은 다르니 통찰해달라는 말이었다. 이에는 한왕도 진평을 처음 추천한 위무지를 불러 꾸짖었다.

4. 인품보다는 능력

위무지가 한왕에게 말했다.

"제가 말씀드린 것은 그의 능력입니다. 그러나 폐하께서는 그 사람의 행실에 대한 말씀만 하십니다. 지금 미생(尾生)이라 효기(孝己) 같은 바른 행실이 있다 하더라도 승부를 갈라야 하는 이 상황에 아무런 도움이 안

될 것이며 또 폐하께선 언제 그럴 사람만 골라 쓰시겠습니까? 저는 기모지사(奇謀之士)를 천거했고 진평이 국가에 도움이 된다면 그뿐입니다. 형수와 사통했고 뇌물을 좀 받았다고 그 능력을 버리겠습니까?”

그러자 한왕은 진평을 불러 꾸짖었다.

“그대는 위왕을 섬겼으나 등용되지 못했고 다시 항우를 섬기다가 이제 나에게 와 머물고 있는데 도대체 신의(信義)를 간직하고 있는가?”

이 질문에 진평이 대답했다.

“제가 위왕을 섬겼지만 제 의견은 받아들여지지 않았습니다. 그래서 항우를 섬기려 떠났습니다. 그렇지만 항우 또한 사람을 믿질 못하고 오직 항씨 일족이나 처의 형제만 신임했습니다. 비록 뛰어난 재주가 있어도 등용되지 못하기에 저는 초를 떠났던 것입니다. 그리하여 능력있는 인재를 등용하신다는 대왕께 귀의했습니다. 저는 알몸으로 여기에 왔습니다. 아랫사람들로부터 돈을 받지 않으면 살아갈 바탕이 없습니다. 저의 계책 중 쓸만한 것이 있다면 채택하여 주십시오. 그리고 쓸만한 게 없으시다면 제가 받은 재물이 아직 그대로 있으니 나라에 바치고 벌을 받겠습니다.”

위무지가 해명한 요점은 사람의 품행과 능력은 서로 다르다는 것이었다. 재능이 있고 그것이 나라에 보탬이 되면 등용하면 그뿐, 품행과 지조가 문제일 수 없다고 했다. 형수와 사통했고 뇌물을 좀 챙긴 것을 중시하여 능력을 의심하고 배척할 까닭이 없다는 논조였다.

위무지의 말에 나온 미생이란 사람은 춘추시대 노(魯)나라 사람이다.

미생이 어느날 밤 다리 아래서 한 처녀와 만나기로 약속하고 기다렸다. 그러나 처녀는 나오지 않았다. 기다리는 동안 큰 비가 내려 냇물이 범람했다. 그러나 미생은 끝까지 그 자리에서 기다리다가 결국 교각을 끌어안고 죽었다. 여기서 융통성없는 신의를 뜻하는 미생지신(尾生之信)이란 말이 생겼다고 한다.

효기는 은(殷)임금 무정(武丁)의 아들로서 생모가 일찍 죽고 후비가 들어오자 그에게도 효도를 다한 인물이다. 그러나 무정은 후비의 말에 현혹되어 효기를 내쫓았고 효기는 자살로 일생을 마쳤다고 한다.

약속을 지킨다며 미련스럽게도 다리 아래를 떠나지 못하고 죽어간 미생이나, 내쫓겼다고 자살한 효기 같은 사람이 필요하지 않다는 위무지의 말은 그런대로 설득력이 있었다. 위무지의 변명에 대한 한왕의 대답은 기록이 없다. 결국 묵묵무답으로 진평에 대한 세론을 묵인했다고 생각된다.

한왕에게는 사실 재능있는 인재가 필요했지 덕행이 돈독한 도덕군자가 필요했던 것은 아니다.

진평의 변명은 자신의 솔직한 심리상태를 털어놓으면서 다른 한편으론 한왕이 사람을 잘 쓴다고 힘껏 추켜올려 한왕으로 하여금 너그럽게 용서할 수 있는 분위기를 만들었다. 그리고 형수와 사통했다는 문제는 별것도 아닌 것처럼 아예 언급도 없었다. 뇌물은 생활유지와 품위유지를 위해 조금 받았는데 지금 그대로 있으니 말씀에 따라 나라에 바치거나 벌을 받겠다고 하였다. 한왕이 내릴 판결을 미리 자청하면서 효용성을 근거로 판단해달라고 선수한 것이다. 폐하는 인재를 잘 알고 등용하시니 폐하의 판단에 맡기겠다는 식으로 추켜세우니 한왕인들 어찌하겠는가?

이 결과 진평은 오히려 한왕의 절대적인 신뢰를 얻어 승진했으며 후한 사례금도 받았다.

5. 여섯 가지 기계(奇計)

진평은 여섯 번이나 기계를 썼고 그때마다 상을 받아 봉읍(封邑)이 늘었다. 그러나 그 계책의 내용은 세상에 잘 알려지지 않았다.

사기의 진승상세가(陳丞相世家)에는 다섯 가지 계략이 기록되어 있다. 즉 간첩을 풀어 항우와 범증을 이간시킨 일, 형양성에서 부녀자를 이용하여 한왕을 탈출시킨 일, 한신을 제왕(齊王)으로 봉하게 했고, 운몽에 출유한다며 한신을 사로잡은 일, 평성(平城)에서 흉노의 포위를 풀은 일 등이 적혀 있다.

"한왕이 형양성에서 초에 포위되었을 때 한왕과 진평은 천하 형세에 대해 이야기를 나누었다. 그때 진평은 초의 내부분란을 위해 간첩을 이용하자는 반간책(反間策)을 건의했다. 한왕은 비용으로 황금 4만금을 내주고 어디에 어떻게 썼는지 전혀 묻지 않았다.

초의 항우는 유언비어의 진위를 탐색코자 사자를 보냈다. 한왕은 사자에게 아주 잘 차려진 음식상을 내보내고 나중에 들어와 깜짝 놀란 체하며 말했다.

"나는 아부(亞父 : 범증을 말함)의 사자인 줄 알았더니 항왕의 사자구먼."

그러면서 잘 차려진 음식상을 물리고 거친 음식상을 차려오게 한다. 이 사실을 초의 사자가 돌아가 보고하자 항우는 범증을 의심한다. 범증이 빨리 형양성을 공격하자고 건의하지만 항우는 따르지 않았다. 범증은 항우가 자신을 의심하는 줄 알고 화가 나서 말했다.

"천하의 패권다툼은 이제 끝났다. 항왕이 알아서 하겠지. 이 늙은 몸은 고향에 돌아가겠다."

범증은 팽성에 도착하기 전에 등창으로 죽었다.

읽어보면 좀 우습다는 생각이 든다. 잘 차려진 음식상을 물리고 초라한 음식상을 내왔다. 이는 조삼모사(朝三暮四)로 원숭이들을 달랬다고 하는 저공(狙公)의 속임수보다 더 얄팍한 술수이다. 초의 항우나 사자가 단 한 번만이라도 다시 생각했다면 어린애 같은 술수라고 웃고 말 일이다. 다만 이런 계략에 넘어간 항우의 됨됨이가 애석할 뿐이다.

형양성에서 포위되었던 한왕의 운명은 풍전등화였다. 완전히 고립되었고 군량도 없었다. 항우가 대대적인 공격을 한 번만 했어도 한왕은 목숨을 부지하기 힘들었을 것이다.

아부 범증이 항우 곁을 떠나자 진평이 또 기이한 술수를 썼다. 형양성의 부녀자 이천 명을 남장시켜 동문으로 나가게 하고 항우가 그들을 공격할 때 한왕을 서문으로 탈출시킨 것이다. 이것은 성동격서(聲東擊西)의 계략을 역이용한 것이다. 병법서를 단 한 줄이라도 읽어본 사람에게라면 뛰어난 계책은 아니다. 어쨌든 진평의 계책으로 한왕은 관중으로 돌아와 흩어진 병사들을 모아 다시 동쪽으로 진출할 수 있었다.

다음으로 한신을 제(齊)의 왕으로 삼을 때 역정을 내는 한왕의 발등을 밟아 암시를 준 것도 진평이었다. 진평은 한신이 한왕에게 등을 돌려 변란이 생길 수도 있는 것을 미리 막은 것이다. 그러나 이것은 계책이라기보다는 천성적으로 눈치빠르고 계산빠른 진평의 순간적인 기지(機智)라고 보는 것이 타당할 것이다.

한 5년(기원전 202년), 한왕은 한신을 초왕으로 옮겼는데 한신이 모반을 꾀한다는 투서가 들어오자 고조는 처리방법을 진평에게 물었다. 그때 진평은 투서의 내용의 근거 유무를 따지지 않고 고조 휘하의 병력이 한신의 병력만큼 정병(精兵)이 아니고 장수의 능력도 한신에게 못 미친다는 분석을 한 뒤, 정면공격보다는 유인책을 써서 사로잡자는 건의를 했다.

"옛날에 천자는 순수(巡狩)하면서 제후들을 모이게 했습니다. 남방에 운몽(雲夢)이란 곳이 있는데 폐하께서 다만 거짓으로 운몽에 순수하신다며 제후들을 진(陳)에 모으십시오. 진은 초의 서쪽 경계이니 한신은 폐하께서 출유(出遊)하신다면 별다른 준비 없이 알현할 것입니다. 그때 한신을 체포한다면 이는 다만 힘센 장사 한 사람의 일일 뿐입니다."

이렇게 하여 고조는 운몽으로 출발했다. 고조가 진에 이르지 못했을 때 초왕 한신이 영접나왔다. 고조는 즉시 한신을 포박하여 수레에 실었다. 한신은 수레 안에서 이렇게 탄식하였다.

"날랜 토끼가 죽으면 사냥개는 삶기고, 높이 나는 새가 없어지면 좋은 활은 소용없으며, 적국이 없으면 모신(謀臣)이 죽는다더니 옛사람들의 말이 틀림이 없구나."

고조가 뒤돌아보면서 말했다.

"그대가 모반했다고 알린 사람이 있었다."

그러고는 무사들을 시켜 한신의 양팔을 뒤로 접어 묶어버렸다. 그런 다음 고조는 모든 제후들을 진에 모아놓고 초를 평정했다. 낙양에 돌아온 고조는 한신의 죄를 용서하고 회음후(淮陰侯)로 강등시켰다.

힘센 장사 한 사람의 일은 분명 전군을 동원하는 고생보다 훨씬 용이한 일이다. 얼핏보면 기계(奇計)라고 칭찬할 만하다. 그러나 이러한 계략으로 공신을 잡는 것이 얼마나 큰 악영향을 끼칠 것인지 진평은 생각하지 못했다. 말하자면 진평은 눈앞에 보이는 공적만 생각했지 결코 대국(大局)을 살펴보지 못했다. 한신을 잡은 이 계략은 고조에게 오점으로 남았을 뿐 조금도 이익도 없었다. 물론 너무 성장해버린 공신의 세력을 적당히 견제할 필요도 있었겠지만 실상 아무런 모반 계획도 없는 최고 공신을 투서 한 장에 의해 직분을 강등시키는 처사는 심한 감이 없지 않다. 고조도 죄가 없음을 알고 회음후로 강등시키고 말았지만 이 사건으로 고조는 은덕을 베풀 줄 모르는 군주〔無恩之君〕로 낙인되었다. 훗날 고조가 부재 중일 때 여태후가 한신을 죽여버린 것은 후세에 두고두고 공분(公憤)을 일으켰다. 거짓으로 순수한다는 건의를 해서 잡아 강등시키고 뒷날 죽게 하였으니 한신의 죽음은 진평이 씨를 뿌렸고 여태후가 거두어들였다. 아무 죄도 없는 원로공신을 죽음에까지 몰고 갔으니 이보다 더 심한 불의가 또 어디 있겠는가? 진평은 결국 소인(小人)의 범주를 벗어나지 못하였다.

중국 북방의 흉노족은 고대부터 중국 여러 왕조를 끊임없이 괴롭혔다. 진의 시황제가 흉노의 침입을 막기 위해 만리장성을 축조한 사실만 봐도 흉노의 횡포를 짐작할 수 있다. 이 만리장성은 중국 농경문화와 북방 유목문화의 경계선이라고 한다.

흉노가 한 나라에 대대적으로 침입해오자 고조도 통일의 여세를 몰아 직접 흉노를 치다가 평성(平城) 동쪽의 백등산이란 곳에서 완전히 포위된 일이 있었다. (기원전 200년) 때는 겨울이었고 사방이 포위되어 병사들은 7일 동안 먹지도 못하고 추위와 두려움에 떨어야 했다. 이때 고조는 진평의 계략에 따라 선우(單于, 흉노 추장의 칭호)의 연지(閼氏, 선우의 正妻)에게 후한 선물을 주어 선우 묵특이 풀어준 한 귀퉁이로 탈출할 수 있었다.

진평이 쓴 계책은 전국시대의 진나라 장의(張儀)가 초에 사신으로 가면서 초왕의 후궁 정수(鄭袖)의 어리석은 질투심을 이용해 죽음을 면한 계책과 유사하다.

진평이 정말로 지모가 뛰어났다면, 후속부대의 지원도 없이 황제가 직접 적진 깊숙이 유인당하기 전에 진격을 말렸어야 했다. 이후 한 나라에서는 흉노 선우에게 황실의 공주를 시집보내고 뇌물을 보내는 등 세계의 중심이라 자처하는 중국인의 자존심은 극심한 상처를 받을 수밖에 없었다.

6. 능란한 변신

진평의 계책은 엄밀히 따졌을 때 보통사람이 생각할 수 없는 뛰어난 지혜에서 나왔다고 할 순 없고 음모에 능한 '작고 얕은 총명'이라 할 수 있다. 무슨 일에 대해 마음속으로 신속하게 이해득실을 계산하여 유리한 쪽으로 전향시키는 약간의 꾀를 쓰는 정도였다. 이런 부류의 인물은 위기나 상황변화에 빨리 변신하고 적응하는 능력을 가지고 있다. 고조의 죽음을 눈앞에 둔 상황에서 진평과 번쾌의 관계는 진평의 영악한 계산과 변신을 잘 증명해주고 있다.

한 12년(기원전 195년), 고조는 경포의 반란을 진압하면서 상처를 입고 병세가 악화된 채 장안에 돌아왔다. 그때 연왕 노관(盧綰)이 반란을 일으켰다. 고조는 번쾌에게 진압을 명했고 번쾌는 출발했다. 그때 번쾌를 헐뜯는 모함이 있었다. 고조는 대노하여 강후(降侯) 주발을 불러 조서를 내려 번쾌의 직책을 주발이 대신토록 하고 진평은 번쾌의 진영에 도착하는 대로 번쾌의 목을 베라고 명령했다.

이때 진평과 주발은 번쾌의 진영에 도착하기 전에 서로 의논했다. 번쾌는 고조와 동향 친구로 큰 공을 세웠고 여태후 동생인 여수(呂須)의 남편이었다. 비록 황제가 한때의 분노로 죽이라고 했지만 곧 후회할 것이니 죽이지 말고 체포해 황제에게 보내 황제가 직접 처리토록 하자는 내용이었다. 두 사람이 계획대로 번쾌를 잡아 함거에 싣고 돌아오는 중에 고조가 죽었다는 소식을 들었다. 진평은 급히 장안으로 돌아와 심히 애통해하며 여태후에게 보고하고 승진 사령을 받는다. 번쾌도 사면받고 작위와 식읍을 되찾았다. 이렇게 해서 진평은 여태후와 그 여동생의 미움을 받지 않고 일을 마무리지을 수 있었다.

고조는 의심이 많은 인물이었다. 더욱이 병중이어서 심약해진 나머지 시사로운 일에도 의심을 품곤 했다. 오랫동안 고조를 보필했던 진평이 이 사실을 모를 리가 없었다. 따라서 진평은 고조의 명령이라 할 수 없이 번쾌를 죽이러 갔지만 고조의 죽음이 임박했고 고조의 승하시에는 여태후가 집권할 것이 너무나 확실했던 상황에서 태후의 여동생의 남편을 죽일 용기는 없었던 것이다. 따라서 진평은 번쾌를 죽이지 않고 압송했고 결국 중도에서 고조의 서거 소식을 듣게 된다. 이렇게 해서 기회와 심리를 잘 포착하는 진평의 됨됨이가 적나라하게 폭로되게 된다. 결국 진평은 곤란한 처지를 역이용하여 자신의 입지를 더욱 강화시키는 계기로 만들었다.

7. 승진하는 기술

고조가 죽은 후 혜제(惠帝)가 즉위했지만 실권은 모두 여태후가 쥐고 있었다. 이때부터 여씨 세력은 크게 신장했다.

여태후는 정치적 야망이 매우 컸으며 또 그 야망을 실현하기 위해 오랫동안 고심했었다. 그래서 그녀는 한신을 제거하는 대담한 조치를 취하기도 했다. 또 여인으로서 가슴에 못박힌 척부인과 여의에 대한 복수를 했고 고조의 원로대신들의 세를 약화시켜나갔다. 동시에 여씨 세력을 심는데 주력했으니 그 첫번째 관문이 여씨들을 왕으로 봉하는 문제였다. 여태후가 이 문제를 상의할 때 왕릉은 불가라고 했지만 진평은 좋다고 말했다. 왕릉은 여태후의 미움을 받아 소제(少帝)의 태부(太傅)로 자리를 옮겼다.

진평은 여태후에게 잘 보이려 했고 바람보고 돛을 올릴 줄 아는 사람이었다. 여씨들을 왕으로 봉하는 데 찬성하고 나선 진평은 '사직을 보존하고 유씨 후손들을 안정시키기' 위해서라고 강변했지만 이 말은 빈말이었다. 진평의 목적은 왕릉을 제거하는 데 있었다. 왕릉이 자리를 옮긴 뒤 진평은 우승상에 올랐다.(기원전 187년)

그런데 기원전 180년, 여태후가 죽자 형세는 완전히 바뀌었다. 여태후의 충실한 보조자였던 진평은 강후 주발과 함께 여씨 일족을 제거하고 문제(文帝)를 영입하는 데 공을 세웠다. 고조의 아들인 문제(文帝)는 그 동안 대왕(代王)으로 봉해져 있었다.

진평은 문자 그대로 '손을 뒤집어 구름을 만들고 손을 엎어 비를 내리듯' 처세에 능했으니 어찌보면 무서운 사람이었다. 여씨들을 왕으로 세우고 또 그들을 제거했으니 마치 남의 집에 불을 지르고 나서 그 불을 끈 것과 같다. 그렇다면 좋은 일을 했는가? 일국의 대신으로 지조가 있는가 없는가?

문제가 즉위한 뒤 주발과 진평 사이에 권력다툼이 일어났다. 그 다툼은 어차피 필연적인 것이지만 그 과정이 무척이나 재미있다. 여기서도 진평은 그의 실력을 유감없이 발휘한다. 우선 진평은 주발에게 높은 지위를 양보하기 위해 몸이 불편하다며 우승상 자리를 사양했다. 문제는 이상히 여기며 그 진의를 물었다.

"고조 때에는 주발의 공이 저만 못했습니다. 그러나 여씨들을 제거하는 데 저의 공이 군사를 지휘한 주발만 못합니다. 저의 우승상 자리를 주발에게 양보하고자 합니다."

이에 문제는 서열 제1위에 해당하는 우승상에 주발을 임명하고 다음 자리인 좌승상에 진평을 임명하면서 황금 천 근을 하사하고 식읍 3천 호를 더 보태주었다.

진평의 출세욕은 남들보다 강했다. 그런데 신하로서 오를 수 있는 최고의 지위를 주발에게 스스로 넘겨주었다. 이것은 "뺏으려면 먼저 주어야 한다[將欲奪之 必先予之]."는 원리에 따른 것이었다.

높은 자리를 차지하기 위하여 또 그것을 누리기 위하여 한 발 물러선다는 뜻인데 참으로 놀라운 수법이 아닐 수 없다. 또 이렇게 물러선 것을 다르게 해석할 수도 있다. 그것은 여씨에게 협력하다가 면목을 바꾸고 여씨들을 제거했으니 "의리가 없다." "간에도 붙고 쓸개에도 붙는다." "양쪽 북을 다 친다."는 세인의 비난을 양보라는 미덕으로 덮어버리고 허물을 가렸다가 세인의 눈총이 식어지면 다시 올라가려는 의도가 있었다고 해석할 수도 있는 것이다. 어쨌든 진평의 이러한 처세는 물러서는 것이 곧 나아가는 것〔以退爲進〕임을 웅변으로 보여준 셈이다.

얼마 지나자 문제도 국사에 눈이 밝아졌다. 어느날 조회 때 우승상 주발에게 물었다.

"일 년간 범법자가 얼마나 되는가?"

주발이 사죄하듯 황송하게 대답했다.

"잘 모르겠습니다."

"일 년간 전곡의 세출입이 얼마나 되는가?"

주발은 또 모른다며 사죄했고 진땀을 흘리며 부끄러워 얼굴을 들지 못했다. 그러자 황제는 좌승상 진평에게 물었다. 진평은 간단히 대답했다.

"그 일을 맡은 관리가 알고 있습니다."

"일을 맡은 자가 누구인가?"

"폐하께서 죄수의 숫자를 아시려면 정위(廷尉)에게 물어보십시오. 전곡 출납에 대해선 치속내사(治粟內史)에게 물어보셔야 합니다."

"그렇게 맡은 일이 있다면 좌승상은 무슨 일을 맡아 하는가?"

"재상이란 위로는 천자를 보좌하여 음양을 다스리고 사시(四時)를 순조롭게 운행케 하며, 아래로는 온갖 사물들이 바로 자라도록 도와주며, 밖으로는 사방의 오랑캐와 제후들을 진무하며, 안으로는 백성들이 충심으로 천자의 뜻을 따르게 하고 경, 대부들이 맡은 일을 잘 처리하도록 하는 일입니다."

문제는 진평을 칭찬하였다. 주발은 크게 부끄러워하며 조회를 마치자 진평을 원망하듯 나무랐다.

"좌승상은 평소에 그런 대답을 왜 나에게 일러주지 않았소?"

그러자 진평이 웃으면서 대답했다.

“우승상이면서 임무도 모르셨소? 만약 폐하께서 장안에 있는 도둑놈의 수를 물으셨다면 어찌 대답하려고 했습니까?”

이에 주발은 자신의 능력이 진평보다 부족한 것을 절감하고 얼마 있다가 칭병하고 물러났다. 이렇게 해서 진평은 혼자서 승상 임무를 수행했다.

주발은 본래 무부(武夫)였으니 언사(言辭)가 우둔한 편이었다. 그러나 주발에 비해 진평은 행동이 기민하고 술수가 많았다.

황제가 질문하는 기회를 이용하여 진평은 비상한 머리와 재능을 마음껏 뽐내었다. 조정의 업무나 운용에 대해 마치 손바닥 들여다보듯 훤하다는 것을 충분히 자랑했다. 황제에겐 겸허한 태도로 충성심을 내보이며, 주저하고 더듬는 주발에게 참패를 안겨준 청산유수의 달변으로 천자의 신임을 얻어냈다. 그 때문에 황제의 칭찬을 받았고 주발은 능력의 한계를 깨닫고 사퇴하게 되었다. 우승상 자리를 넘겨주면서 칭찬을 받았고 다시 칭찬받으며 제위치에 되올라섰으니 진평의 비상한 언변과 처세술은 가히 놀랍다고 할 것이다.

사실상, 주발은 너무 진실되고 천진했다고 생각할 수 있다. 황제의 질문에 대답 못 하고 둘러대지 못했다고 재상으로서의 능력이 없었겠는가? 평소에 그런 응대법을 왜 일러주지 않았느냐고 진평에게 말했지만 영악한 경쟁자에게 한 발로 채일 줄 어찌 알았겠는가? 벼슬살이란 본래 남 위에 서는 것이고 그렇기 위해서는 경쟁자를 제압해야 하는 것임을 진평은 확실히 알고 있었고 주발은 그렇지 못했다는 차이점이 있을 뿐이었다.

진평은 문제 2년(기원전 178년) 10월에 죽었는데 그 직계손은 크게 번창하지 못했다. 언젠가 진평은 이렇게 말했다.

“내가 음모(陰謀)를 많이 썼는데 이는 도가(道家)에서 금하는 바이다. 내 세대에서 패망한대도 어쩔 수 없는 일이지만 아마 다시는 떨치지 못하리라. 내가 나도 모르게 남에게 화를 끼쳤으니!”

진평이 과연 독백과도 같이 말했는지 아니면 항간에 떠도는 말을 사마천이 사기에 기록했는지 모르겠지만 위 내용이 사실이라면 진평 자신의 솔직한 고백이고 후회의 말일 것이다.

8. 좋은 시작에 좋은 종말[善始善終]

진평이 음모에 능했다고 말했지만 그것은 남에게 적극적으로 위해를 가
하는 음모라기보다는 당당하지 못한 지혜와 계책이란 뜻이라 생각해야
한다. 그리고 철저하게 자신을 위하고 이익을 챙길 줄 아는 사람이었고
손바닥을 엎었다 제쳤다 하면서 구름도 만들고 비도 내리게 하는 임기응
변에 능통한 사람이었다.

사기 〈진승상세가〉의 마지막 평가는 다음과 같다.

"……자주 기계를 써서 분란의 어려움을 해결했고 나라의 우환을 해결
했다. 여태후 시절에 매사에 변고가 많았으나 종묘사직을 안정시키고 영
광된 명성을 누리며 죽었으며 현상(賢相)이라는 칭송을 들었으니, 어찌
좋은 시작에 좋은 종말이 아니겠는가? 지모가 없었다면 그 누가 이와 같
겠는가?"

처음부터 끝까지 찬양으로 일관된 평가이다. 그러나 칭찬의 질과 표현
뒤의 뜻을 생각해볼 필요가 있다. 특히 장량에 대한 평가와 비교해보면
그 질과 가려진 뜻을 어느 정도 감지할 수 있다.

사마천은 장량의 지모와 책략 그리고 공을 하늘에 돌렸다. 즉 하늘이
낸 사람, 하늘이 부여한 능력을 갖고 하늘의 뜻에 어긋나지 않았다는 최
고의 선(善)과 가치를 인정했다는 느낌을 준다. 그러나 진평의 공적과 명
성에 대해선 지모로 평가했다. 지모는 인간이 지어낸 것이고 그렇기 때문
에 옳은 것도 있고 간사하고 능청스럽거나 속임수도 있는 것이다. 즉 정
과 휼[正譎]이 내재되어 있다. 그러나 어떻게 보면 영광된 명성을 누리며
죽었고 현상(賢相)이란 칭호를 들었고 선시선종이란 평가를 볼 때, 인간
이 가질 수 있는 욕망을 모두 실현시킬 사람이라는 생각도 할 수 있다.

천부적인 장량이 인생의 정도(正道)를 걸었다면 후천적 지모의 진평은

장량과는 결코 같은 수준과 취향이 아닌 인생이었다고 생각해야 한다.

음모에 능했고 공명(功名)과 사리(私利)를 언제나 마음속에 품고 노력했던 사람, 무슨 일이든 할 수 있고 또 꾸밀 수 있는 기량은 타인에게 보이지 않는 위해를 가하고서도 태평할 수 있는, 그런 심리 위에서만 가능하다.

하여튼 진평은 선시선종하지 않았는가? 단신으로 한왕을 찾아온 이후 고조·혜제·여태후와 문제 때까지 4대에 걸쳐 최고의 신임을 얻으면서 최고의 지위를 누렸다. 이처럼 음모에 능하고도 선종할 수 있었으니 행운이 아니겠는가? 이렇게 볼 때 진평은 역사에 보기드문 행운아였다.

비운의 재상 : 주발(周勃)

상여 앞에서 피리불던 광대 출신으로 돈후하고 질박한 성품으로 재상의
자리에 올랐다. 그러나 수많은 곤액을 치렀으며 그 아들도 충성스런 장군
이었으나 굶어 죽는 비운을 겪었다.

1. 굴곡 많은 인생 역정

주발(周勃)과 진평은 거의 같은 시기에 명신현상(名臣賢相)의 칭호를 누
렸던 사람들이다. 고조를 도와 천하통일과 제국성립에 공을 세웠고 황실
을 옹호하고 제국의 기초를 다진 공신이었다. 고조가 죽은 뒤 여태후에게
도 신임을 얻어 일족과도 손을 잡았었다. 그 뒤 여씨 일족을 멸하고 유씨
의 지배체제를 재확립시켰다. 문제(文帝) 재위시 주발은 우승상, 진평은
좌승상이었다. 나중에 칭병하고 우승상을 물러났다가 진평이 죽은 뒤 다
시 우승상에 임명되기도 했다.

주발과 진평은 모두 빈천계층에서 출발했다. 진평은 젊어서 상가(喪家)
의 잡일을 맡아 처리하는 비천한 인물이었고 주발은 누에 올리는 섶을 짜
는 것을 본업으로 하면서 상가에서 피리나 퉁소를 부는 광대였다. 그러나
두 사람의 성격은 전혀 달랐으며 일생 동안에 겪은 영광과 고난 역시 크
게 달랐다. 즉 진평은 좋은 시작에 좋은 종말을 거두었으나 주발은 만년
에 곤궁과 액운을 당했다. 진한(秦·漢)교체기의 복잡한 정치상황 중 한
사람은 심계(心計)에 능해 공을 세워 상을 받고 득의만면하여 욱일승천의
출세가도를 달렸다. 그러나 한 사람은 대인관계나 일처리에 민첩하지 못

해 자리를 지키지도 못하고 액운에 몸을 내맡겨야 했다. 그 때문에 두 사람의 인생역정이 우리에게 시사하는 바 적지 않으며 또 깊은 성찰(省察)을 불러일으키기도 한다.

사기의 〈강후(降侯) 주발 세가〉를 보면 절반은 주발에 대하여, 나머지 절반은 그의 아들 주아부(周亞父)에 대해 기록하고 있는데 주발의 조우에 대해 애석함과 깊은 동정심을 나타내고 있다. 그리고 주아부의 당당하고도 용감한 일생에 대해 한없는 감탄과 칭송을 보내고 있다.

또 주발과 주아부의 일생기록을 통해 역대 황제들이 공신들을 시기하고 걸핏하면 살해하려는 잔인성을 폭로하고 있다. 사마천은 주발을 은(殷)의 개국공신 이윤(伊尹)과 주(周) 개국공신 주공(周公)에 비유할 정도로 높이 평가하였다.

"강후 주발은 벼슬하기 전엔 소박한 시골사람으로 재능도 보통 사람보다 나은 게 없었다. 고조를 따라 천하를 평정한 뒤 장상(將相)의 지위에 올랐다. 여씨들이 난을 일으키려 하자 나라의 어려움을 바로잡고 정도로 돌아가게 하였으니 이윤 주공이라 할지라도 어찌 이보다 더 낫겠는가."

그리고 주아부에 대해서는 제(齊)의 용병가였던 사마양저(司馬穰苴)에 비유하였다.

"주아부는 군사를 통솔하며 위엄을 갖추고 병기를 놓지 않았으니 양저라 할지라도 이보다 더했겠는가?"

이렇듯 부자가 바른 품성을 갖고 충성을 다했지만 그들이 황제의 신임을 받던 시절에 이미 위기는 잠복하고 있었다. 충성으로 제아무리 큰 공을 세웠더라도 무도한 황제가 기분내키는 대로 한두 마디 내뱉으면 섬돌 아래 엎드린 죄수로 전락할 수밖에 없는 당시의 정세였다.

주발은 언젠가 무고로 하옥되었다가 겨우 사면받아 나오면서,

"내 일찍이 백만대군을 거느렸지만 옥리(獄吏)가 이렇듯 귀하신 몸인 줄 어찌 알았겠는가?"

라고 말한 적이 있다. 이것으로 그가 얼마나 많은 원망과 좌절 그리고 쓰라린 고통을 당했는지 알 수 있다. 또 주아부가 형리에 넘겨졌을 때도

"형리는 더욱 심하게 나를 다그쳤다."

고 말한 기록을 보면 그 또한 심한 고문과 혹형을 당했다는 것을 알 수 있다.

봉건 전제군주하에서 자행되는 죄악에 대해 무슨 인권을 기대할 수 있겠는가? 또 그런 시대에 권력을 향한 의지의 덧없음을 차치하고서라도 신하의 도리를 지킨다든지 정직무사(正直無私)한 벼슬살이가 결코 쉬운 일이 아니었을 것이다. 또 정직무사하다 해서 공포와 위험으로부터 완전히 벗어날 수도 없었으리라. 그러니 큰 한숨과 후회의 탄식이 있을 뿐 다른 무슨 생각을 더할 수 있겠는가?

2. 백전노장의 재상

주발의 공적은 사기(史記) 곳곳에 기록되어 있어 '강후주발세가'에는 오히려 간단하게 요약되어 있다. 즉 주발의 공적을 짧은 단어로 그 성과만 열거하고 있다. 예를 들면 5개 군과 79현을 평정하는 과정에서 '격파했다' '함락시켰다' '먼저 공격했다' '그 공이 최고였다' 등 한두 글자로 요약했는데 어찌 그 업적이 작았겠는가?

이렇듯 백전노장으로 용기있고 싸움터에서 목숨을 두려워하자 않던 주발이 벼슬길에선 공포에 떨고 안절부절못하다가 끝내 참소를 입어 한갖 형리에게 치욕을 당했으니 그 안타까움과 참담함은 읽는 사람으로 하여금 인간적인 연민을 느끼게 한다.

주발은 본래 사람됨이 목석같이 굳세었으며 질박하면서도 인정이 많고 성실하였다. 평소 학문을 좋아하지 않았으니 유생이나 세객(說客) 등을 만날 때면 일부러 예도에 어긋나게 동향으로 돌아앉으며,

"나에게 할 말 있으면 빨리 하시오."

라며 재촉하였다. 그만큼 우직하면서 문사를 홀대하였음을 알 수 있다.

주발의 이런 성품을 잘 아는 고조가 여태후의 질문에 주발을 거명했던

것은 어쩌면 당연한 일이었다.

"주발은 중후한 성품이지만 문재(文才)가 없다. 그러나 우리 황실을 틀림없이 지켜줄 사람이다. 태위로 삼아 군사를 맡길 만하다."

고조가 죽고 혜제 6년에 주발은 태위가 되었다. 다시 10년 뒤 여태후가 죽었을 때 여씨 일족이 여록은 상장군으로 군사 지휘권을 장악하고 있었으며, 여산은 상국(相國)으로 행정권을 쥐고 황실에 위해를 가하고자 암중모색하였다. 이때는 주발은 태위이면서도 군문에 들어갈 수 없었고 진평은 승상이면서도 국사를 처리할 수 없었다. 이에 주발과 진평이 손을 잡고 여씨 일족을 제거하고 문제를 옹립했다. 고조의 예언대로 한 황실을 지켜준 셈이다.

3. 재상과 황제

문제가 즉위한 뒤 주발은 우승상이 되었고 5천 근의 상금과 식읍 만 호를 하사받았다. 그 뒤 한두 달이 지나자 어떤 사람이 주발에게 말했다.

"승상께선 여씨 일족을 제거하고 황제를 옹립하여 위세를 온 천하에 떨치고 있으며 후한 상과 함께 존귀한 자리에 올랐습니다. 그러나 오랫동안 총애를 받았으니 곧 화가 미칠 것입니다."

이에 주발은 황제가 두렵기도 하거니와 스스로 위험을 느끼고 우승상 자리에서 물러나겠다고 주청하니 문제는 이를 허락했다.

전기(前記)한, 죄수가 몇 명쯤이며 전곡출납이 얼마나 되느냐는 물음에 대답을 못 하고 쩔쩔맸고 진평은 거침없이 대답하여 칭찬을 받았던 시기가 바로 이 무렵인 것 같다.

"총애를 오래 받으면 몸에 화가 미친다."는 말은 진리에 가깝다. 당시의 황제는 절대권력을 쥐고 있는 사람이다. 절대권력이 지니는 큰 마력에 보통황제는 스스로 도취하여 제멋대로 지시하고 변덕을 부린다. 그러면서 권력을 쥔 신하들에게 불안을 느끼고 그 세력을 꺾어야 한다는 이율배반적인 생각에 젖는다. 따라서 황제는 수시로 공신과 원로들의 심중을 헤아려보며 트집거리를 생각한다. 그러니 황제의 변덕이 언제 닥칠지 알 수 없는 상황에서 재상자리에 붙어 있겠다고 매달린다고 해서 매달릴 수도 없다. 군신(君臣) 관계란 본디 얼음보다 차고 실날보다도 더 가는 것이다. 비록 충성과 신임이 상호 보완하여 관계를 돈독히 할 수도 있으나 본질적으로 황제는 권좌에 있고 또 권좌를 지키기 위해서 신하를 고용하여 권력을 주되 그 권력이 넘치는 것 같으면 불안하여 내치게 되는 것이다. 이것이 "총애를 많이 받을수록 후에 화가 많이 미친다."는 말의 참뜻인 것이다.

"일 년 남짓 뒤에 승상 진평이 죽었다. 황제는 주발을 다시 우승상에 임명했다. 열 달 뒤 황제가 말했다. '그 전에 나는 여러 제후들에게 각자의 나라(제후국)에 가서 직접 다스리도록 했으나 아직 도성을 떠나지 않은 사람이 많소. 승상은 내가 중히 여기는 만큼 솔선해서 떠나도록 하시오.'

그리고 곧 주발을 해직시켜 도성을 떠나게 했다.

여기서는 주발의 난처한 입장과 신하노릇의 어려움을 서술하고 있다.

황제는 물러나라고 허락했던 사람을 다시 불러 승상에 임명했다. 주발이 다시 승상에 취임한 것은 높은 벼슬을 탐했기 때문이 아니다. 사람이라면 누가 재상자리에 오르고 싶지 않겠는가? 그러나 때로는 어쩔 수 없이 해야 할 경우도 있다. 그렇게 되면 또 어쩔 수 없이 또 다른 불행이 잉태되지 않겠는가?

주발은 진퇴양난, 길흉화복을 예측할 수 없는 곤경에서 재상자리에 올랐으나 겨우 열 달 만에 다시 물러나야만 했다. 황제의 "소중히 여긴다."는 입에 발린 한 마디에 우리들은 그저 쓴웃음을 짓게 된다. 황제의 신하에 대한 질투가 어떤 것인지를 보여주고 있는 대목이다. 주발에겐 황제의 손바닥에 올려져 놀림을 당해야만 하는 참담함과 언제 닥칠지 모르는 재앙에 대한 두려움만이 가득했다.

자기 봉토(封土)에 돌아간 주발은 하동(河東)의 군수나 군위가 고을을 순시할 때마다 주살당할까 두려워 갑옷을 입고 지냈으며 식솔들로 하여금 병기를 들고 대처하게 하였다 하니 그 두려움의 정도가 어떠했는지 알 만하다.

한때 대제국의 최고 승상을 지냈던 몸으로서 지금은 조그만 고을에 은거하는 제후로써 마치 멍에멘 망아지처럼 두려움에 떠는 신세가 된 것이다. 무엇이 주발을 이러한 지경으로 몰아넣었는가?

그 까닭은 주발의 공적이 너무 크고 많기 때문이었다. 그의 공적이 황제의 시기심을 불러일으켰기에 견제의 대상이 되어야 했다. 그런데 큰 공을 세우고서도 대죄(待罪)해야 한다면 천하에 이처럼 불공평한 일도 있는가? 그러나 당시 정세는 그러했다. 왕권이 확립되지 않은 시대의 왕은 항상 신하를 감시하고 견제해야만 했던 것이다. 주발이 갑옷을 입고 아무리 경계한다 해도 그에게 닥쳐오는 재앙은 피할 수 없었다.

4. 지옥문전을 출입하다

그 뒤 누군가가 주발이 반역을 꾀한다고 무고했다. 문제는 그 사안을 정위(廷尉)에게 처리하라고 명령했고 정위는 다시 장안내사(長安內史)에게 주발을 체포하여 조사하라고 했다.

잡혀온 주발은 두려움에 무슨 말을 해야 할지 몰랐다.

형리는 주발을 더욱 모질게 다그쳤고 주발은 형리에게 천금을 뇌물로 주었다. 그러자 형리는 문서 뒤쪽에 '공주로 하여금 무죄를 입증케 하시오.'라고 써서 보였다. 공주란 문제의 딸로서 주발의 며느리로 맞이했었다. 때문에 형리는 공주만이 무죄를 입증할 수 있다고 일러준 것이다. 주발은 자기의 봉토를 모두 박태후(고조의 후궁으로 문제(文帝)의 생모(生母))의 동생 박소에게 바치게 했다. 이런 급박한 사정이 박소를 통해 박태후에게 알려졌다. 문제가 박태후에게 문안을 드리러 오자 박태후가 화를 내며 말했다.

"강후 주발이 옥새를 쥐고 북군을 장악하고 있을 때도 모반하지 않았는데 지금 조그만 고을에서 반역하겠느냐?"

이에 문제도 태후에게 사과했다.

"형리가 이미 무죄임을 밝혀냈습니다."

문제는 특사를 보내 주발의 죄를 용서하고 작위와 봉읍을 복구시켜주었다.

백만대군을 거느렸던 주발이 형리의 손에 들어가자 그에게 뇌물을 주어야 했다. 형리에게 굽신거려야만 실낱 같은 목숨을 유지할 수 있었다.

생사의 갈림은 머리카락 한 올만큼이나 가벼운 것이니 절대 권력자인 황제를 무서워하는 것은 당연하다. 그러나 형리 앞에 굽신거리게 될 줄을 어이 알았겠는가? 형리 앞에서 무슨 자존심을 찾을 수 있겠는가? 뇌물을 먹은 형리는 그래도 인정이 있었는가? 살 길을 일러주었다. 형리는 형리대로 감옥의 폐습을 알고 있었다. 또 상층 지배계급의 비루한 곳까지 잘 파악하고 있었기에 활로를 열어주었던 것이다.

형리가 그렇게 귀하신 몸인 줄 어찌 알았겠느냐는 주발의 탄식은 자신의 분통터지는 억울함, 맵고도 쓰디쓴 경험과 결코 삭일 수 없는 의분을 표현한 것이었다. 본래 사람됨이 돈후하고 근엄한 주발이었지만 생사의 기로에 섰을 때는 당황하지 않을 수 없었다. 또 주발이 아무리 질박하고 언사가 둔한 사람이었다지만 그래도 정치 일선에서 평생을 지낸 만큼 정치에 전혀 문외한은 아니었을 것이다. 그래서 황제의 외삼촌 박소에게 봉토와 그 동안 받은 물건을 모두 바치고 삶을 구했다.

5. 진정한 장군 : 주아부(周亞父)

강후 주발은 문제(文帝) 11년에 죽고 큰아들 승지(勝之)가 작위를 계승했지만 살인죄에 연좌되어 제후국을 빼앗기고 다음 해 죽었다. 문제는 주발의 아들 중 하내(河內) 태수로 있던 아부(亞父)를 조후(條侯)로 삼아 강후의 뒤를 잇게 했다.

230

주아부가 하내 태수가 되기 전, 허부(許負)란 사람이 주아부의 관상을 보고 말했다.

"그대는 삼 년 뒤에 제후가 될 것이다. 제후가 된 지 팔 년 만에 장상이 되어 국권을 쥐고 가장 높은 자리에 오를 것이다. 그리고 구 년 뒤에 굶어 죽을 것이다."

이 말을 들은 주아부가 웃으며 말했다.

"나의 형님이 아버지를 대신해 제후가 되었다가 죽었다. 내가 무슨 제후가 되겠는가? 그리고 장상이 되면 왜 굶어 죽겠는가? 나에게 자세히 말해달라."

그러자 허부가 주아부의 입을 가리키며 말했다.

"당신 마음대로 지껄이는 게 바로 굶어 죽는 길이오."

문제 개원(改元) 후 6년, 흉노의 대군이 쳐들어왔다. 나라에서는 패상, 극문, 세류(細柳)에 삼군을 배치하고 흉노에 대비케 했다. 세류영(細柳營)의 장군은 주아부였다.

어느날 황제는 친히 삼군을 위문하기 위해 행차했다. 패상과 극문에 이르러 황제는 곧바로 말을 달려 군영 안으로 들어갔고 장군은 황제를 극진한 예로 맞이했다. 황제가 세류영에 갔을 때 군사들은 모두 완전군장을 갖추고 경계태세를 완비하고 있었다. 황제보다 앞서간 사람들이 군문에 도착했지만 들어갈 수가 없었다.

"곧 천자께서 도착하십니다."

그러나 군문 도위가 말했다.

"장군이 명령하시길 군중에서는 오직 장군의 명령만 듣지 천자의 명일지라도 받들지 않는다 했습니다."

곧 황제가 도착했으나 황제도 들어갈 수가 없었다. 이에 황제는 사자를 보내 황제의 신표를 가지고 가 장군에게 말하게 했다.

"내가 군사를 위문코자 한다."

그때서야 주아부는 군문을 열게 했다. 영문의 군사가 황제의 종속거위에게 말했다.

"장군은 영내에서 말을 달리지 못하도록 명령하셨습니다."

이에 황제는 말고삐를 잡히고 천천히 들어갔다. 장군 주아부는 칼을 쥔 채 읍(揖)하며 말했다.

"갑옷입은 군사는 절(拜)을 하지 않습니다. 군례(軍禮)에 따르겠습니다."

황제는 감동하여 얼굴빛을 고치며 수레 앞에 있는 가로목〔軾〕을 잡아 예를 갖추었다. 황제는 수고한다는 인사와 예를 표하고 떠났다. 황제가 군문을 나서자 모든 신하들은 그저 놀랄 뿐이었다. 황제가 말했다.

"아! 참으로 훌륭한 장군이다. 앞서본 패상과 극문의 군사들은 모두 어린아이 장난같았으니 적들이 습격하면 장군마저도 포로가 될 것이다. 그러나 주아부를 어찌 감히 범할 수 있겠는가?"

황제는 두고두고 주아부를 칭찬했다. 한 달'뒤 모든 군사들을 파했고 주아부는 수도를 순찰하는 중위(中尉)가 되었다.

세류영의 군사들은 위용이 당당했고 기율이 엄했으며 병사의 사기도 높았고 항상 비상시에 대비하는 모습을 갖추고 있었다. 또 황제에게도 장군의 군율에 따를 것을 요구했다. 주아부가 군대를 어떻게 통솔하는가를, 그리고 주아부의 군령은 마치 산처럼 무거워 누구도 바꾸지 못하며 황제일지라도 예외가 없다는 것을 보여주었다.

주아부가 풍채와 언사·동작이 다른 장군과 달랐기에 황제를 감동시킬 수 있었고 황제 또한 주아부에게 예를 갖추었다. 주아부는 원리원칙에 충실했고 자신의 일에 확신을 갖고 처리하며 황제 앞에서도 당당할 수 있는 용기와 신념을 가졌기에 높은 평가와 칭찬을 받고 승진했다. 황제의 주아부에 대한 칭찬과 공경은 마음속에서 우러나오는 진정이었다.

그런데 여기서 한 가지 생각해볼 문제가 있다. 황제인 문제가 주발과 주아부를 대할 때의 태도가 확연히 다르다는 것이다.

사실 문제는 주발을 불신임했고 존중하지도 않았으며 제멋대로 벼슬을 내렸다 박탈했고 주발에 대한 참소를 쉽게 믿었다. 그리하여 거의 죽음에 이르는 사지(死地)에 빠뜨리기도 했다. 뿐만 아니라 평상시 유형무형의 정신적 학대를 했으며 주발로 하여금 밤낮으로 불안에 떨게 만들었다. 그러나 세류영에서의 문제의 태도는 매우 달라서 장군 주아부를 존중했다. 후에 죽음에 임한 문제는 태자〔景帝〕에게,

"위급한 일이 있을 때 주아부에게 병권을 맡길 수 있다."

는 유언을 할 정도로 주아부에 대한 신임을 끝까지 잃지 않고 있다.

여기에 대하여 다음의 두 가지 관점에서 그 해답을 엿볼 수 있다.

첫째 문제와 주발, 문제와 주아부가 비록 군신관계를 같이 했지만 그 관계엔 분명한 차이가 있다. 즉 주발은 고조를 도와 천하통일에 기여했고 문제에겐 황제를 옹립하는 공을 세웠다. 문제에게는 은혜를 베풀듯 공을 세웠다는 점에서 일종의 우월감을 갖고 있을 거라고 추측했을 것이다. 그래서 혹 모반하여 권력을 뺏거나 황제 자신을 허수아비로 만들지 모른다는 두려움을 갖고 있었다고 볼 수 있다. 물론 이것은 문제의 내심에 자리잡은 환상의 그림자였지만 문제에게는 그런 불안과 초조감을 떨쳐버릴 방법이 없었다.

그러나 주아부에 대한 문제의 입장은 크게 달랐다. 주아부를 제후로 책봉한 것은 순전히 문제 자신의 뜻이었고 은총을 내린 것이었다. 문제의 입장에선 주아부를 마음대로 제압할 수 있다는 자신을 가지고 있었으며 황제 자신에게 언제나 감사하고 은혜에 보답할 것으로 믿고 있었다.

주발에 대해서는 아버지〔高祖〕를 대할 때 느끼는 어려움과 두려움이 있었지만 주아부에게는 아무런 심적 부담도 없었고 위협도 느끼지 않았을 것이다.

다음으로 흉노의 침입은 문제에게 처음으로 두려움과 함께 무비(武備)의 경각심을 일깨워주었다. 외적의 침입을 방어하거나 격퇴한 경험이 없었던 문제는 국가에 충성을 다 바칠 유능한 장군을 간절히 바라고 있었다.

황제가 직접 삼군을 위문하러 나선 것도 상황파악과 충성심을 측정해 보기 위한 방법이었다. 그 결과 주아부는 진정한 장군으로 그 어느 누구의 침범도 막을 수 있는 장군으로 보였다.

그러나 정황은 언제나 변화하는 것이어서 문제와 주아부의 군신관계도 언젠가는 변화할 것이다. 즉 주아부에 대한 신임은 곧 불신임으로 바뀔 것이고 아껴주고 존중하는 황제의 마음이 곧 백방으로 박해를 가하는 상황이 될 수 있다는 것이다. 그런 변화는 다음 황제인 경제(景帝)가 즉위한 뒤에 일어났다. 그것도 큰 위기를 극복하고 난 태평성대에 자연발생적으로 일어났고 이때부터 주아부는 종말로 치닫는다.

6. 주아부의 활약 그리고 종말

경제(景帝)때만 해도 한(漢) 왕조의 기반은 아직 확립되지 않았다. 제후국의 세력은 여전히 통일제국에 대한 위협으로 남아 있었다. 따라서 경제는 승상 조착(晁錯)의 건의를 받아들여 제후들의 영지를 삭감하는 정책을 강행했다. 이에 제후들은 조착을 제거한다는 명분을 내세우고 대규모 반란을 일으켰다. 반란의 주역은 오(吳)와 초(楚)였으며 그외 다섯 나라가 가세했으니 이를 '오초7국의 난'이라고 한다.

경제는 주아부를 태위에 임명하고 대군을 이끌고 동쪽으로 오와 초를 격파하라고 명령했다. 주아부는 엄격한 군대통솔과 용병술 그리고 정확한 상황파악, 지피지기(知彼知己)의 전략을 바탕으로 반란세력과 직접 대결을 피하면서 우회적으로 적을 궁지로 몰아넣는 작전을 전개했다.

주아부는 양(梁)으로 하여금 오나라와 싸움을 계속하게 하고 한군은 오와 초의 군량 보급로를 끊어 군사를 굶주리게 하고 그들이 공격해올 때까지 기다렸다가 격파하는 전략을 택했다. 석 달 간의 전투 중 오의 공격을 받아 다급해진 양의 효왕(孝王)은 황제를 통해 주아부로 하여금 양을 돕게 했지만 주아부는 황제 명령을 거역하면서도 오초의 궁핍을 기다렸다가 결국 반란의 주역인 오왕 비(濞)를 사로잡았다. 그러나 여기서 양왕과 사이가 벌어지게 되었고, 양왕은 후에 주아부 몰락에 한몫을 해냈다.

주아부의 이와 같은 전략은 경제의 허락이 있었다. 이는 어디까지나 양이 피폐해지더라도 오와 초를 격파해야 한다는 대국적인 정세 파악이 있었기 때문이었다. 이때 주아부는 황제의 명령을 받들지 않았어도 신임을 얻을 수 있었다.

그로부터 5년 뒤 주아부는 승상이 되었고 경제는 주아부를 매우 존중했다. 그러나 이런 신임도 잠깐이었고 주아부는 황제로부터 불신임을 받아 끝내는 굶어 죽는 비참한 종말을 맞게 된다. 그 과정은 대체로 다음과 같은 다섯 단계로 진행되어갔다.

첫번째 단계는 경제가 율태자(栗太子)를 폐하려고 할 때 승상 주아부가 반대하였기에 태자를 곧바로 폐하지 못했다. 이것이 바로 주아부 몰락의 신호탄과도 같은 것이었다.

두 번째는 경제가 황후의 형제 왕신(王信)을 제후로 봉할 생각이 있어 주아부와 협의할 때 주아부는 고조의 백마의 맹세를 예로 들어 반대했다. 이때 경제는 주아부의 말을 묵묵히 듣고 그만두었지만 이로 인해 주아부는 궁중분규 속에 휩쓸려 들어가게 되었다.

세 번째는 경제 중원(中元) 3년, 추장을 배신한 흉노왕이 한에 투항했는데 경제는 그를 제후로 봉해 회유할 생각이었다. 그러나 주아부는 앞으로 절개를 버리는 신하가 있을 때 어떻게 문책하겠느냐며 반대했다. 그러자 경제는 승상의 의견을 채용할 수 없다며 흉노왕을 제후로 봉했다. 주아부는 사태가 나쁘게 돌아가는 것을 알고 칭병한 뒤 재상자리에서 물러났다. 이로써 주아부는 황제의 측근에서 떨어져나가 몰락의 구렁텅이로 빠져들었다.

네 번째로 경제는 일부러 주아부를 불러 음식을 하사했다. 그러나 음식상에는 큰 고깃덩어리만 있고 젓가락도 없었다. 주아부는 기분이 안 좋았고 시종을 불러 젓가락을 요구했다. 그러자 경제가 비웃듯 말했다.

"이 정도로도 그대의 마음에 들지 않는가?"

주아부는 크게 놀라 관을 벗고 머리를 조아리며 죄를 청했다. 경제는 노기를 띠고 안으로 들어갔고 주아부는 뒷걸음으로 물러났다. 물러나는 주아부를 보며 경제가 말했다.

"저 불만으로 가득한 자는 다음 어린 황제의 신하가 아니다."

경제는 주아부를 살해할 의사를 분명히 표현했고 주아부의 최후의 몰락은 눈앞에 현실로 다가왔다.

마지막으로 주아부의 아들이 부친의 장례 부장품으로 쓸 갑옷과 방패 5백 벌을 나라의 공방(工房)에서 사들였는데 그 공방의 일꾼에게 임금 지불이 늦자 국가 재산을 빼돌렸다고 고발당했고 주아부까지 연루되었다. 사건은 확대되어 병기를 사들여 모반을 꾀한 죄에 얽혀들었다. 사건이 황제에게 보고되고 주아부는 옥리에게 넘겨졌다. 옥리 앞에서 주아부는 한 마디도 말하지 않았다. 나중에 정위(廷尉)가 문책하자 주아부가 말했다.

"내 아들이 사들인 것은 무덤 속에 들어갈 부장품이다. 어찌 모반했다고 하는가?"

그러자 정위가 심문하며 말했다.

"네가 살아 지상에서 모반하지 않으면 죽어 지하에서 모반할 것이다."

옥리는 옆에서 더욱 심하게 다그쳤다. 그 전에 옥리들이 주아부를 체포하러 갔을 때 주아부는 자살하려 했었다. 그러나 부인이 말려서 결행하지 못했다. 주아부는 5일간 아무것도 먹지 않더니 마지막에 피를 토하고 죽었다.

위의 다섯 단계를 훑어보면 군신관계란 얼마나 긴장의 연속인가를 알 수 있다.

"지하에서도 모반할 것이다."라는 다그침은 황제의 의도가 하달된 뒤에 내뱉는 말이니 황제의 말 한마디에 충신의 한평생 업적은 모두 물거품이 되고 만 것이다. 큰 공을 세우고 그 공적을 누린다는 것이 얼마나 어려운 일인가? 만약 주아부가 없었다면 오초7국의 난은 어떻게 평정했겠는가? 그런 공을 세우고 바로 그 황제에게 죽음을 당할 수밖에 없었던 주아부의 일생이었다.

7. 부자(父子)의 다른 점

주발과 주아부 부자는 큰 공을 세우고서도 참소와 미움을 받아 고생을 했다. 그러나 주아부는 주발과 달리 복잡한 정치 상황 속에서도 두려워하지 않고 떳떳했다. 5일을 굶고 피를 토하고 죽었다니 비장하고도 처참한 죽음이었다. 사마천은 주발의 공을 이윤(伊尹)이나 주공(周公) 못지 않다고 논찬(論贊)에서 말했지만 주발에게도 품격상의 약점이 있었다. 그러나 사마천은 그 점을 사기에서는 말하지 않았다. 다만 후세의 독자들이 스스로 터득하길 바랐는지도 모른다. 다만 주아부의 단점 즉 "자신의 지모를 충분하다 여겨 고인(古人)을 본받으려 하지 않았으며 절개를 지킨다면서도 겸손하지 않았기에 끝내 곤궁을 당했다."고 평하고 있다.

하여튼 주발은 자신의 위기를 너무 많이 인식해서 벌벌 떨었던 정도가 좀 지나쳤다고 할 수 있고 주아부는 경직(耿直)함이 흘러넘쳤고 지모와 사려가 부족했었다. 그러나 그 점을 책망하기보다는 그저 애석하게 여길 뿐이다.

끝으로 장량과 진평·주발 세 사람을 다시 한 번 비교해 결론을 정리할 필요가 있다.

장량은 천부적 재능으로 공을 세우면서도 진퇴를 확실히 알아 처신했기에 끝까지 자신의 몸과 명성을 유지할 수 있었다. 이에 비해 진평은 심계에 뛰어났고 머리회전이 민첩하여 좋은 시작에 좋은 종말을 얻어낼 수 있었다.

그러나 장량의 자보책(自保策)은 많은 고뇌 끝에 얻어냈다지만 끝까지 정도(正道)를 견지했다고 자신있게 말할 수는 없을 것이다. 또 진평의 계책도 완전무결한 것은 아니었다. 다만 시운을 잘 타고났다고 할 수 있다.

거기에 비해 주발과 주아부는 천부적인 재능이나 뛰어난 지모는 없었지만 성실했기에 공을 세웠었다. 그러나 그들은 봉건전제하에서의 희생물이

되었다. 남용되는 황제의 권위 아래 헐떡이며 이리저리 뒹굴며 두려워
하다가 결국 한을 품고 죽어갔으니 인간세상에 흔히 있을 수 있는 그런
일이 아니겠는가?

대장군의 어이없는 종말 : 한신(韓信)

한(漢) 고조(高祖)를 도와 한 왕조의 설립에 크게 공헌한 장군이자 군사
전력가였다. 천하를 삼분하여 독립할 수도 있었지만 고조의 신임을 믿고
끝까지 충성을 바치다가 모반죄에 걸려 여태후의 손에 어처구니없는 종말
을 당했다.

1. 큰 칼을 차고 다닌 포부

한신(韓信)은 회음현(淮陰縣 : 지금의 강소성) 출신으로 무명이었을 때는
재산도 없었고 장사를 해서 생계를 꾸릴 재간도 없었기 때문에 이 마을
저 마을 다니면서 남의 집에 얹혀서 살았다. 따라서 그를 아는 사람들은
누구나 싫어했다. 일찍이 회음 땅의 남창(南昌)에 있는 한 정장(亭長 : 역
원(驛院)의 長)집에서 자주 머물렀는데 몇 달이 지나자 정장의 아내는 새
벽밥을 지어 남편과 함께 침상에서 먹고 한신이 끼니 때가 되어 찾아가면
모른 체했다. 이후부터 한신은 그들의 속셈을 짐작하고 발길을 끊었다.
그 후 한신이 회수(淮水)에서 낚시를 하고 있었는데 그곳에서 무명 빨래
를 하던 부인이 한신의 굶주린 기색을 보고 밥을 나누어주었다. 부인이
그 후에도 계속 밥을 주자 한신은 틀림없이 보답하겠다고 말했다. 그러자
그 부인은 벌컥 화를 내며 말했다.
"사내대장부가 밥 한 그릇 해결 못 하니 불쌍해서 주었을 뿐 보답받을
생각은 조금도 없소."
한번은 고향 저자거리의 패거리들이 한신을 모욕했다.
"네놈은 비록 키가 크고 장걸을 차고 다니지만 마음은 겁쟁일 게다. 네

가 만약 나를 죽일 용기가 있다면 그 칼로 나를 찔러라. 그러나 그런 용기
가 없으면 내 가랑이 밑으로 기어가라.”

한신은 그를 한번 노려보더니 머리를 숙여 그의 바짓가랑이 밑을 기어
서 빠져나갔다. 시장 사람 모두가 한신을 겁쟁이라며 조롱했다.

그러나 한신은 비록 가난했지만 비굴하지는 않았다. 마음에 큰 포부가
있었기에 그 행동은 당당했다. 정장 친구에게 기식할 기회를 잃어 절교하
고 떠난 것은 의리를 중시했기 때문이고 무명 빨래를 하던 부인에게 입은
은혜를 보답하고자 한 것은 대장부의 웅지 때문이었다. 또 비천하고 무도
한 자의 가랑이 밑을 기어나간 것은 싸울 상대를 분별할 줄 아는 풍모를
갖췄기 때문이다.

2. 출세의 시작 —— 대장군이 되다

한신은 처음에 항량을 따랐다. 그러다가 항량이 죽자 항우 밑으로 가서
낭중(郎中)이 되었다. 한신은 가끔 항우에게 계책을 올렸으나 항우가 그
계책을 받아들이지 않자 유방을 섬겼다. 그러다가 어떤 죄에 연루되어 사
형당할 처지가 되었다. 같이 처형당할 사람들은 이미 죽었고 드디어 한신
의 차례가 되었을 때 한신은 하우영을 보고 당당하게 말했다.

“한왕(漢王)은 천하를 차지할 생각이 없소? 어찌 장사를 이렇듯 죽이
려고 합니까?”

한신의 당당한 태도와 그 용모가 장하다고 생각한 하우영은 한신을 살
려주고 한왕에게 추천했다. 이로써 한신은 군량을 담당하는 치속도위가
되었다.

장사가 아무리 구걸하지 않는다지만 생사가 걸린 순간에도 침묵으로 일
관할 순 없는 것, 그러나 말을 한다면 사람을 움직일 수 있어야 한다.

한신은 치속도위로서 소하(蕭何)와 만날 기회가 있었다. 소하는 그 당
시 승상으로 한(漢)의 내치(內治)를 사실상 책임지고 있었다. 소하는 한신

이 비범한 인물인 것을 알았다. 한왕이 서울을 파촉 땅, 남정(南鄭)으로 옮겼는데 그리로 가는 도중에 한의 장수들이 많이 도망했다. 한신도 역시 소하가 한왕에게 몇 번을 얘기했는데도 자신을 등용하지 않는 처사에 실망하여 도망했다. 소하는 한신이 도망쳤다는 말을 듣자 한왕에게 아뢸 겨를도 없이 급히 말을 타고 쫓아갔다. 다른 사람들이 이것을 보고 소하가 도망했다고 보고했다. 한왕은 대노하며 양팔을 잃은 듯 애석해했다. 이틀 뒤 소하가 다시 나타나자 한왕은 화를 내면서도 얼굴에는 희색이 감돌았다. 그러면서 소하를 책망했다.

"그대는 왜 도망갔소?"

"제가 도망간 것이 아니라 도망간 자를 쫓아갔었습니다."

"그렇다면 그대는 누구를 뒤쫓았소?"

"한신입니다."

"그 동안 도망간 장수가 수십 명이나 되었지만 그대는 누구도 뒤쫓은 적이 없는데 이번에 한신을 뒤쫓은 것은 무슨 까닭이오?"

"다른 장수야 쉽게 얻을 수 있지만 한신은 둘도 없는 장수감입니다. 대왕께서 끝까지 한중의 왕으로 만족하시겠다면 한신을 돌아볼 필요는 없습니다. 그러나 천하를 차지하려 한다면 한신 외에는 같이 일할 사람이 없습니다. 이는 대왕께서 품은 웅지가 어떤 것인가에 달려 있습니다."

"그렇다면 한신을 장군으로 삼겠소!"

"비록 장군을 시킨다고 해도 한신은 머물러 있지 않을 것입니다."

"그렇다면 대장군으로 삼겠소."

"참으로 다행한 일입니다."

이리하여 한왕은 한신을 불러 대장군으로 임명하려 했다. 그러자 소하가 다시 말했다.

"대왕께선 평소에 오만하여 예를 가볍게 여깁니다. 지금 대장군을 임명하기를 마치 어린애 부르듯 하십니다. 이 점이 바로 한신이 도망간 까닭입니다. 대왕께서 한신을 대장군으로 임명하시려면 좋은 날을 골라 재계하시고 단(壇)을 마련한 뒤 예를 갖추어야 합니다."

한왕은 이를 허락했다.

이렇게 한신은 소하의 천거로 인생의 새로운 전기를 맞는다. 소하는 한왕 유방이 천하를 통일하는데 내적으로는 가장 큰 역할을 했던 인물이다. 지혜가 뛰어나고 성품이 곧고 진퇴가 뚜렷하여 진중의 병사들과 유방의 각별한 신임을 얻었다. 한신이 비범한 인물임을 일찍이 깨닫고 강력히 천거하여 진영을 총괄하는 대장군으로 삼은 것 또한 소하의 진면목을 보여준다. 이렇게 해서 한왕 유방은 천하통일의 큰 반석 하나를 얻었다.

3. 한신의 전략 —— 형세분석

한신은 전략적인 두뇌를 가진 군사가였다. 한신은 대군을 이끌고 싸워본 적은 없었으나 형세를 분석해서 시의적절한 전략과 전술을 구사했다. 당시 한·초의 대치국면에서 한왕의 주요 적은 항우였다. 한신은 대장군에 제수된 후 한왕과 같이 당시의 정세를 분석했다.

한신이 대장군 임명의 예식을 마치자 한왕이 계책을 하문(下問)한다. 이에 한신은 대답한다.

"대왕께서는 용맹과 굳센 점에서 항우와 견줄 만하다고 스스로 생각하십니까?"

"내가 못하지."

"신도 그렇게 생각합니다. 그러나 신은 일찍이 그를 섬긴 일이 있으므로 항왕(項王)의 사람됨을 알고 있습니다. 그는 더없이 용맹하나 어진 장수를 믿고 일을 맡기지 못하며 병사가 병에 걸렸을 때는 같이 슬퍼하는 인정이 있으나 어떤 사람이 공을 세워 마땅히 벼슬을 줘야 함에도 봉읍이 아까워 머뭇거리니 공사의 구별이 모호합니다. 또한 여러 나라를 정복했으나 민심을 알지 못하고 수없이 많은 사람을 죽이니 정복된 나라의 백성들은 한탄만 하고 있을 따름입니다. 또 진나라의 항복한 군사 이십여 만명을 생매장하여 죽이니 진나라의 원한은 뼈에 사무쳤고 이들은 대왕의 군사가 들어오기만 하면 싸우지도 않고 기꺼이 맞을 준비가 되어 있습니다. 이러한 실정이므로 대왕께서는 격문을 돌리는 것만으로도 진나라〔三秦〕를 능히 평정하실 것입니다.”

이와같이 한신의 정세파악은 명쾌했다. 이 진언에는 그의 지모가 여실히 드러나 있다. 즉 한신은 항우와 유방의 인격뿐만 아니라 적국과 제후국의 동향까지도 꿰뚫고 있다. “항왕의 인품은 이러이러하고 또 정복하고 난 다음의 처세는 이러하니 정복국가의 민심은 이렇게 동요하고 있다.”는 식으로 논리정연하고 신랄한 비유로써 한왕의 마음을 움직이고 있는 것이다. 한신의 이러한 형세판단은 분명히 올바른 것이었다. 그는 이미 지금은 외형적으로는 초나라의 항왕이 우세하나 후에는 스스로의 허점으로 말미암아 무너질 것을 예견하고 있었다. 그는 적의 허실을 예리하게 파악하고 있었던 것이다.

한신은 또 말미에 교묘하게 한왕의 마음을 움직인다.

“제후들과의 약속대로 당연히 대왕께서 관중의 왕이 되어야 함에도 대왕께서 한중(漢中)의 땅으로 밀려난 것을 백성들이 알고 모두 아쉬워하고 있습니다.”

이렇게 항우의 강점은 곧 약점이기도 하니 지금이라도 군사를 일으켜 관중으로 진출하면 삼진(三秦)을 얻어 천하를 양분하는 세력을 취할 수 있다는 것이 한신이 한왕에게 말한 계책의 요체였다. 이렇게 해서 한왕은 곧 군사를 일으켜 삼진을 모두 평정하였다.

이와같이 한신은 초의 항왕과 직접적인 대결은 피하고 주위의 제후세력을 공격과 회유로써 흡수하는 전략을 세웠다. 충분히 승산이 있다고 판단될 때 항왕과 최후의 결전을 벌일 태세였다. 즉 지금은 초의 군사력이 강대하기 때문에 직접적인 대결은 손실을 입기 쉽고 더 잘못되면 돌이킬 수 없는 지경에 이를 수도 있다고 판단한 것이다.

4. 한신의 전략

한신의 전투에서의 승리는 우세한 병력으로 위압적으로 공격하여 얻는 경우보다는 상대보다 소수의 병력으로 지모로써 승리하는 경우가 많았다.

위왕(魏王) 표(豹)가 어머니의 병을 핑계로 고향으로 내려가 한나라를 배반하고 초나라와 화친을 했다. 이에 한왕은 한신을 좌승상으로 임명하여 위를 치게 했다. 위왕은 한신의 군대와 맞서 자신의 진영으로 통하는 물길을 막았다. 그러자 한신은 앞에서는 대군이 있는 것처럼 위장하여 적의 주의를 집중시킨 다음 몰래 군사를 우회시켜 위를 공격하여 위왕을 사로잡았다. 이 지역은 후에 한나라의 하동군(河東郡)이 되었다.

한신이 위를 평정하고 조(趙)를 치려 한다는 소식에 조왕(趙王)과 성안군(成安君) 진여(陳餘)는 군사를 정형구(井陘口)에 집결시켰다. 그러자 광무군 이좌거(李左車)가 조왕과 성안군에게 계책을 건의했다.

"한신의 군사가 우리 조나라를 공략하는 길은 정형 외에는 없습니다. 정형으로 통하는 길은 폭이 좁아 수레 두 대가 나란히 지나갈 수 없고 말 탄 군사도 대열을 지어 지나갈 수 없습니다. 그러니 한신의 군대는 수백 리나 이어질 것이고 보급물자는 자연히 훨씬 뒤쪽으로 처질 것입니다. 그런데 우리 군사를 평지에 주둔시킴은 무슨 까닭입니까? 나에게 삼만의 군사를 주면 샛길로 나아가 적의 보급로를 차단하겠습니다. 그렇게 되면 적은 나아가기도 어렵고 물러서기도 어려운 진퇴양난에 빠질 것이고 나는 열흘 안에 한신의 수급을 바칠 수 있을 것입니다."

그러나 조왕은 '의로운 군대는 기습공격을 하지 않는다'는 명분을 내세우며 광무군의 건의를 받아들이지 않았다. 한신은 이 사실을 탐지하고 크게 기뻐하며 과감하게 정형의 좁은 길로 진군하여 조나라 군사와 30리 떨어진 지점에 진지를 구축했다. 그날 밤 한신은 날쌘 군사 2천을 뽑아 각각 붉은 깃발을 하나씩 주며 말했다.

“너희들은 산에 숨어 있다가 우리가 패주하는 것을 보고 조의 군사가 뒤쫓거든 재빨리 조의 진지로 들어가 조의 깃발을 뽑고 이 기를 세워라.”

그리고 한신은 일만 명의 군사로 하여금 강물을 뒤에 등진 배수진(背水陣)을 쳤다. 조군은 이것을 바라보고 크게 웃었다. 이윽고 한신의 군사가 공격하다가 거짓으로 패퇴하자 조군은 한신의 예상대로 급히 추격했다. 그러나 강기슭의 진지에 도착한 한신의 군대는 배수진을 치고 싸웠기 때문에 이길 수 없었다. 한편 조나라의 비어 있는 진지에 도착한 2천의 군사는 조의 기를 뽑고 한나라의 붉은 기를 세웠다. 조군이 이기지 못하고 돌아섰을 때 진지에는 이미 한나라 깃발이 펄럭이고 있었다. 조의 군사들은 이미 진지가 점령되었다고 생각하여 사기를 잃고 도망하기에 급급했고 한군은 양쪽에서 협공하여 대승을 거두었다. 한신은 이 싸움에서 광무군을 생포하여 스승으로 섬겼다. 모든 장수들이 승리를 축하하며 한신에게 물었다.

“병법에는 산과 언덕을 등지고 싸우라는 말은 있지만 물을 등지고 싸우는 것은 하략(下略)이라 취급하고 있지 않습니다. 그런데 대장군께서는 배수진을 쳐서 결국 승리를 거두었습니다. 이것은 무슨 병법입니까?”

“이 전법도 본래 병서에 있지만 제군들이 알지 못했을 뿐이다. ‘사지(死地)에 빠진 다음에야 비로소 살고, 망지(亡地)에 놓여야 비로소 존속시킬 수 있다.’고 씌어 있지 않던가? 또 내가 평소 사대부들과 사귀듯이 병졸들의 마음을 얻은 것이 아니다. 곧 시정인(市井人)들을 전투에 참여시킨 것과 다름없다. 이들을 사지에 배치했기에 죽기를 무릅쓰고 싸운 것이다. 만약 이들을 도망갈 수 있는 생지(生地)에 배치했더라면 모두 도망갔을 것인즉 내가 그들을 어떻게 쓸 수 있겠는가?”

유능한 군사가 또는 훌륭한 사령관이 되기 위해서는 적정을 잘 통찰하고 각 방면에서의 정보에 밝아야 한다. 더 나아가 적 참모진영 또는 적장의 의도를 알아낼 수 있는 정보망도 잘 운영해야 한다. 한신은 이와같이 적과 아군의 여러 상황을 간파했고 가장 적절한 시기에 결정적인 타격을 가하여 전투에서 승리를 창출했다. 한신에 대하여 다음과 같은 평가가 전해진다.

"한신의 전략기초는 아마 그가 각지에서 기식(寄食)할 때 이루어졌을 것이다. 결코 위급한 상황에서 우연히 시도한 작전은 아니다. 한신의 저서가 없다지만 여타 기록을 볼 때 그는 권모(權謀)를 잘 썼고 기계(寄計)와 복병 전술에 능했다. 한신 병법의 요체는 변화와 사술(詐術)에 있다."

5. 대장군의 풍모

한신은 조를 격파하면서 생포한 광무군 이좌거를 회유하여 북으로 연(燕), 동으로 제(濟)를 칠 계책을 물었다. 그러나 이좌거는 "패장은 무용(武勇)을 말해선 안 된다."며 대답을 회피했다. 이에 한신은 진심으로 믿고 계책을 따르겠다고 간청한다. 광무군 이좌거는 다음과 같이 말하였다.

"한군은 지금 위왕을 사로잡고 조의 이십만 대군을 격파하는 등 파죽지세로 승승장구하며 위세를 떨치고 있습니다. 그러나 이 점이 바로 한군의 위기일 수도 있습니다. 즉 사기는 높지만 사졸들이 너무 지쳐 있습니다. 본래 전투력은 감출 수 있을 때까지 감춰야 합니다. 지금 이 시점에서 가장 중요한 것은 우세를 계속 유지하면서 자신의 약점을 노출시키지 않는 것입니다. 이것은 일단 약점이 드러나면 성(城)이 모퉁이의 흙 한 줌 때문에 허물어지듯 사태는 걷잡을 수 없기 때문입니다. 그러므로 지금 연나라나 제나라와 싸운다면 장거리 원정과 계속된 전투로 지쳐 있는 병졸의 상황을 볼 때 승산은 희박하고 오히려 약점만 노출되는 것입니다. 형세는 언제나 쉽게 변하기 때문에 용병에 능한 자는 자신의 장점으로 상대방 약점을 계속 공격해 상대방을 궁지에 빠뜨리는 법입니다."

우리의 장점으로 상대의 약점을, 그리고 우리의 우세를 유지하여 상대를 곤경으로 몰고가는 것은 승리를 얻기 위한 가장 보편적인 원칙이다. 광무군은 이 점을 분명히 강조했고 한신도 이 점을 수긍했다. 이들은 형세분석과 원칙론에서 서로 유사한 인식을 갖고 있었다. 다만 누가 이를 수용하고 결단을 내리느냐가 문제이다. 광무군이 조왕에게 한신 군대의 후미의 보급부대를 공격하며 군수물자 공급을 차단하자고 건의했을 때 그 계책이 수용되었다면 조군이 대패하지 않고 승리를 거둘 수도 있었을 것이다. 이것은 부하의 역량을 헤아리지 못하여 재능을 식별하지 못하는 탓이다. 따라서 성인은 시동(侍童)의 말이라도 가려서 듣는다고 한 것이다. 성인도 이러하거늘 다른 사람에게 있어서랴. 부하, 참모의 말을 얼마나 잘 수용하여 좋은 결과를 도출할 수 있느냐의 첫째 요건은 대장으로서의 자질에 달려 있는 것이다. 한신은 패장에게도 성의를 다해 계책을 물었고 광무군 이좌거도 성의를 다해 계책을 건의했다.

"지금 이 시점에서 병사들을 쉬게 하십시오. 그리고 우선 조의 백성들을 진무하십시오. 충분히 휴식을 취하고 민심을 얻은 뒤 북으로 이동하며 먼저 세객(說客)을 보내 회유한다면 연이 굴복하지 않을 수 없습니다. 연이 항복하면 제도 바람에 쓸려오듯 복종할 것입니다. 용병에 허성(虛聲)을 먼저 내고 실전을 뒤로 한다 함은 바로 이런 것이 아니겠습니까?"

한신이 광무군의 계책에 따라 사자를 연(燕)나라에 보내자 연나라는 바람에 넘어지듯 한의 수중에 들어왔다. 이어서 제(齊)나라를 평정하러 나서자 제왕 전광(田光)은 초에 구원을 요청하며 저항했으나 결국 한신에게 정복당하였다. 제를 평정한 한신은 제왕(齊王)이 되기를 자청했고 한왕은 이를 수락했다. 이때가 한왕 4년(기원전 203년)이었다.

6. 선택의 기로 —— 삼분천하(三分天下)

한신은 전략·전술·군사 조련과 지휘·전투에서의 승리 등 군사 전략가로서는 옛날의 주공(周公), 태공 망(太公 望)과 비견될 만큼 뛰어났다. 그러나 인심을 간파하고 보이지 않는 알력을 해소하고 정치력을 발휘해야 하는 면에서는 미흡한 점이 있었다.

항우는 제나라를 구원하러 출병했던 용차(龍且)가 한신에 패하여 죽자 두려운 생각이 들어 무섭(武涉)을 시켜 한신을 설득하게 했다. 당시 항우가 가장 두려워했던 적은 한왕(漢王)이 아니라 한신이었다. 한왕 유방의 실질적인 힘은 한신에게서 분출되었다. 물론 장량이나 소하 같은 지략가들이 보필했으나 전투는 행동원칙이다. 뛰어난 지략도 그것을 이루어낼 직접적인 행동이 뒷받침되어야 하는 것이다. 그런 점에서 볼 때 항우는 한신을 회유하여 천하를 삼분하여 다스리자는 명목으로 유방의 본 힘을 무너뜨릴 필요가 있었던 것이다.

"한왕은 야심이 많고 믿을 수 없는 사람입니다. 장군은 한왕에게 의지할 수도 또 충성을 바칠 만한 사람도 아니라는 점을 알아야 합니다. 이는 뒷날 일이 매듭지어지면 알 수 있습니다. 한왕에게 장군이 필요한 까닭은 항왕이 있기 때문입니다. 한왕과 항왕의 승패는 이제 장군의 손에 달려 있습니다. 장군께서 오른쪽에 가담하면 한왕이 이기고 왼쪽에 가담하면 항왕이 승리합니다. 항왕이 망하는 날이 오늘이면 내일은 장군께서 망합니다. 장군과 항왕과는 지난 날의 연분도 있지 않습니까? 왜 한왕과 결별하고 초와 강화하며 천하를 삼분하여 왕국을 이루려 하지 않습니까? 지금 이 기회를 놓치고 자진해서 한을 위해 초를 공격하는 것이 어찌 지혜로운 사람의 취할 바이겠습니까?"

군사적 능력에 의한 삼분천하──한신에게도 타당성 있고 충분히 매력있는 제의였다. 그러나 한신은 이를 분명히 거절했다.

"내가 항왕을 섬길 때 미관말직에 있었고 의견을 말해도 듣지 않았으며 계책을 세워도 써주지 않았소. 그래서 나는 도망쳐 한왕을 섬겼던 것이오. 한왕은 내게 상장군을 제수하고 수만의 군사를 주었소. 그리하여 나는 여기까지 이르렀소. 그런데 어찌 한왕을 배반할 수 있겠소."

이처럼 한신은 정치적 관점이 아닌 의리와 도덕적 관념으로 형세를 관찰하여 무섭의 제의를 거절한 것이다. 한신은 어떻게 보면 병기가 난무하는 싸움에서의 형세판단과 분석·지휘력은 탁월했지만 사람과 사람 사이에서 생기는 무언의 알력과 미묘한 심리의 흐름, 그리고 지모가 부족했다. 지모란 사실 속임수인 것이다. 한신은 전쟁터에서의 계책은 훌륭했지만 정치권력 속에서 난무하는 군상들의 행동원칙은 이해하지 못했던 것이다.

7. 선택의 기로 —— 오직 충성뿐

한신을 회유하려 했던 인물은 또 있었다. 바로 제나라 태생인 괴통(蒯通)으로서 그는 천하를 저울질할 수 있는 힘이 한신에게 있음을 깨닫고 관상술로써 한신을 설득하려 하였다. 괴통은 우선 한신의 중요한 역할을 강조했다.

"처음 진나라를 망하게 하고자 난을 일으켰을 때는 여기저기서 천하의 영웅호걸들이 뜻을 합치었습니다. 그때는 오로지 진나라만이 백성을 피폐케 했습니다. 그러나 지금은 초와 한으로 갈라져 서로 다투니 백성들의 괴로움은 말로 헤아릴 수 없을 지경입니다. 항왕의 군대는 서산(西山)에서 막히어 진격을 못 한 지가 삼 년에 이르고, 한왕은 수십만의 군사를 거느리고 하루에도 몇 번씩 싸웠으나 한 자 한 치의 땅도 넓히지 못하고 있습니다. 이러한 형세에서 백성들은 극도로 피폐하고 원망은 골수에 가득 찼지만 정작 마음 둘 곳이 없습니다. 생각하건대 작금의 형세는 임금(한신)께 달려 있습니다. 이것은 임금께서 한왕을 도우면 한왕이 이기고 항왕을 편들면 항왕이 승리하는 까닭입니다. 그런데 천하를 셋으로 나누어 대정(大鼎)처럼 서 있으면 서로 감히 세력 균형을 깨뜨리지 못합니다. 그런 다음 임금께서 제의 국력과 병력을 가지고 연과 조를 거느리고 백성이 갈망하는 대로 서진하여 초와 한의 전투를 종식시키고 만민의 생명을 구해준다면 천하 백성들은 바람처럼 달려오고 메아리처럼 응할 것이니 누가 감히 장군의 명을 거역할 수 있겠습니까?"

괴통의 언변을 미루어보면 한신이 삼분천하하고 제후를 세운 뒤 여러 나라를 차례로 합병하면 결국 천하를 다 차지할 수 있다는 아주 희망적인 계산이었다. 마치 사전에 각본을 짜놓은 듯한 이상적인 구상이었다. 그러나 한신이 거절하자 괴통은 한신의 갈등과 주저하는 원인을 갈파한다.

그 하나는 한왕의 환대 때문에 은덕을 버리지 못한다는 점이고, 다음으로 한신의 공이 많고 명성이 높은 만큼 한왕이 버리지 못할 거라고 믿고 있다는 점이다. 어찌 보면 한신의 의중을 정확히 간파한 말이었다. 듣는 이로 하여금 냉엄한 현실을 직시하게끔 유도하는 날카로운 설득력을 가지고 있다.

"장군께서는 한왕을 착한 사람으로 여기시고 만세불멸의 업적을 세우려 합니다만 나는 그렇게 생각하지 않습니다. 교분이란 한시적일 뿐입니다. 환난은 다욕(多慾)에서 생기고 사람마음은 예측할 수 없습니다……. 한왕이 당신을 저버리지 않을 거라는 희망은 잘못된 것입니다……. 그리고 저는 '용기와 책략이 임금을 겁나게 하는 자는 그 몸이 위태롭고, 공적이 천하를 덮을 만한 자는 오히려 상을 받지 못한다.'고 들었습니다. 지금 장군은 한왕을 충분히 겁먹게 할 만한 위력을 가지고 있고 더 이상 상을 받을 수 없는 큰 공을 세웠습니다. 이제 장군이 초에 돌아간다 해도 항왕이 믿지 않을 것이고 한왕 밑에 계속 머물면 한왕이 두려워할 것이니 장군께선 어디로 돌아가겠습니까? 장군의 형세는 신하로서 임금을 두렵게 할 정도고 명성은 천하에 드높으니 이 점이 바로 장군을 위태롭게 하는 까닭입니다."

괴통이 본 한왕과 한신·항왕의 역학관계의 분석은 정확했다. 두 왕의 세력 사이에서 비록 신하이되 이들에 못지 않는 힘과 세력을 갖춘 인물의 역학관계는 마치 세 발 달린 큰 솥과 같아서 어느 한쪽이 무너질 때는 걷잡을 수 없이 세력의 균형이 깨어질 판국이었다. 또한 한 가정에 두 지아비가 있을 수 없고 한 나라에 두 임금이 존립할 수 없는 것처럼 어느 한 인물이 다른 인물의 세력 밑으로 귀속될 수도 없는 형편이었다. 그러나 한신은 괴통의 언변에 생각해보겠다고 하며 대답을 미루었다.

며칠 뒤, 괴통은 다시 한신에게 결단을 촉구한다.

"…… 그래서 안다는 것(知)은 단안을 내릴 수 있는 힘이고 의심은 모든 일의 장애가 될 뿐입니다. 미세한 이익을 챙기게 되면 천하의 대수(大數)

를 잃어버리게 되고, 지(智)와 성(誠)으로 사실을 간파하고서도 끝내 감행하지 않는다면 온갖 일에 화근을 만드는 것입니다. 그래서 옛말에 '맹호의 망설임은 벌의 공격보다 못하고 준마의 주춤거림은 노새의 느린 걸음만도 못하며 진나라의 용사 맹분(孟賁)일지라도 의심하여 실행을 주저함은 못난 필부의 결단만도 못하고 요·순의 지혜가 있어도 우물거리고 말을 하지 않으면 벙어리나 귀머거리가 손가락으로 가리키는 것만 못하다고 했습니다. 이런 말들은 그만큼 실행이 중요하다는 뜻입니다. 공이란 본래 이루기는 어렵고 망치기는 쉬운 것이며, 적당한 시기란 본래 어렵게 얻으나 쉽게 놓치게 되는 것입니다. 좋은 때는 사실은 두 번 다시 오지 않습니다. 장군께선 깊이 통찰하셔서 결단을 내리십시오."

괴통의 말은 간절하고도 절실하여 하나같이 주옥같고 현실적인 비유였다. 그러나 괴통도 끝내 한신을 설득시키지 못했다.

한신은 군사작전에선 만가지 생각을 다해보고 기이한 계책을 무궁무진하게 끌어낼 수 있었지만 정치상의 문제에는 이렇듯 단순명쾌한 논리로 설득당했어도 선뜻 결단을 내리지 못하는 것은 한왕에 대한 충성 때문이었다.

잃어버린 사슴〔천하〕을 놓고, 수많은 영웅들이 물고뜯는 난세에 어떤 인인(仁人) 지사(志士)가 그만한 능력과 세력을 가지고 그렇듯 우직한 결론을 내릴 수 있었겠는가?

어떻게 본다면 그때 한신은 당연히 한왕과 결별했어야 했다. 괴통의 말대로 삼분천하하였다면 국가경제력, 군사력, 인구, 지정학적 위치 등을 고려할 때 한신의 제(齊)가 가장 강력한 국가가 되었을 것이다. 그러나 인간사는 알 수 없는 것이다. 사람이 한순간 앞을 예측하지 못하는 이상 한신이 그때 삼분천하하여 득세하지 못하여 비참한 종말을 맞이했을 거라는 판단은 한갓 결과론일 따름이다. 다만 괴통의 분석이 타당해보이는데 한신이 그의 말을 따르지 않고 사사로운 정에 이끌려 대의를 망쳤다는 분석하에서 도출되는 연민의 가지일 뿐이다. 이렇게 볼 때 한신의 능력의 한계가 드러나게 된다. 즉 그는 예전에 비루먹던 시절과 비교할 때 자신이 너무나 위대해졌음을 충분히 인식하고 있었다. 그래서 자신이 한왕에 대한 공적이 많고 스스로의 세력도 만만치 않은 만큼 한왕이 자신을 쉽게 물리치지 못하리라고 지레짐작한 듯하다. 이것이 형세판단의 큰 과오였다는 것은 불문가지이다.

8. 한신은 과연 모반했는가?

한왕 5년(기원전 202년) 항우는 해하(垓下)의 싸움에서 패한 뒤 오강(烏江)을 넘지 못하고 죽었다. 한 고조는 제왕 한신을 초왕에 봉했고 한신은 하비(下邳)에 도읍을 정했다. 그런데 다음 해에 누군가가 한신이 모반한다고 무고했고 한 고조는 진평의 계책대로 여러 제후들에게 운몽(雲夢)에 출유한다며 그곳으로 모이도록 일렀다. 이것은 물론 한신을 체포하려는 것이었다. 한신은 사로잡힐까 두려웠으나 스스로 생각해볼 때 아무런 죄도 없었기 때문에 운몽으로 향했다. 한 고조는 한신을 묶고 손발에 차꼬를 채워 낙양에 도착한 다음 한신을 회음후로 강등시켰다. 그는 이로 인해 주발, 번쾌 등과 같은 반열에 서게 된 것을 원망하였다.

거록군(巨鹿郡)의 태수로 나가는 진희와도 사전 음모가 있었다. 진희가 부임하는 거록군의 군사들은 한의 최정예부대였다. 그만큼 진희에 대한 한 고조의 신임도 두터웠다. 우선 진희가 부임지에서 난을 일으키고 자신이 내부에서 교란하면 천하를 쥘 수 있다는 것이 한신의 계책이었다. 진희는 약속대로 난을 일으켰다(한 10년). 그러나 한신에게 죄를 입은 한 사인의 밀고로 한신은 여후(呂后)에게 사로잡혀 장락궁(長樂宮) 종실에서 죽었다. 한신은 처형을 당할 때 이렇게 말했다.

"괴통의 꾀를 듣지 않은 것이 안타깝다. 결국 아녀자의 속임수에 넘어갔으니 어찌 천명이 아니겠는가?"

한 고조는 한신이 최후에 이런 말을 했다는 소리를 듣자 곧 괴통을 사로잡았다. 고조가 괴통을 삶아 죽이려고 하자 괴통이 말하였다.

“…… 진이 사슴[中原]을 잃으니 천하 사람들이 이를 좇았습니다. 이리하여 키가 크고 발이 빠른 사람(고조)이 그 사슴을 잡았습니다. 도척이 기르는 개가 요임금을 보고 짖는 것은 요임금이 나빠서가 아니라 개는 자기 주인 외에는 누구한테나 짖게 마련입니다. 당시 저는 한신만을 알았을 뿐 폐하를 알지 못했습니다. 세상엔 많은 사람들이 무기를 가지고 폐하처럼 천하를 노렸으나 단지 능력이 모자라 천하를 차지하지 못한 것입니다. 폐하는 그 사람들을 모두 다 삶아 죽이겠습니까?”

고조는 괴통을 풀어주었다.

다시 한신의 죽음에 대한 이야기로 돌아간다.

한신을 동정하는 사람들은 한신이 무고와 모함 내지 시기에 의한 억울한 죽음을 당했다고 말하는 사람이 많다.

한신의 모반을 고발한 사람은 한신한테 죄를 지은 사인(舍人 : 食客)이었다. 뚜렷한 물증도 없이 근본을 알 수 없는 사인의 말 한마디로 지대한 공훈이 있는 인물을 별다른 조사와 검증도 없이 처결했다. 더군다나 황제가 부재중에 죽인 사실은 떳떳한 조치라 할 수 없다. 그러나 또 한왕이 돌아와 한신의 죽음에 반은 슬퍼하고 반은 기뻐했다는 것은 무엇을 의미하는가? 한왕에게는 한신이 두려운 존재였고 공이 많았던 인물이기 때문이다. 즉 한신이 신하로서 너무 커버린 까닭이다. 그런데 이것은 한신의 처세 잘못도 많다. 한신 못지 않게 한나라 성립에 공이 많은 장량이나 번쾌, 진평 등은 일개 제후로써 자족하였다. 이미 이전투구의 상황에서 천자를 다툴 때의 한왕이 아님을 깨달은 까닭이다. 천자는 중원의 유일한 지배자이고 절대권력자이다. 여염집을 전전하며 술잔을 얻어먹던 유방이 아님을 이들은 깨닫고 행동을 자제하여 순종의 뜻을 보였기 때문에 길이 목숨을 보전할 수가 있었다. 그런데 한신은 그렇지 않았다. 한왕에 대한 충성심은 변함없었으나 스스로 고개를 숙이지 않는 기질 때문에 의심많은 한왕과 태후의 견제를 꾸준히 받고 있었다. 바로 이것이 한신이 단명한 이유이다.

사마천도 〈회음후 열전〉에서 그 죽음에 이르는 과정을 상술했다. 그 저의는 한신의 재능에 대한 아쉬움과 함께 괴통의 끈질긴 권유를 거절한 의리에 대한 공감에서 우러나오는 동정이었다. 그런 생각은 기록 곳곳에서 느낄 수 있다. 그러나 마지막 평가는 정반대로 모반을 그럴 수밖에 없었던 사정으로 기록했다. 즉,

"만약 한신이 도(道)와 겸양을 배워, 그 공을 자랑하지도 또 능력을 뽐내지 않았더라면 아마도 한 왕조에 끼친 공훈은 주(周)의 주공·소공·태공 망과 같아 대대로 제사를 받았을 것이다. 그러나 겸양에 힘쓰지 않고 또 천하가 이미 안정된 뒤 반역을 꾀하였으니 일족이 전멸한 것도 당연하지 않은가?"

그러나 사기의 기록은 사마천이 사관(史官)으로 궁중에 있는 기록을 그대로 옮겨 쓸 수밖에 없었다는 점을 참작해야 한다. 한신의 모반은 한왕조의 정론(定論)이었다. 당시 사관은 국가의 정론을 사사로이 고쳐 쓸 수 없었던 것이다.

254

흉노 정벌의 영웅 : 이광(李廣)

흉노에겐 비장군(飛將軍)으로 불렸던 두려운 존재였다. 대담한 용기와
충성심을 가진 명장이었으나 공을 세우고도 인정을 못 받았다. 평생을 전
쟁터에서 살다가 불운 속에 자결로 일생을 마쳤다.

1. 중국과 흉노족

이광(李廣)은 전한(前漢) 초기의 장군으로 흉노족 정벌에 큰 공을 세워
대단한 명성을 날린 인물이다. 한나라 초기 한을 괴롭혔던 흉노족들은 이
광을 비장군(飛將軍)이라 부르며 그의 무예와 담력을 몹시 두려워했다.
이광이 북방을 지키는 동안에는 그들은 섣불리 만리장성을 넘보지 못
했다.

여기서 우선 흉노족에 대한 설명을 하여 당시의 중국 형편을 알아보기
로 한다.

흉노족은 본래 북적(北狄)이라 총칭하는 이민족의 하나였다. 그 명칭은
시대에 따라 약간씩 다르나 대개 전국시대부터 흉노라 불리었다. 그들의
본거지인 지금의 감숙성·섬서성·산서성 등지에 흩어져 살다가 점차 북
쪽으로 밀려간 까닭에 북적이라 이름지은 듯하다.

흉노족은 후한(後漢 : 25~220) 초인 기원후 50년경, 기아와 질병으로 종
족의 세력이 크게 약화되어 남·북 흉노로 분열되었는데 남 흉노는 후한
에 귀순하고 평화관계를 유지하며 종족을 보존했으며 북 흉노는 서쪽으로
이동하여 동 유럽 다뉴브 강 유역까지 진출하여 게르만족의 대이동을 유

발시켰다. 유럽에서는 이들을 훈족이라고 불렀고 훈족의 추장 아틸라는 중세 유럽인들에게 악마의 대명사로 통했다.

흉노족의 생업은 목축이었다. 그들은 말·소·양을 몰고 물과 풀을 따라 이동했고 기마에 능했다. 흉노의 어린애도 양을 타고 새나 토끼를 사냥했고 장정들은 때때로 전원이 무장한 기병이 되기도 했다.

흉노의 풍속에 보통때 칼집에서 칼을 한 자 이상 빼면 사형에 처했다고 한다. 그러나 전투시에 적의 목을 베거나 포로로 잡은 자에겐 한 잔의 술이 상으로 주어졌고 포로나 노획품은 그것을 얻은 본인에게 주어졌다. 따라서 그들은 전투에 임해서는 과감했고 잔인했다. 흉노족은 봄 여름엔 목축과 수렵에 종사하다가 가을이 되면 만리장성을 넘어 농경지대를 공격, 약탈했다.

전국시대 흉노의 활동이 활발해지면서 연·위·조·진 등이 북방에 장성을 쌓았다. 진시황은 흉노에 대한 근본 방어책으로 기존의 장성을 크게 보수 연결하였으니 이것이 곧 만리장성이다.

흉노족의 추장을 선우(單于)라고 부르는데, 항우와 유방이 한창 싸울 무렵 흉노엔 묵특(冒頓)이라는 영특한 추장이 있었다. 묵특이 대 공세를 펴 산서성 일대를 유린하자 한 고조가 직접 30만 대군을 거느리고 공격하다가 그들의 유인전술에 속아 평성 백등산에서 7일 동안 고립 포위되었던 적이 있었다. 다행히 고조는 진평의 계책에 따라 밀사를 파견, 후한 예물을 주고 겨우 포위에서 풀려날 수 있었다. 그 뒤 유경을 파견하여 흉노와 화친했으나 한으로서는 굴욕적인 일이었다. 화친 내용은 고조는 황녀(皇女)를 묵특에게 시집보내고 해마다 면포와 비단·술·식량 등을 보내어 형제국이 된다는 내용이었다.

한 고조가 죽고 여태후가 집권하자 묵특은 여태후에게 과부가 되었으니 자기에게 시집오라는 서신을 보내왔을 정도이니 흉노의 교만과 한의 굴욕이 어느 정도였는지 알 수 있다.

그 뒤 문제(文帝) 때에도 흉노는 수시로 중국을 침략하여 문제가 직접 원정하려다 중단했는데 그 무렵 흉노의 선우가 보내온 서신의 첫머리는

256

다음과 같았다.

"하늘이 세운 흉노의 대선우(大單于)는 중국 황제에게 묻노니 그대는 무사한가?"

무례함이 이와 같았으나 한나라는 흉노족을 쉽게 퇴치하지 못했다. 흉노족은 어려서부터 말타기를 배운 까닭에 기동력이 뛰어났고 용감했다. 결국 한은 화친정책을 써서 국경 무역을 허락하고 해마다 많은 선물을 보내고 황실의 공주를 보내야만 했다. 때로는 궁녀를 공주라고 속여 시집보내기도 했지만 천하의 중심이라고 자처하는 중국인의 자존심은 여지없이 짓밟힌 셈이다.

2. 사마천과의 인연

사마천이 이광에 대한 전기를 쓰면서 〈이광열전〉이 아닌 〈이 장군 열전〉이라 제목을 붙인 것은 그에 대한 흠모의 표시라 할 수 있다. 사마천은 〈이 장군 열전〉 후미에 다음과 같이 말하고 있다.

"'몸이 빠르면 명령하지 않아도 실행되며, 바르지 못하면 명령해도 따르지 않는다.'고 했다. 이 말은 아마 이 장군을 두고 한 말일 것이다. 나는 이 장군을 직접 뵌 적이 있다. 이 장군은 순박하기가 시골사람 같았고 말도 잘하지 못했다. 이 장군이 죽었을 때 그를 알거나 모르거나 간에 모두 그를 위해 충심으로 슬퍼했는데 이것은 그의 성실한 마음씨가 사대부들의 마음을 움직였기 때문일 것이다. 속담에 '복숭아 나무가 말은 않지만 그 밑엔 저절로 길이 난다.(桃李不言, 下自成蹊)' 했으니 이 말이 비록 짧긴 하지만 그 뜻하는 바는 매우 크다고 할 수 있다."

이것을 보면 처음부터 끝까지 칭찬뿐이고 다른 말이 없다. 이광이 장군으로서 민심을 얻었다는 것을 말했고 복숭아나무 밑에 저절로 길이 생긴다 하여 그의 덕을 생각케 하고 인생의 깊은 철리를 깨닫게 해준다. 여하튼 사마천은 이광에게서 깊은 인격적 감화와 계발을 받은 듯하다.

잠깐 이야기기 빗나가지만 사마천은 《사기》의 저술에 착수하기 전 태사령(太史令)으로서 무제(武帝)에게 이능(李陵)을 변호하다가 치욕스런 궁형(宮刑)을 받았다. 이능은 바로 이광의 손자로 흉노 정벌 중 포로로 잡혔었다.

사마천은 비록 이능을 직접 본 적은 없었지만 그의 사람됨을 알고 있었기에 흉노에 항복한 것은 뒷날을 도모하기 위하여 어쩔 수 없는 상황하에서 항복했을 거라고 변호했던 것이다. 이것은 아마도 이광에 대한 존경심이 손자 이능의 평소 품행에 대한 신뢰로 이어진 것 같다.

한편 이광은 한 태평성대인 문제·경제·무제 3대를 섬겼으나 한 번도 중용되지 못했고 황실 외척인 위청(衛靑) 같은 장군에게 늘 견제와 억압을 받았고 차별대우와 질시 속에 지내야 했다. 그러나 뛰어난 무예와 영특한 용기는 타의 추종을 불허했다. 혁혁한 전공을 세웠으나 올바른 평가도 못 받았고 제후가 되지도 못했다. 그의 후반생은 오히려 명장이라는 부담만 지고 뜻을 펴보지도 못하고 울분 속에 지내다가 끝내 자결이라는 비극적인 종말을 맞았다. 놀라운 무공과 뜨거운 충성심, 패기와 열정의 정화이기도 한 인물의 인생이 이렇듯 철저하게 소외되고 불우할 수 있었을까 하는 의문이 들 정도이다.

3. 타고난 무예와 담력

이광의 선조는 진나라 장군 이신(李信)이었다. 그의 가문에는 대대로 궁술(弓術)의 비법이 전해오고 있었다. 이광은 문제 14년에 처음으로 흉노토벌에 참가했는데 뛰어난 활솜씨로 많은 적을 사살하고 생포하여 중랑(中郞)직에 임명되었다. 언젠가 문제를 수행할 때 맹호와 같이 용감하게 싸우는 것을 보고 문제가 말했다.

"아깝도다! 그대는 때를 잘못 타고났구나. 고조 때 살았으면 큰 제후가 되었을 텐데."

문제 때 소소한 전투가 있을 때마다 장군들은 전공에 따라 승진도 하고 직위도 받았지만 이광에겐 그런 혜택이 없었다. 멸망한 진, 이미 평가절하된 진나라 장군의 후손이라는 편견——아마도 이것이 가장 중요한 원인이었을 것이다.

이광은 오초7국의 난 때 주아부(周亞夫)를 따라 오초군을 격파하고 큰 공을 세웠으나 장군으로 승진했을 뿐 다른 상은 없었다.

한편 이광은 전략에도 뛰어났지만 특히 그의 활솜씨와 얽힌 일화가 많이 전해온다. 이것은 그의 집안에 전수되어온 궁술의 비법 때문이기도 했으나 그의 친척과 자제들이 다 미치지 못했다는 것은 그의 비범함을 느끼게 해준다.

사마천은 말한다.

"이광이 사냥 중에 풀섶에 있는 호랑이를 보고 화살을 날렸다. 그러나 다가가서 살펴보니 바위였다. 화살이 바위 속에 박혀버린 것이다. 이광이 다시 쏘았으나 끝내 박히지 않았다. 이광은 임지에 호랑이가 나타났다는 소리만 들리면 언제든지 찾아나서 쏘아 죽였다. 물론 이광도 때때로 상처를 입었다."

사뭇 전설적인 이러한 평가에서 사마천의 이광에 대한 애정과 이광의 활솜씨를 엿볼 수 있다. 그러나 활만 잘 쏜다고 명장일 수는 없다. 명장이란 군사의 조련술과 적재적소에 부장을 배치하는 안목, 상대의 의표를 찌르는 전술로써 공격하면 얻어야 하고 싸우면 이겨야 한다. 이광에게 명장의 재질과 능력이 있었는데도 그런 능력을 발휘할 여건과 기회가 없었다는 점이 애석하다. 그런데 이광의 활솜씨와 뛰어난 전투능력은 때때로 그의 약점이 되기도 했다.

"적의 공격이 아무리 긴박하고 목전에 다가와도 활을 쏴 쓰러질 거리가 되지 않으면 활을 못 쏘게 했다. 그래서 그의 부하들은 가끔 곤욕을 겪었다. 맹수를 사냥할 때도 그랬다."

수십보 안에서 백발백중을 노렸으니 이런 전술은 선제공격보다는 자주 포위당한다는 약점이 있다.

4. 자율과 책임

　장수가 부하를 어떻게 다루는가? 그 장수의 성격·인품·능력에 따라 치군(治軍)의 방법이 달라질 것이다. 이광은 언제나 사졸들과 동고동락했다.

　"이광은 청렴했다. 어쩌다가 하사받은 상은 모두 휘하의 사졸들에게 나누어주었고 사졸과 같은 음식을 먹었다. 장졸들이 마실 물이 부족한 곳을 지나다가 물을 만나면 이광은 사졸들이 다 마실 때까지 가까이 가지 않았다. 또 사졸들이 배불리 먹기 전엔 식사를 하지 않았다. 항상 느긋하고 관대하며 사납지 않았기에 사졸들은 언제나 이광을 위해 기꺼이 몸을 바쳤다."

　관대하고 유순하며 또 몰아세우지 않았다면 그 부대의 규율과 질서는 상당히 해이해졌겠지만 사졸은 그만큼 자유로웠을 것이다. 사졸들이 장수의 인품을 알고 있었기에 그들은 마음으로 기뻐 복종하며 장수가 불러주고 명령을 내려주길 기다렸을 것이다.

　"무제가 즉위했다……. 이광과 장군 정불식(程不識)은 다같이 변경군의 태수로서 주둔군의 장군이었다. 그들이 흉노를 치러 출정할 때 이광은 행군대형을 갖추라고 명하지 않았다. 물이나 풀이 좋은 곳에선 진군을 멈추고 휴식시켰다. 밤에는 조두(刁斗 : 군용냄비 겸 징)를 치며 경계하지도 않았다. 그리고 형식적인 문서나 장부를 생략했다. 그러나 척후병을 멀리까지 내보냈기 때문에 기습을 당하지 않았다. 정불식의 부대는 대오와 진영이 질서정연했고 밤에는 조두를 치며 경계를 엄히 했고 문서기록도 확실했다. 때문에 사졸들은 휴식할 겨를이 없었다. 정불식 부대도 적의 습격을 받은 적이 없었다."

　관용과 엄격, 자율과 통제. 둘 다 좋은 방법이지만 대조적이다. 양편 모두 위해를 입지 않았다. 그렇지만 사졸들은 이광을 더 따랐고 일을 시켜주기를 바랐다. 상대에게 허술함이 보일 수 있기에 기습을 받을 수 있었지만 기꺼이 싸울 수 있는 부대를 만들었다. 반면 정불식의 부대의 경우 허술함은 없었지만 사졸들은 피곤했다.

결국 근본적인 방어에 성공한, 아니 적이 끝내 두려워했던 부대는 이광의 부대였다. 자율이 정착될 때까지 더 힘들었겠지만 자율에 일단 익숙해지면 통제받는 것보다 더 큰 힘이 나온다. 그런 자율은 장군의 능력과 인품 그리고 일관된 신념에 의해 새로이 창출되는 힘이다. 그러나 자율에 의한 질서확립과 전투능력 배양이 언제나 강한 것은 아니다. 전투에 임하기 전 아군의 열세가 눈에 띄었을 때, 사졸들 사이에 퍼지는 불안과 두려움은 비관적 분위기가 조성되고 전투의지를 상실케 하여 결과적으론 패배하게 되는 수가 있다.

"이광이 우북평(右北平 : 지금의 북경)에서 싸울 때 흉노 사만 기가 이광의 사천 기병을 포위했다. 이광의 군사들은 모두 공포에 떨었다. 이광은 아들 이감(李敢)에게 돌파를 명령했다. 이감은 겨우 수십기를 거느리고 일직선으로 흉노 진영을 돌파하여 좌우로 돌아와 보고했다. '흉노와 쉽게 겨룰 수 있겠습니다.' 그러자 군사들은 일단 안심했다.……치밀한 격전이 벌어졌고 절반 이상이 전사했다. 마침 날이 저물었고 군리(軍吏)나 병졸 모두 사색이 되었으나 이광의 의기는 조금도 변함없었고 계속 순시하며 독전했다. 군사들은 이로써 용기를 얻었다."

이광은 위기에도 침착했고 두려움이 없었다. 이런 열악한 상황하에서 장군의 굳센 투쟁의지와 희생할 결심이 없었다면 부대는 몰살했을 것이다.

어찌보면 작전의 잘못, 본대와의 협조미비 또는 독자적인 부대지휘가 초래한 결과가 아니겠는가? 이광에게도 이런 오류와 실수가 있었다.

자신의 아들을 먼저 희생시키겠다는 결심, 그래서 병사를 안심시키고, 끝까지 항전하고 위기를 타개하겠다는 끈기, 그것은 진실성과도 통한다. 역경을 이겨내는 침착성, 진실, 자기 희생의 정신은 이광의 훌륭한 점이었다. 영웅이란 꼭 휘황찬란한 공적이 있어야만 하는 것은 아닌 것이다.

5. 행운이 따라준 용기

이광은 일생 동안 흉노와 대소 70여 전을 치루었다고 했으니 흉노와 전투가 있는 곳에 이광이 있었다고 할 만하다. 위에서 말한 대로 겨우 4천이 4만한테 포위되었을 때 부하를 몰아세울 수만은 없었다. 오직 대장의 의연한 의지만이 힘이 되었다.

이광은 백여기를 거느리고 한군 30명을 죽인 흉노를 추적하여 몇 명을 생포했다. 그러다가 흉노의 본대와 마주쳤다. 흉노들은 급히 산으로 올라가 포진했고 이광의 부하들은 놀라 도망가려고 했다. 그러자 이광이 말했다.

"우리는 지금 본대와 멀리 떨어져 있다. 지금 이 상황에서 도망가면 적은 우리를 추적하여 전멸시킬 것이다. 그러나 이곳에 머무르면 흉노들은 우리가 유인병인 줄 알고 공격하지 않을 것이다. 앞으로 더 진격하라."

흉노의 진지 앞 2리쯤의 지점에서 이광은 이렇게 명령했다.

"모두 말에서 내려 안장을 풀어놓고 쉬어라."

이것은 적을 더욱 속이기 위한 계책이었다. 흉노족은 과연 공격해오지 않았다. 이렇게 해서 이광은 날이 밝은 새벽에 한나라 본진으로 무사히 귀환했다.

이런 상황에서 후퇴는 곧 죽음에 이르는 외길이었다. 그렇다고 맞설 형편은 더욱 아니었다. 그래서 이광은 허허실실 전법을 썼다. 즉 자신의 약점을 감추기 위해 더욱 약점을 드러낸 것이다. 눈앞에 적이 있는데도 안장을 풀고 휴식을 취하게 한 것이다. 그러나 이것은 결과론이지만 논란의 여지는 있다. 즉 만약 적이 이광의 뜻을 간파했다면 전멸을 면치 못했다는 점이다. 또한 비록 싸운 적을 추적하면서 본대와 너무 멀리 떨어졌다는 점, 적정을 미리 살피지 않았기에 큰 손실을 입을 뻔했고 하룻밤을 초조 속에서 보낸 이광도 그렇다지만 본대에서 대장의 행방을 몰랐다는 점도 한 번 싸움에 목숨을 잃을 수도 앗을 수도 있는 장수로서는 경솔한 행동일 수도 있는 것이다.

한번은 이광이 안문이란 곳에서 부상을 입고 생포되었다. 흉노로서도 이광의 명성을 알고 있었기에 꼭 생포하려고 했었다. 그러나 이광은 부상당해 들것에 실려 가던 중 흉노 소년의 말과 활을 탈취해 겨우 도망쳤다. 그러나 한군에서는 이광이 많은 부하들을 잃고 적에게 생포까지 되었던 죄를 물어 참형에 해당된다고 하였다. 이광은 속죄금을 물어 속죄하고 서민이 되었다.

장군은 결코 병졸이 아니다. 장군의 생포는 많은 사졸의 죽음보다 더 큰 악영향을 줄 수 있다. 신중했어야 했기에 그의 탈출성공을 더 이상 칭찬할 수가 없는 것이다.

6. 평생의 오점

아무리 명장이라지만 그에게는 평생 오점으로 남아 후회할 만한 사건이 두 가지가 있었다. 하기야 평생에 두 가지면 아주 적은 것이지만 기록으로 남을 정도면 대단할 수도 있다. 아니면 결점이 없었기에 두 가지가 더욱 뚜렷한지도 모른다. 잡석에 박힌 티는 뚜렷이 드러나지 않지만 옥석에 긁힌 자국은 하자(瑕疵)라고 말하지 않는가?

이광도 감정에 치우쳐 사람을 사사로이 죽였던 적이 있다.

위에서 말한 대로 서민이 된 후 수년 동안 집에서 칩거하고 있을 때였다.

"어느날 다른 일행과 함께 사냥을 한 뒤 술을 마시고 늦게 귀가하던 중 패능정을 지나게 되었다. 패능정위가 술에 취해 이광 일행을 불러세웠다. 그러자 광을 수행하던 사람이 나서서 말했다.

"이분은 옛날의 이 장군이시오."

"현직 장군도 야간에 다니지 못하거늘 퇴직 장군이 무슨 일이오?"

그리고선 이광 일행을 정자 안에 구류하였다.

얼마 후 흉노가 쳐들어 와 요서군 태수를 죽였다. 그러자 황제는 이광을 우북평군의 태수로 임명했다. 이광은 패능정위를 잡아 올려 죽였다.

이 사실은 이광의 기량(器量)이 좁고 편협하여 남을 포용하지 못했음을 나타낸 것인데 한신이 초왕이 된 뒤 자신을 사타구니 밑으로 지나가게 했던 시정잡배에게 벼슬을 내려준 것과 비견될 수도 있다. 물론 이 비유는 두 인물의 성격을 정확히 파악했을 때는 적절치 못할 수도 있다. 즉 한신은 엄밀히 볼 때 자만심에 가득 찬 인물이었다. 가난하고 불우했던 시절에도 어머니가 돌아가셨을 때 자신의 위대함을 나타내기 위해 묘를 만 호를 세울 정도의 넓은 곳에 안치했었다. 그리고 자신을 욕보였던 시정잡배에게 벼슬을 내린 것도 실상은 자신의 관대함을 드러내려 했던 저의가 다분했다. 이런 성격이, 자신의 재능을 깎아내리는 교묘한 관대함이 한신의 최대의 약점이었다고 많은 사가(史家)들이 지적하는 바이다. 진실로 겸양했던 인물이라면 수많은 황금을 수레에 가득 싣고 수천의 병졸들을 거느린 채 고향에 돌아가 자랑하지 않았으리라는 전망하에서 도출된 평가이기도 하다. 이에 반하여 이광이 정위를 후에 죽인 것은 경우가 다르다. 이광이 잘했다는 것도 아니고 도량이 넓었다는 것도 물론 아니다. 그러나 분명한 것은 이광은 자만심은 없었다는 것이다. 그는 이천 석의 녹봉을 받았지만 집은 항상 가난했다. 제후가 내릴 수 있는 최대한의 녹봉인 이천 석을 받으면서도 집에는 축적된 재물이 없었다. 모든 녹봉은 병졸들을 보살피는 데에 쓴 까닭이다. 따라서 병졸들은 그의 수하에 있기를 다투었다고 전기(前記)한 바다. 이런 그가 비단 퇴직 장군이 아니라 다시 태수가 되었기 때문에, 생사여탈권을 쥔 위치에 복귀했기 때문에 정위를 불러 보복으로 죽였다는 단순한 논거는 미흡하다는 생각이다. 또한 그는 이러한 사실이 마음에 걸려 있었던 듯하다.

어느날 이광은 망기(望氣)에 능한 왕삭(王朔)과 한담을 나누고 있었다. 망기란 운기(雲氣)의 움직임을 보고 운명을 점치는 사람이다.

"한의 흉노토벌이래 나는 종군하지 않은 적이 없었소. 그리고 대부분의 장수나 교위(校尉)들이 공을 세웠다고 봉후(封後)의 지위를 얻었소. 그런데도 나는 내 능력이 다른 이보다 뒤지지 않는데 한 자 한 치의 땅도 봉토로 받지 못했소. 그 이유가 무엇이겠소? 내 상(相)이 제후 되기에 적합치 않소?"

"장군 생각에 일찍이 남의 원한을 산 적이 있습니까?"

"그 전에 내가 농서(籠西) 태수로 있을 때 강족(羌族)의 반란이 있었소. 나는 그들을 회유하여 항복을 받아냈는데 그들 팔백여 명을 그날로 모두 죽여버렸소. 지금까지 그 일이 크게 마음에 걸리오."

"항복한 사람들을 죽인 일보다 더 큰 화근은 없습니다. 아마 이 점이 장군께서 작위를 못 받는 까닭이라 생각됩니다."

왕삭의 말은 사마천이 꾸며넣은 것 같다. 이광과 그 가족의 비극을 만든 사람은 황제와 주변 총신들이었다. 이광이 능력에 비해 보상을 못 받은 것을 애석하게 여긴 사마천이 첨삭을 하지 않았나 하는 생각이 든다. 어쨌든 이광 자신도 대접을 못 받고 있음을 절감하고 있었던 것은 확실하다. 수많은 싸움에서 독보적인 전과를 올리고도 합당한 보상이 없는 데서 기인한 인간적인 고뇌가 여실히 엿보이는 대목이다.

자기 부하 장교까지 제후가 되는 판에 자신은 제외되니 의혹을 풀 수 없어 자신이 애초부터 제후의 상(相)이 아닌지 물어볼 정도였던 것이다.

7. 죽음 그리고 의문점

이광은 장군으로서 이미 청년시절부터 전공을 세웠고 용감한 기개와 질박한 충성심을 갖고 있었으나 신임도 못 받고 중용되지도 않았다.

이는 그가 진나라 장군의 후손이었고 황제 측근들의 보이지 않는 견제 때문이었다. 무제(武帝) 후궁의 비호하에 성장하여 무제의 절대적 은총과 신임을 받고 있던 장군 위청(衛靑) 등이 그를 끊임없이 억압하였다. 또한 당시의 통치집단이 인재를 등용함에 친분관계를 중시했다는 전통과도 관련이 있다고 봐야 한다. 이광은 병장이라는 명성만 있었고 전공에 따른 보상은 전혀 없었다. 이것은 이광의 사촌 형제인 이채(李蔡)가 무제 때 대국(代國)의 승상이 된 경우와 비교된다. 이채의 사람 됨됨이는 하급이었고 전공도 대단한 것이 없었고 명성은 이광에 비할 바가 못 되었다. 그래도 이채는 제후가 되었고 뒷날 삼공(三公)의 지위에까지 이르렀다.

위청과 곽거병(霍去病) 등이 대대적으로 흉노토벌을 할 때, 이광은 원정에 참여하겠다고 청원했다. 그러나 무제는 이광이 늙었다고 불허하다가 나중에 전장군(前將軍)에 임명했다.

대장군 위청은 이광의 출정을 원치 않았다. 전장군이 되어 흉노와 직접 교전하고 공을 세우게 될 것을 몹시 싫어했다. 표면상으론 이광이 늙었기에 혹 잘못될까 걱정이라고 무제에게 진언했으나 실제로는 공손오(公孫敖)를 전장군으로 내세워 전공을 돌려주려 했었다. 공손오는 위청이 미천했을 때 위청을 살려준 은인이었다.

위청은 이광에게 동쪽으로 우회해 진격하되 지정된 날에 본진과 합류토록 했다. 동쪽 길은 물도 부족하고 대군이 행군하기에는 적합치 않았다. 그런데 안내자도 없이 동로로 행군하다가 길을 잘못 들어 대장군과 약속한 날에 합류하지 못하였다.

위청은 이광에게 기일에 늦은 것을 문책하여 그 이유를 답신서(答申書)로 제출할 것을 요구했다. 이광은 위청의 문책이 부하 장교들에게까지 미치는 것을 원치 않았다.

"부하 장교들에겐 허물이 없다. 나 자신이 길을 잘못 들었다. 내가 대장군에게 책임을 지겠다."

온 가슴에 가득 찬 울분을 안고 이광은 부하들에게 말했다.

"나는 그간 칠십여 번의 크고 작은 전투를 겪었다. 이번에 대장군을 따라 출정하며 마지막 충성을 다 바치려 했으나 대장군이 나의 역할을 돌려 동로로 우회하여 진격하라고 해서 길을 잃었고 기일을 대지 못했으니 어찌 천명이 아니겠는가? 또 내 나이 이제 육십이 넘었다. 다시는 문서 다루는 하급 관리 앞에 나서서 응답할 수 없다."

그러고는 칼을 뽑아 자결했다. 그 동안 쌓이고 쌓인 울분과 핍박을 한 꺼번에 폭발시킨 울분의 자결이었으니 이보다 더 확실한 답신서, 이보다 더 정직한 변명이 있겠는가? 그야말로 온몸으로 강변한 최후의 항의였다.

사마천은 이광의 죽음 이후를 이렇게 설명하고 있다.

"부대 장병 모두가 통곡했다. 백성들도 소식을 듣고선 이광과 지면이 있건 없건 노인이나 어린애나 모두 눈물을 흘렸다."

지금까지 이광의 일생과 행적을 대강 더듬어보았다. 이제 이광에 대한 마지막 언급으로 파란만장했던 일생 중 몇 가지를 들어 그의 행적을 평가해보기로 한다.

우선 안문에서 부상당하고 흉노에게 생포되었을 때 이광에겐 신용(神勇)과 기지가 있었기에 탈출할 수 있었다. 사람의 앞날은 예측할 수 없어서 흉노와 한두 번 싸운 이광이 아니었지만 사로잡힐 수도 있다. 그러나 여기에서 중요한 것은 이광과 같은 능력과 지혜를 겸비한 장수가 사로잡혔었다는 것이다. 이것은 곧 대등한 군사력에서는 절대로 적에게 생포되는 따위의 일을 당하지 않을 명장이 그에 합당한 대우를 못 받고 있었다는 것을 의미하는 것이기 때문이다. 봉황에게 잡새의 깃을 달아준 셈이니 어찌 창공을 마음껏 노닐 수 있겠는가?

다음으로 이광이 우북평에서 불과 4천의 군사로 4만의 적에게 포위되었을 때도 사실은 같이 출발한 대장군 장건(張騫)이 싸워야 할 때를 놓쳤기에 고립되어 포위당했었다. 이때 이광은 아들의 희생을 각오하고 포위망의 돌파를 명령했고 다음 날까지 고전을 겪으면서 겨우 탈출했었다. 적보다 열세인 상황에서 포위를 뚫고 귀환했다는 그 자체만으로도 큰 전공이 될 텐데 이광에게 돌아온 보답은 공과 죄가 서로 반반이라며 아무런 상도 없었다. 이처럼 이광은 불운했다. 자신의 능력을 발휘해보지도 못하고 자결로써 생을 마감한 이광은 척신들에게 철저히 배척당한 불운한 장군이었다.

세계명작학술문고　　일신 그랜드 북스

① 여자의 일생	(51) 싯다르타
② 데미안	(52) 이방인
③ 달과 6펜스	(53)(54) 무기여 잘 있거라(ⅠⅡ)
④ 어린 왕자	(55)(56) 지와 사랑(ⅠⅡ)
⑤ 로미오와 줄리엣	(57)(58) 생활의 발견
⑥ 안네의 일기	(59)(60) 생의 한가운데(ⅠⅡ)
⑦ 마지막 잎새	(61)(62) 인간 조건(ⅠⅡ)
⑧ 젊은 베르테르의 슬픔	(63) 이반 데니소비치의 하루
⑨⑩ 부활(ⅠⅡ)	(64)(65) 25시(ⅠⅡ)
⑪⑫ 죄와 벌(ⅠⅡ)	(66)~(68) 분노의 포도(ⅠⅡ)
⑬⑭ 테스(ⅠⅡ)	(69) 나의 생활과 사색에서
⑮⑯ 적과 흑(ⅠⅡ)	(70)~(72) 누구를 위하여 종은 울리나(ⅠⅡ)
⑰⑱ 체털리 부인의 사랑(ⅠⅡ)	(73) 주홍글씨
⑲⑳ 파우스트(ⅠⅡ)	(74) 슬픔이여 안녕
㉑㉒ 셜롬홈즈의 모험(ⅠⅡ)	(75) 80일간의 세계일주
㉓ 이솝 우화	(76) 물과 원시림 사이에서
㉔ 탈무드	(77) 람바레네 통신
㉕㉖ 한국 민화(ⅠⅡ)	(78)~(80) 인간의 굴레(Ⅰ~Ⅲ)
㉗ 철학이란 무엇인가	(81) 독일인의 사랑
㉘ 역사란 무엇인가	(82) 죽음에 이르는 병
㉙ 인생론	(83) 목걸이
㉚㉛ 정신 분석 입문(ⅠⅡ)	(84) 크리스마스 캐럴
㉜ 소크라테스의 변명	(85) 노인과 바다
㉝ 금오신화·사씨남정기	(86)(87) 허클베리 핀의 모험(ⅠⅡ)
㉞ 청춘·꿈	(88) 인형의 집
㉟ 날개	(89)(90) 그리스 로마 신화(ⅠⅡ)
㊱ 황토기	(91) 인간론
㊲ 백범 일지	(92) 대지
㊳ 삼대(上)	(93)(94) 보봐리 부인(ⅠⅡ)
㊴ 삼대(下)	(95) 가난한 사람들
㊵ 조선의 예술	(96) 변신
㊶㊷ 조선 상고사(ⅠⅡ)	(97) 킬리만자로의 눈
㊸ 백두산 근참기	(98) 말테의 수기
㊹ 선과 인생	(99) 마농 레스꼬
㊺㊻ 삼국유사(ⅠⅡ)	(100) 젊은이여, 시를 이야기하자
㊼ 욕망이라는 이름의 전차	(101) 피아노 명곡 해설
㊽ 리어왕·오셀로	(102) 관현악·협주곡 해설
㊾ 도리안그레이의 초상	(103) 교향곡 명곡 해설
㊿ 수레바퀴 밑에서	(104) 바로크 명곡 해설

판형 / 4·6판＊면수 / 평균 256면

⑩⑤ 혈의 누	⑮⑩ 한중록
⑩⑥ 자유종 · 추월색	⑮① 구운몽
⑩⑦ 벙어리 삼룡이	⑮② 양치는 언덕
⑩⑧ 동백꽃	⑮③ 아들과 연인
⑩⑨ 메밀꽃 필 무렵	⑮④⑮⑤ 에밀(ⅠⅡ)
⑩⑩ 상록수	⑮⑥⑮⑦ 광세(ⅠⅡ)
⑪①⑪② 아들들(ⅠⅡ)	⑮⑧⑮⑨ 짜라투스트라는 이렇게 말했다(ⅠⅡ)
⑪③ 감자 · 배따라기	⑯⑩ 광란자
⑪④ B사감과 러브레터	⑯① 행복한 죽음
⑪⑤ 레디 메이드 인생	⑯② 김소월 시선
⑪⑥ 좁은문	⑯③ 윤동주 시선
⑪⑦ 운현궁의 봄	⑯④ 한용운 시선
⑪⑧ 카르멘	⑯⑤ 英 · 美명 시선
⑪⑨ 군주론	⑯⑥⑯⑦ 쇼펜하워 인생론
⑫⑩⑫① 제인 에어(ⅠⅡ)	⑯⑧⑯⑨ 수상록
⑫② 논어 이야기	⑰⑩⑰① 철학이야기
⑫③⑫④ 탁류(ⅠⅡ) .	⑰②⑰③ 백경
⑫⑤ 에반제린 이녹 아든	⑰④⑰⑤ 개선문
⑫⑥⑫⑦ 폭풍의 언덕(ⅠⅡ)	⑰⑥ 전원교향곡 · 배덕자
⑫⑧ 내훈	⑰⑦ 소나기(外)
⑫⑨ 명심보감과 동몽선습	⑰⑧ 무녀도(外)
⑬⑩ 난중일기	⑰⑨ 표본실의 청개구리(外)
⑬① 대위의 딸	⑱⑩ 사랑방 손님과 어머니(外)
⑬② 아버지와 아들	⑱① 순애보(上)
⑬③ 나의 라임오렌지나무	⑱② 순애보(下)
⑬④ 갈매기의 꿈	⑱③ 유리동물원(外)
⑬⑤⑬⑥ 젊은 그들(ⅠⅡ)	⑱④⑱⑤ 무영탑
⑬⑦ 한국의 영혼	⑱⑥⑱⑦ 대도전
⑬⑧ 명상록	⑱⑧ 태평천하
⑬⑨ 마지막 수업	
⑭⑩ 잠 못 이루는 밤을 위하여	
⑭① 페스트	
⑭② 크눌프	
⑭③⑭④ 빙점(ⅠⅡ)	
⑭⑤ 페이터의 산문	
⑭⑥ 적극적 사고방식	
⑭⑦ 신념의 마력	
⑭⑧ 행복의 길	
⑭⑨ 카네기 처세술	

- 1947년 충남 홍성 출생
- 공주교육대학, 민족문화추진회 국역연수원
- 한국방송통신대학교 중국어과 졸업
- 현재 : 서울 대동상업고등학교 교사 재직
- 저서 : 儒林外史(역), 史記講讀, 신인(神人) 편역

史記 인물평

발행 • 1994년 6월 10일   값 10,000원

편저 진 기 환
펴낸이 남 용
펴낸데 一信書籍出版社

121-110 서울 마포구 신수동 177-3
등 록 : 1969. 9. 12. No. 10-70
전 화 : 703-3001~6
FAX : 703-3009
대체구좌 / 012245-31-2133577

ISBN 89-366-1518-1